I0644554

HEGEL AUJOURD'HUI

ANNALES DE L'INSTITUT DE PHILOSOPHIE

ET DE SCIENCES MORALES

(UNIVERSITÉ LIBRE DE BRUXELLES)

Institut de Philosophie et de Sciences Morales
(Université Libre de Bruxelles)
Avenue F. Roosevelt, 50 (CP 175) – B-1050 Bruxelles

Librairie Philosophique J. Vrin
6, Place de la Sorbonne F-75005 Paris
Téléphone : 43.54.03.47

ANNALES DE L'INSTITUT DE PHILOSOPHIE DE L'UNIVERSITÉ DE BRUXELLES
Directeur : Gilbert HOTTOIS

HEGEL AUJOURD'HUI

coordination scientifique
Pierre Verstraeten

PARIS
LIBRAIRIE PHILOSOPHIQUE J. VRIN
6, Place de la Sorbonne, Ve
1995

Publié avec le concours
du Ministère de l'Education, de la Recherche
et de la Formation de la Communauté Française de Belgique

Printed in France
ISBN 2-7116-1245-7

INTRODUCTION

L'idée était de voir si en opérant un rassemblement de textes d'inspirations diverses à propos de Hegel se produirait, selon leur seul cheminement, l'intelligibilité de cette *situation* que constitue *le fait* aujourd'hui d'une multiplicité de perspectives ou de modes d'approche de l'œuvre de Hegel, et plus généralement peut-être, si se soulèverait la question, hors toute réponse « sentimentale » ou « professionnelle », du traitement de faveur ou de prédilection qu'un philosophe ou historien de la philosophie, en tout cas pour des séquences de durée plus ou moins longue, attache à un grand nom... Si même ceux qui entrent dans le Panthéon des grands noms, ou qui en manifestent l'intention, soutiennent, au sein même de leur système, semblable obédience – songeons à Heidegger par rapport aux Pré-socratiques, à Kant ou même Hegel, ou à Sartre toujours déférent à l'égard de Husserl et également de Hegel puis de Marx, Deleuze à l'endroit des auteurs pragmatistes, Whitehead, Bergson, Pierce, à Foucault vis-à-vis de Nietzsche et Bataille, etc., *a fortiori* les simples commentateurs. Pas d'auteurs sans filiations alléguées... Pourtant cette dernière formule ne doit nullement nous incliner à tenter de traiter le problème par des voies extra-philosophiques et notamment, psychanalytiques. Mais, flagrant aux yeux des tiers, ce type d'obédience n'est pas toujours le plus réfléchi par les auteurs eux-mêmes... Y a-t-il là une nécessité de structure ? et si oui de quel type de nécessité s'agit-il ? Mais plus important était de resserrer le diaphragme définissant le champ problématique et voir ce qui se produirait d'un rapprochement « forcé », c'est-à-dire du rassemblement de sens lié à la pluralité des « forces » s'emparant de la « Chose même », – en l'occurrence de l'œuvre de Hegel. Soit que le problème général justifie son traitement sur un exemple particulier déterminé, soit que l'énigme de la multiplicité des forces divergeantes s'emparant de Hegel fasse surgir le problème général de cette énigme qu'est la revendication d'un lien de filiation, et cela plus d'un siècle après Mallarmé et malgré l'ambition déclarée du poète, et combien noblement orgueilleuse, d'être à lui-même son propre géniteur... Et cela également, plus historialement, malgré la conquête démocratique du XXe siècle étendant, et sur tous les fronts imaginables, continûment son champ d'application d'une libre responsabilité...

Aussi bien après les grands précurseurs, introducteurs et traducteurs de Hegel du XXe siècle en France, Koyré, Wahl, Kojève, Hyppolite, d'inspiration existentialiste, elle-même plus ou moins différemment orientée ou accentuée, les références marxistes obligées au père de la dialectique, ou le rapprochement explosif avec le nietzschéisme de Bataille et des auteurs autour du *Collège philosophique,* sans oublier Eric Weil reconstituant une œuvre d'inspiration hégélienne plus que s'attachant à un travail de commentaire, le renouvellement idoine de la philosophie française après l'hégémonie phénoménologico-existentialiste n'était pas sans se répercuter sur l'historiographie hégélienne de la seconde moitié du Siècle. À commencer par l'œuvre maîtresse de Gérard Lebrun *La Patience du Concept* qui renouvelait avec une puissance libératrice inédite l'approche et la lecture des textes – les faisant sortir des chemins battus et officiels d'une problématique foncièrement « idéologique » quant à la portée de l'eschatologie du Système. Certes la nouvelle lecture ne prétendait pas nous donner la chose-même en chair et en os « sans addition étrangère », elle était sûrement imprégnée d'un certain esprit du temps ; elle se caractérisait, à ce titre sans doute, par l'autorisation donnée à une lecture par « variations imaginaires » des modes de lectures (« On peut lire Mallarmé comme on lit Lamartine ou Hugo – on peut le lire autrement », p. 289) et participait ainsi au « Musée imaginaire... » de notre siècle, à l'instar de la *Phénoménologie de l'Esprit* recueillant *dans un même ensemble,* c'est-à-dire dans une simultanéité fictionnant la succession, toutes les grandes œuvres éponymes ayant jalonné l'Histoire et ne cessant d'en scander le déroulement.

Et, en quelque façon, il en va ici de même : il s'agissait de faire se rencontrer dans cet espace éditorial de multiples figures, ou de multiples façons « de faire parler Hegel aujourd'hui », ou de lui prêter voix selon le pari de voir surgir *un* sens de cette « ventriloquie » risquée. En fait si les points de vue sont différents par définition il ne peut s'agir de cette différence indifférente que se plaît à dénoncer Hegel, mais « d'une différence déterminée essentielle » définie par ce à quoi elle s'oppose, en l'occurrence d'autres lui-même.

Ainsi pour une partie de l'éventail des inspirations ouvertes dans le dernier tiers du siècle, outre Gérard Lebrun, l'approche structuraliste pour l'articulation systématique des concepts, l'approche psychanalytique pour ce qui s'atteste de proximité entre la genèse phénoménologique de l'expérience et sa genèse analytique, un existentialisme post-idéologique sinon post-moderne, une perspective déconstructiviste, une considération d'obédience communautaire sur le traitement hégélien du judaïsme, une anthropologie post-marxiste, et enfin un traitement du discours hégélien comme entreprise d'art dans la révolution même du contenu qu'il mobilise. Il est probable qu'un semblable examen supporterait aisément un deuxième numéro avec tous ceux qui manquent ici, et qui marquent aujourd'hui le champ des investigations sur l'Œuvre dans l'ambition de faire parler Hegel encore autrement. C'est dire que les sollicitations ne pensent pas avoir été exhaustives, et que les résultats de ce premier numéro pourraient éventuellement déterminer l'élaboration d'un second numéro.

Que constater au demeurant d'une première rencontre des textes, suivant une appréhension forcément subjective et structurée selon toute vraisemblance par une sensibilité problématique personnelle ? Des insistances thématiques plus que des différences méthodologiques, derrière les refus de certaines interprétations stéréotypées sinon caricaturales, celle par exemple qui parlerait de l'idéalisme hégélien dans sa teneur d'abstraction ou de théorétisme, ou celle qui se gausse de l'ésotérisme abscons du discours de Hegel. Insistance sur la considération circulaire du sensible comme médiation obligée de l'expérience de l'intériorité extériorisée et de l'extériorité réintériorisée, que ce soit dans une « logique de l'action », ou sous la dure férule de l'apprentissage et de la « formation », plus généralement du « travail », ou dans la logique « processuelle » du développement logique dans sa systématicité « qui loin d'être l'indice ou l'aveu d'une clôture que toute la dynamique du penser récuse et invalide d'avance..., désigne au contraire l'accès et l'ouverture à sa propre et libre effectuation d'elle-même » (A. Lécrivain, p. 48). Action, action « formée » et ouverte à une libre effectuation, l'architectonique du Système nous introduit d'emblée à l'enjeu sinon au dessein de liberté et d'avenir du Système.

Dialectique de l'intérieur et de l'extérieur directement entée sur le renouvellement obligé de l'écriture dialectique en tant que maître d'œuvre de l'art philosophique de Hegel : subversion du langage de la représentation fait de termes fixes et au sens censément bien établi, au profit du langage des différences où chaque terme doit s'entendre de manière à ce que passe par lui ce paradoxe : qu'il n'est lui-même qu'en tant qu'il est l'autre de son autre, à la fois Soi fait par l'Autre, qui lui-même l'est par le Soi qui cependant n'est qu'en fonction de ce qu'il fait être pour s'y définir négativement, etc. « Le discours spéculatif n'est pas un *autre langage,* mais *l'autre sens* du langage, ce que son usage courant n'énonce jamais parce qu'il demeure prisonnier d'une manière de penser moins soucieuse de son activité et de ses présupposés que des résultats auxquels elle parvient, davantage préoccupée de déterminer les points d'une courbe que le tracé même de la courbe qui les engendre, les unit et les transcende » (A. Lécrivain, p. 51). « La grammaire commune, celle des apparences transcendantales et des visées intentionnelles, celles des images et des étants, des idées et des objets, celle en un mot de la tradition, se trouve niée, subvertie au-dedans de soi, par une syntaxe d'un autre type : syntaxe étrange s'il en est, syntaxe de l'Absolu parlant allemand ou, peut-on dire, de la philosophie assumant l'insolite de la métamorphose dialectique, laquelle réduit l'ontologie à la logique sachant que l'être est le néant. L'art de Hegel est à rechercher dans la soumission de l'écriture à cette logique qui, patiemment, servilement, inlassablement, intègre en l'apparition de toute idée sa disparition même » (M. Paquet, p. 65). Derechef le sensible, voire le contingent, deviennent inamissibles dans l'œuvrement du concept. Autant réduire l'Absolu du Savoir au profit d'une finitude privilégiée – fût-ce la Lumière donnant visibilité de Platon, la subjectivité pratique en tant qu'elle « est ce qui permet à l'étant d'être » de Marx, ou le corps vécu de Merleau-Ponty – serait retomber dans une confusion de l'infini avec un fini suprême, autant inversement faire l'impasse sur le sensible au profit d'un au-delà de la religion et de l'art serait oublier que le Savoir Absolu lui-même bénéficie de l'art de son exposition… « L'ipsomanifestation de la philosophie en tant que pensée libre, loin d'être dénuée de tout contenu, contient le sens de l'art et de la religion dans la pensée même : seule instance assez concrète pour ne pas renvoyer ces dimensions de l'esprit dans les images de la finitude ou dans les geôles de la représentation. Ni l'art, ni la religion, ni la philosophie ne se passent du corps : ils renoncent seulement à l'absolutiser en tant que sensible ou que sensibilité ; ils effectuent, méditent ou conçoivent le sens absolu de sa disparition » (M. Paquet, p. 74). « La *Science de la logique* reçoit son concept de la contraction du sensible qu'opère la *Phénoménologie de l'Esprit.* Dans le savoir absolu s'est trouvée réduite précisément toute séparation possible entre intérieur et extérieur, entre sujet et objet, entre certitude et vérité… L'on pourrait dire alors que le sensible, qui ne saurait jamais être absent de cette analyse 'spéculative', entreprend, dans la *Science de la logique,* une traversée à l'obscur, fruit d'un enfouissement qui le situe dans le *Hintergrund* du discours logique – tout comme *le* logique avait été dans le *Hintergrund* des expériences de la conscience – et qu'il demeure là, comme source d'activité et seule 'justification', avant que de ressurgir, au terme de l'œuvre, dans une figure désormais vérifiée, sous les espèces de la Nature et de l'Esprit » (P.-J. Labarrière, p. 57). Que ce soit donc au niveau du contenu moteur du développement de l'expérience ou de l'enchaînement des catégories dialectiques ou au niveau de la forme mouvante de son exposition, « effet de foudre qui, en jaillissant, troue la nuit, éclaire les choses du paysage en leur conférant le plus précis de leur contour, mais… sitôt effectué, se retire de nouveau dans le nuit » (M. Paquet, p. 65), le Sensible ne cesse d'être requis contre les critiques en terme de « logicisation sans mesure » (P.-J. Labarrière, p. 55) qu'a coutume d'adresser au discours hégélien un empirisme de bon sens.

Reste l'assomption de l'épreuve que constitue ce vacillement de toute fixité établie bien établie, l'accomplissement à même le plus réel de ce qui va devenir l'ouverture infinie du Système compris par le Savoir absolu et le cercle-devenu de l'intérieur et de l'extérieur, du sensible contracté en son apogée conceptuelle. Car là encore c'est du croisement du sensible dans la fracture de culpabilité du criminel par rapport à l'universalité posée de ses actes fallacieux que s'opère l'exhaussement le plus athlétique de la dialectique, celui qui mène au seuil du savoir Absolu, l'irrécusable figure duelle du *Mal et son Pardon,* quand la figure de la conscience *certaine d'elle-même* en étant passée au *langage de la conviction* se trouve face à l'alternative soit de se réfugier, impuissante, dans *la belle âme,* soit de s'engager dans la mise en action de sa conviction, mais dans la conscience aussi bien de la violence que par là elle exerce, « seules les pierres étant innocentes ». Alors la « conscience criminelle et agissante » *peut* avouer son mal, aussi bien par là dévoiler celui dont est habitée la *belle âme* qui se croit « honnête » par son refus de toute compromission avec le monde, « jugeant de son cœur de pierre » toutes les actions *certaines de soi* dans leur particularité, mais par-là même révélant sa propre particularité pierreuse ; alors s'ouvre la possibilité d'une rémission, et donc par là d'une possible reconnaissance conquise réciproquement par le mal s'avouant et le Bien lui pardonnant dans l'accusation simultanée qu'il porte contre soi, faisant, face à cet avenir qu'est le Savoir absolu, en sorte que « ce qui a eu lieu n'ait pas eu lieu », l'Esprit étant le seul au niveau duquel « les blessures ne laissent pas de traces… ». « Le Mal n'est pas dans l'acte qui possède toujours une dimension universelle même si elle est méconnue par le sujet agissant, mais dans le regard qui réduit l'acte à son contenu particulier... C'est pourquoi le chemin de la réconciliation passe par la conscience agissante : tout comme les figures précédentes de la *Phénoménologie*, l'opposition de l'esclave et du maître, de la conscience basse et de la conscience noble, etc., la vérité est du côté de la conscience active qui introduit le crime, la scission, le péché » (S. Zizek, *Le plus sublime des hystériques*, Point hors lignes, p. 108). Semblablement P.-J. Labarrière : « La dénonciation de la 'belle-âme' au point-tournant de la *Phénoménologie de l'Esprit,* exprime à la fois le blocage possible de tout le mouvement et le point de départ de cette réinterprétation de la totalité historique et religieuse dont la forme logique est celle du 'savoir absolu'. Seul est capable d'exprimer l'articulation unitaire de l'intérieur et de l'extérieur l'homme qui, ayant connu l'expérience de l'identité essentielle de soi à soi [l'homme au cœur de pierre], accepte d'exprimer cette identité jusque dans les régions de la contingence marquées par les compromissions de la 'faute' – discordance obligée entre l'universalité du principe et les particularités de l'action » (p. 61).

Justement il s'agit d'y venir, à cet exhaussement ultime de la dialectique, d'en suivre les étapes prémonitoires et d'en mesurer la genèse, ce qui ne suffira certainement pas à en assurer la nécessité, si ce n'est rétrospectivement, du fait qu'il faut supposer que cela a effectivement eu lieu, puisque cela se réfléchit effectivement, ne serait-ce qu'avec le penseur de l'absolu. S. Zizek vient de nous l'annoncer et M. Paquet le martèle à son tour : « La 'maîtrise du sensible' n'est pas la domination, que celle-ci soit athlétique ou ascétique. C'est ici le lieu de rappeler que la sagesse enveloppée dans la crainte de la mort qu'éprouve le valet est non seulement 'angoisse au sujet de l'intégralité de son essence', mais encore seul moyen d'accéder à la vraie négativité du vrai : la vérité de la conscience indépendante est dans la conscience servile pour l'élémentaire raison qu'elle ne perd pas son corps. Perdre dans la mort l'usage des sens, c'est se couper de toute possibilité de jamais leur conférer du sens. C'est, insistons-y, en prenant parti pour la conservation de son corps que le valet se met sur le bon chemin, celui de la libération de la pensée à la toute puissance de sa négativité » (p. 73). Ce qui nous indique l'exigence ou le réquisit, mais pas vraiment la technologie de cette mutation : la longue patience des « disciplines » auxquelles doit se soumettre la valétude pour devenir la vérité du maître. G. Lebrun en fait l'objet de son exposé dont l'enjeu apparaît clairement être le dernier mot du « Savoir absolu », le vers de Schiller :

> Du calice de ce royaume des esprits –
> Écume vers Dieu son infinité.

Se faisant le protagoniste d'une étonnante et rapide passe d'armes de Hegel avec Nietzsche concernant la critique par celui-ci du moralisme « disciplinaire », il plaide la synthèse de la douleur s'attachant à l'auto-suppression du fini dans la finitude, la valeur nulle de toutes les attaches mondaines, et l'accroissement simultané du plaisir à se trouver être l'écume d'infinité au sein du « procès du divin » – non pas risque de mort héroïquement assumé, dont l'héroïsme n'est encore qu'une amplification positive de la finitude, mais l'annulation de tout semblant de valeur attachée à la vie sous l'effet de l'épreuve du tremblement face au Maître absolu : « Trembler devant le Maître absolu, ce n'est plus trembler pour moi, en cet instant, en raison de telle faute... C'est prendre conscience de *la non-puissance de principe* que représente la singularité naturelle » (G. Lebrun, p. 93). Non pas donc que le futur esclave ait craint pour sa vie, mais bien plutôt en a-t-il mesuré la totale inanité, d'elle et de tout ce qui s'y rattache. « Pour avoir craint la mort en tant que Maître absolu, le vaincu, maintenant Serviteur, a senti *trembler sa singularité.* Et, dès cet instant, la mort n'est plus – elle ne sera jamais plus – comme une menace à laquelle il faudrait réagir (en brave ou en pleutre, qu'importe). C'est pourquoi, très précisément, elle est nommée *Maître absolu* : ce qui foudroie aussi bien ce que le courageux entend défendre que ce que le lâche entend préserver... Ce n'est pas en lâche que le vaincu consent à sa défaite : c'est en nihiliste » (*id.*, p. 93). La vérité en gestation du valet n'est donc pas celle du travailleur ou du producteur fabriquant un monde à mesure d'homme, dans l'orgueil prométhéen de néantiser laborieusement les choses à mesure qu'en retour les choses le pondèrent de nécessité, d'une nécessité dorénavant transie de sa liberté. Au contraire, il s'agit d'une transposition du sublime kantien « quand celui-ci fait apparaître en un éclair 'la petitesse de tout ce qui est notre souci, biens, santé et vie'. Telle la crainte judaïque du Seigneur » (*id.*, p. 92). Mais pas, comme chez Kant, un sublime de notre petitesse, celui qui nous autorise encore à pouvoir croire ou espérer à « une conservation de soi d'une tout autre espèce... mobilisant en nous notre force (qui n'est pas de l'ordre de la nature), laquelle nous permet alors de considérer comme petits les objets de notre préoccupation (biens, santé et vie) » (*Critique du Jugement*, V, 261). Non, ici il s'agit proprement de « la néantification de tout ego fini..., l'acte en lequel s'efface ma finitude » (G. Lebrun, p. 95) : à lui-même sa propre conversion, voire inversion simultanée en grandeur, Hegel dit en « confiance absolue ». Cela correspond parfaitement à ce que Nietzsche dit du nihilisme, et plus précisément du passage du *nihilisme réactif* au *nihilisme passif* : la volonté de néant se convertit en néant de volonté, il n'est plus question d'agir en faisant du néant le levier immanent de la transformation du monde et de soi, mais de convertir l'activité en passivité, d'investir son activité dans l'effort mis à se passiviser, secret travail du vol-à-voile, ne travailler qu'à se faire porter par le vent. « *Incapacité de résister transformée en ontologie.* C'est là ce qui rend magique l'univers hégélien : l'annulation de toute situation de force, la futilisation de la tragédie ». C'est là la leçon tirée de « la tourmente de 93 ». Avant la conscience était « comme un point déterminé dans la volonté universelle ». Après elle a découvert l'inanité de cette ultime présomption, c'en était encore trop. « À la place du 'point sans substance', rien n'apparaît qui consolerait la conscience (dans le fini) de cette immédiateté perdue ; mais elle sait désormais que cet anéantissement même *était* la volonté universelle. Celle-ci n'est plus pour elle une revendication creuse ; elle s'est manifestée dans son opération. L'échafaud était donc un symbole abstrait, mais pertinent de l'Universel : grâce à lui, la conscience a bel et bien renoncé à elle-même en tant que conscience insulaire » (G. Lebrun, p. 96). La description nietzschéenne de la morale est donc exacte, simplement elle semble encore plus adéquate à l'encontre de Hegel que de Kant. Elle a du reste ses lettres de gloire, car l'Universel sanguinaire est souvent absout sinon glorifié de ses forfaits pour autant qu'ils auront pu accoucher d'une grande œuvre : c'est le « pédagogisme » dont non seulement ses bénéficiaires mais même parfois ses victimes sauront créditer l'Universel.

Ici G. Lebrun semble vouloir quelque peu dédouaner son auteur : « On n'imputera certes pas à Hegel [ces] lugubres sornettes, mais on reconnaîtra que son 'pédagogisme' a facilité la diffusion de celles-ci ». N'empêche, le soupçon demeure de « la prestidigitation 'idéaliste'... Courbons l'échine sans honte ni remords : nous voilà, par le travail du négatif, prémunis contre toute peur et dispensés du courage » (*id.*, p. 97). Il faut dès lors regarder de plus près en quoi réside la victoire de l'esclave s'il doit finalement quand même être la Vérité du Maître et de tout le devenir de l'Esprit. Ce sera effectivement le travail qui accomplira cette gloire, mais non pas dans son héroïsme d'affirmation, dans le triomphe de la « culture » prolétarienne – comme il existe une « culture » R.A.T.P. ou S.N.C.F. –, bref un « esprit » ouvrier et des valeurs d'un « peuple de gauche », mais plus simplement ou plus essentiellement dans l'avènement industriel de la valeur d'échange, la valeur universalisante par excellence, celle de l'équivalent général et universel, ou encore le devenir mondial de la société marchande. « La supériorité du Serviteur ne serait-elle pas en son aptitude à devenir marchand ? » (*id.*, p. 98). De là à ce qu'il représente la figure paradigmatique de l'eschatologie marxiste, le pas est franchi aisément pour autant que quelques chicanes intermédiaires confirmant le projet hégélien dans cette inattendue fonction originelle soient franchies. Reste que le prix à payer pour l'avènement de cet Universel est élevé. Outre l'ordre et la stabilité apportée par lui « Hegel mentionne l'avènement de la propriété privée, 'la restriction de la vie sexuelle au mariage', 'la prévoyance de l'avenir'. Respect de l'ordre, régulation du désir, épargne : on aura reconnu les vertus qui monnayent l'abstinence à laquelle fut entraîné le Serviteur, et dont la diffusion garantit au propriétaire qu'il n'a rien à redouter pour son bien, que le besoin de chacun peut être satisfait sans crainte à l'intérieur de la société civile » (*id.*, p. 106). Alors se révèle le sens de la résistance anti-nietzschéenne du début du texte de G. Lebrun : il fallait d'autant plus assumer le risque de la dénonciation anti-disciplinaire de Nietzsche qu'à ainsi déployer au plus aigu la typologie du « pédagogisme » forcé des « serviteurs », plus sûrement s'imposerait la délivrance par « l'équivalent général » assurant l'échange et la promotion de l'universel : le travail comme instauration d'un univers symbolique, meurtre de la chose, satisfaction médiate du besoin. Ce n'est pas la valeur de la vie qui est affirmée dans le risque refusé de la mort ou dans la couardise acceptée, mais la nullité de l'objet, la relativité irréversible de la finitude : rien ne vaut, pas plus d'absolu de la vie que de l'objet, simplement le Maître absolu et le néant de l'Ego. Reste pour celui-ci à se « former » par le travail, non dans la gloire de la tâche bien accomplie, reflet de sa liberté, mais dans la « sécurité ». « Ce n'est pas un marché de dupe que conclut la conscience mortifiée, et la vie dans l'universel qui s'ouvre devant elle n'est pas un leurre. Dans la société 'vraiment' chrétienne à laquelle elle accède, tous ont éprouvé la crainte absolue et en ont tiré la leçon : le mode de coexistence qu'ils ont aménagé exclut donc au maximum les 'craintes particulières'. Et, de ce point de vue, l'Universel n'est pas une mystification, puisqu'il désigne le monde où sera conjurée *la peur de la peur*. S'il en était ainsi, le récit hégélien ne serait pas une 'justification' effrontée des divers types d'exploitation de l'homme. Il dirait bel et bien en quoi consiste le procès de civilisation, c'est-à-dire le parti que les 'souffrants', effectivement, surent tirer de leur détresse : l'aménagement d'un règne politique où l'homme, en principe, n'ait plus rien à redouter de l'homme ». Non pas parce qu'il est le « capital suprême », mais qu'il ne représente aucune valeur hormis que *de cette manière il peut survivre face au Maître Absolu.* C'est là le bas profil d'un utilitarisme humanitaire. Le meilleur produit au coût le moins cher, il gagne à tout coup. C'est la réconciliation propre à la conscience certaine de soi entre la Loi et le Soi, l'utilitarisme comme prémisse du savoir absolu : une main lave l'autre...

La sanction tombe aussitôt, qui touche par la bande l'adversaire finalement visé : « Le discours socialiste qui se référa à Hegel ne prêta guère attention à ce *marquage* préalable. Or cette absence d'intérêt ne trahit-elle pas qu'il risque bien d'avoir hérité de Hegel l'idéal de *normalité* qui était le sien, et que lui aussi, par conséquent, ne demande qu'à coopérer à la formation de 'l'homme de troupeau' ? ». En quoi le marxo-socialisme serait, quoi qu'il en ait, « un hommage involontaire au génie de Hegel » (G. Lebrun, p. 106). Mais outre ceci, qui constitue une généalogie de concepts, il faut demander si « le sentiment d'appartenir à l'universel est dissociable de l'apaisement du besoin de chacun ? Et cet apaisement [est-il lui-même dissociable], de la grande soumission qui va de soi pour tout ceux qui ont reconnu à tout jamais la néantité du fini ? C'est d'un Soi *historiquement* et *sociologiquement* très déterminé que le 'travail' tel que le pense Hegel est dit '*Selbsttätigkeit*'. Ce n'est pas n'importe quel *type* d''homme' qui, par la vertu du travail, est 'confirmé comme être générique conscient', pour parler le langage du jeune Marx » (*id.*, p. 106). Pensée affirmative plus totalisante que celle de Nietzsche qui ne dénonce le besoin qu'a du Mal le christianisme pour mieux conforter son décollage spirituel que par le refus du partage qu'il doit pourtant opérer lui-même entre le bon et le mauvais ; Hegel, lui, plutôt que d'en appeler à un au-delà, ou un en-deçà, du dualisme, fait servir le négatif à l'affirmation positive de l'Universel ; non seulement il en est le moyen pédagogique, mais, plus que le moyen, il en constitue l'effectivité, le bonheur en acte, négatif si l'on veut mais au sens photographique de condition de l'impression : « La souffrance n'est plus, comme en eschatologie banale, la condition – épisodique, contingente – du parfait bonheur : elle en est le 'négatif' photographique. L'*Erziehung* n'est pas comme un tunnel au bout duquel poindra la lumière ; elle est, à chaque station, à chaque pas, la constitution du but, de sorte qu'aucune mortification n'est à comprendre comme 'un mauvais moment à passer' » (*id.*, p. 104). Depuis toujours-déjà l'Universel nous parle à l'oreille comme le manque dont le moyen mis à le combler ou le satisfaire – discipline, abstinence et souffrance – sont d'emblée le miel de notre jouissance : il n'y a même plus le dualisme moyen-fin, ce qui me manque est ce qui d'emblée m'appartient, et ce qui m'appartient doit m'avoir manqué, je ne découvre que ce que j'ai toujours déjà possédé, et je ne le chercherais pas si je ne l'avais depuis toujours déjà trouvé... etc. « Remarquons, dit G. Lebrun, que Hegel ne fait ici que répéter Platon. Je désire ce qui me fait défaut, disait Platon, *donc* je désire une chose qui m'est amie, donc une chose qui me fut enlevée, *donc* une chose telle qu'en elle je me trouve chez moi (*Lysis*, 221 d-e) ». Dès lors « La douleur qu'éprouve le fini dans cette suppression de soi ne meurtrit pas puisqu'il se transforme par-là même en un moment dans le procès du divin. 'Pourquoi devrait-il nous tourmenter, ce tourment qui accroît notre plaisir ?' (Hegel, *Encyclopédie*, § 428 Zus. X) ».

Ainsi l'Absolu, en ces temps où il est convenu de se gausser de Fukuyama qui a cru pouvoir penser l'avènement de la Société échangiste dans notre contemporanéité, reste le souci des commentateurs hégéliens. Rien d'étonnant puisqu'il constitue le point culminant du Système, en infraction flagrante par rapport aux tentations de penser le pathétique du siècle en en entérinant les désastres, les éclats et les déchirements dans la désagrégation du Concept. Dans ce dernier texte il s'agissait de la pédagogie y présidant et de l'état d'âme animant ses protagonistes. « L'*Entsagung* », la renonciation métamorphosée en bonheur, en constituait le module péremptoire. Dans son texte S. Zizek glose pour son compte la *Versagung* freudienne, au plus proche de la « négation de la négation » hégélienne, et selon une trajectoire analogue à celle menant au Savoir absolu (S. Zizek, p. 118). L'important dans cette intertextualité est qu'elle conduit à la même métamorphose de la castration en rédemption, s'appuyant sur une semblable annulation du sujet. C'est précisément au moment du constat socio-historique de l'idéal-type de la société échangiste mondiale où le valet devenu citoyen « ne saurait se donner d'autre idéal que de vivre *en abstinent parmi les abstinents* » (G. Lebrun, p. 102), que S. Zizek prend le relais hégélien de G. Lebrun et tente de forcer les « murs d'airain » (Sartre) définissant nos inéluctables aveuglements présents. Il tente de doter d'intelligibilité *l'au-delà* de l'aliénation propre *soit* à la discipline tragique de l'éthique antique (« dette symbolique qui, après une infraction initiale à la loi, se transmet de génération en génération », S. Zizek, p. 112), ou à la «*païdeia* antique dont l'objectif était l'insertion pure et simple de l'être humain dans l'*éthos* » (G. Lebrun, p. 79), *soit* à la tragédie du sujet moderne (« Principe chrétien du monde... la mort de Dieu qui cesse d'être une entité transcendante en s'incarnant dans une figure humaine finie qui devient le nom de ce mouvement d'incarnation-révélation lui-même... [le fait] qu'il n'y a plus aucun agent aux yeux de qui 'l'homme moderne' puisse être coupable pesant sur lui comme une culpabilité décuplée », S. Zizek, p. 112) : mort de Dieu ou retrait du Destin antique, alors la formation disciplinaire ne peut plus se contenter *d'intégrer* mais se doit de *libérer* : contraindre l'individu *pour* la liberté, « c'est cet être-ci qui doit devenir substantiel *pour son compte*... Il n'est nullement paradoxal que l'autoritarisme pédagogique soit à la fois la condition et la rançon de la reconnaissance du sujet *dans sa singularité*... C'est lorsque la discipline n'est plus destinée à fanatiser [insertion éthique] qu'elle doit être un laminage minutieux auquel ne devront échapper aucun trait de caractère, aucune particularité de la volonté propre » (G. Lebrun, p. 80). Discipline moderne dans l'instantanée production d'une « autonomie heureuse » (*id.*, p. 82), le Soi cesse d'être *pour* la Loi dans la mesure où la Loi devient *pour* le Soi. « L'émancipation du Serviteur, ce ne pourra être que le règne de l'Universel, où chacun est certain que l'autre est, au même titre que lui, un renonciateur-né, – où chacun fait du sacrifice sa vocation de tout instant. Étant bien entendu qu'il ne s'agit pas de n'importe quelle forme de sacrifice, mais 'du sacrifice effectivement réel', du seul qui soit agréable à l'Universel : celui qui s'accomplit sans éclat, dans la monotonie du quotidien » (*id.*, p. 102). Au-delà du destin antique et du destin moderne donc, le destin de l'au-delà, « la traversée du fantasme » comme l'envisage Lacan (S. Zizek, p. 117) : le désir enfin à lui-même restitué, aussi bien la liberté : « le sujet cartésien, ce vide sans substance du pur *cogito* » effet d'« une rétractation du pacte symbolique, de l'alliance la plus fondamentale qui nous lie au Nom-du-père » (S. Zizek, p. 114), la Loi elle-même est morte en ce qu'elle ne cesse de s'idéologiser ou de se fantasmer : toujours en butte à l'impossibilité qu'elle s'est elle-même assignée comme limite, donc obligée de la « dramatiser » pour en vivre le refus, la niant et l'attestant apotropaïquement. « En dramatisant sa position, le sujet rend manifeste ce qui en elle reste non dit, ce qui doit être tu pour que cette position reste consistante. La 'dramatisation' reflète les conditions d'une position théorique qui échappent au sujet qui prend cette position » (S. Zizek, p. 109). Comme l'ouvrier devient objet en tant que valeur d'échange, et la femme objet en tant que monnaie d'échange entre les hommes, tous deux, respectivement pour le capitalisme et pour les sujets mâles, attestent du « refoulé » des deux systèmes symboliques, chacun réduit à renoncer en soi à ce qui fait chacun « être à soi-même le plus sacré des êtres » (Malraux), « ce qui est 'en lui' plus que lui » (S. Zizek, p. 115), « ce en quoi [le héros] reconnaît son être même » (Lacan, *Séminaire VIII,* p. 322), de la même manière que le projet ascétique chez Hegel ne cesse de refouler-attester son souci du corps, la haine amoureuse qui l'y rapporte : « Il ne s'occupe que de son corps, ne cesse d'inventer de nouveaux moyens de le mortifier et de le pacifier, au lieu de lui témoigner une indifférence distante » (S. Zizek, p. 110). De même la conscience malheureuse, point culminant du judaïsme, découvrant que les Dieux officiels ou le Dieu transcendant se sont retirés « dramatise » anticipativement le christianisme répudiant le Dieu transcendant du judaïsme, en faisant l'épreuve de ce que « Dieu lui-même est mort » (*Phénoménologie de l'Esprit*, trad. Hyppolite, T. II, p. 287). « Toute religion prétend révéler à l'humanité la vérité divine. Cependant seul le christianisme répudie l'idée de quelque Vérité transcendante qui serait à révéler en lui, la vérité révélée coïncide avec l'acte de révélation... Dieu aura été : il doit se révéler pour devenir Dieu. Hegel est par conséquent justifié à dire que paradoxalement, ce qui expire sur la croix n'est pas une incarnation éphémère, transitoire de Dieu, mais le Dieu d'au-delà de lui-même, c'est-à-dire la notion de Dieu en tant qu'entité inaccessible, transcendante, non révélée – autrement dit le Dieu qui appartient au réel, le Dieu antique » (S. Zizek, p. 112).

Toujours la croix de la « belle âme » au carrefour de ce qu'elle doit sacrifier de sa beauté intérieure pour ne pas en passer à l'homme-au cœur-de-pierre et reconnaître sa propre particularité aussi criminelle que celle du criminel avouant sa faute. Ailleurs S. Zizek en parle en ces termes : « La 'belle-âme' prétend décrire l'état déplorable du monde comme si elle en était exclue, comme si elle le regardait d'une distance objective, disons : d'une distance de métalangage. Mais elle oublie d'y inclure sa propre position subjective, le fait qu'elle *veut* le monde tel qu'il est pour pouvoir continuer à occuper sa position confortable de victime exploitée – tout son jouir narcissique tient à ce rôle, son identité de victime exploitée donne la consistance à son moi imaginaire » (*Le plus sublime des hystériques*, éd. Point hors ligne, p. 106). L'illustration donnée dans le texte ici inclus est tirée de la trilogie claudélienne et de l'interprétation par Lacan du sacrifice que Sygne de Coûfontaine est tenue d'accomplir sur elle-même pour percer le mur d'aliénation du fantasme de pureté et de grandeur sublime attaché à son dévouement pour son cousin et la famille de celui-ci, et ainsi en terminer avec la « consistance » que lui octroie la beauté de son âme... découvrant sous les coups de boutoirs casuistes de son abbé, soudain intéressé à plaider pour le pire contre elle, le crime ou le péché d'orgueil qu'elle commettrait, et qu'il souhaite, en se sacrifiant sur ses objurgations. Plaidant sa faiblesse pour ne pas céder à cette ultime abjuration de soi (l'abandon de celui qu'elle aime et un mariage stratégique destiné à sauver la vie du Pape), Sygne en appelle à sa faiblesse humaine pour résister au sacrifice, avouant derechef, à son insu en quelque sorte, que c'est de « tentation » qu'il s'agirait, celle que l'on doit traduire comme la tentation du péché d'orgueil, être aussi sublime que le Christ ; mais c'est précisément à ce péché qu'en appelle Badilon... « *Sygne* – Père ne me tentez pas au-dessus de ma force ! *Monsieur Badilon* – Dieu n'est pas au-dessus de nous, mais au-dessous. Et ce n'est pas selon votre force que je vous tente, mais selon votre faiblesse... *Sygne* – Mon Dieu ! cependant Vous voyez bien que je Vous aime ! *Monsieur Badilon* – Mais non point jusqu'aux crachats, à la couronne d'épines, à la chute sur le visage, à l'arrachement des habits et à la croix... ». Sygne acceptant finalement, c'est le cri de triomphe de Badilon : « Le voici enfin abattu, l'édifice de votre amour-propre ! La voilà terrassée, cette Sygne que Dieu n'a pas faite ! Le voici arraché jusqu'aux racines, ce tenace amour de vous-même ! ». « Cette Sygne que Dieu n'a pas faite », qui est donc la part de malédiction qui ne dépend que d'elle, le champ de sa liberté, là où Dieu ne peut descendre parce qu'il s'y agit de l'obscurité chtonienne, là où jusqu'à sa lumière éblouissante est impuissante à réfléchir l'opacité nocturne, ce qui est laissé à chacun une fois mis en situation de « traverser son fantasme » c'est-à-dire en disposition de percer l'idéologie aliénante d'où il tire la consistance de son être de Sujet, ou ce qui de son individualité est appréhendé par la culture dominante pour être intégré à titre de Sujet, individu de droit. Plus rien à dire puisque c'est de liberté dont il s'agit, l'au-delà du « mur d'airain » d'aliénation idéologique définissant l'homme-travailleur socio-historiquement déterminé.

Aussi bien la descendance de Sygne marquée par cette malédiction assumée sera l'aveuglement même de Pensée, sa petite fille, « aveugle et juive », fruit du contrat d'infamie, « pacte politique » entre son père et la maîtresse de son grand-père. « Il faut beaucoup d'eau pour baptiser un juif ! On ne perd si facilement l'habitude de tant de siècles ! Tous les siècles depuis la création du monde, il me semble que je les porte avec moi. L'habitude du malheur, l'intimité mauvaise pour sa propre déchéance. Tant d'attente, Que nous n'avons pu arriver à changer d'attitude, tant de foi dans la promesse qui n'était pas réalisée, Que nous n'avons pu y croire du moment où on nous a dit qu'elle l'était… Dites-lui de ne pas épouser une Juive. Est-ce lui qui viendra à bout de ces ténèbres avec moi ? Imprudent, ce que vous avez rallumé en lui, qui sait si je ne suis pas là pour l'éteindre. Et moi, pauvre Pensée, ce qui a été refusé une fois, comment faire désormais pour le donner ? Ces ténèbres dont on n'a pas voulu, cette âme rebutée, cette âme, l'unique chose qui fût à moi, si pauvre, mais cependant unique – ces ténèbres que j'offrais, n'ayant pas autre chose à donner. Il faudra une bien grande lumière désormais pour en venir à bout ! » (*Le Père humilié*, acte I, scène 3). Hégélienne, comme Claudel l'est sur la relation du judaïsme au christianisme, Pensée incarne donc la conscience malheureuse, celle dont le malheur est l'attestation qu'un bonheur lui a été retiré, la certitude qu'il existe donc, dans le paradoxe de ce que la faute paternelle soit rachetée par sa propre opacité pour autant que transmuée par le regard de l'amour. « Ce n'est pas parce que je suis aveugle qu'il cessera de voir ma part de lumière ! Ce n'est pas parce que je n'ai point d'yeux qu'il ne me voit pas ! Ce n'est pas parce que je ne connais point mon visage qu'il l'ignore ! Ce n'est point parce que je suis privée de tout que je puis aussi me passer de lui ! » (*Le père Humilié*, Acte I, scène 1). Car si le judaïsme est la sœur aînée de l'Église – « Pensée – Ce Dieu, c'est nous qui vous l'avons donné. Ah, je le sais, s'il y a un Dieu, pour l'humanité, c'est de notre cœur seul qu'il était capable un jour de sortir ! » – ce n'est qu'en revenant à ce droit d'aînesse que l'Église se purifiera – « parce qu'elle est la grande étouffeuse, parce qu'elle est la grande endormeuse, parce qu'elle voudrait rendre intangibles toutes ces idoles humaines et lier éternellement les vivants avec les morts » (Acte I, scène 3) –, dans la reconnaissance de la dialectique et la contradiction féconde du fini et de l'infini déjà à l'œuvre dans le judaïsme préalablement au christianisme, car le judaïsme prophétise la conscience déchirée entre le fini de son malheur et l'infini de sa cause. « Qui sait si la lumière n'existe pas, et si pour le voir il ne suffirait pas de rompre tous ces corps morts autour de nous comme une affreuse forêt ? » (*id.*). Déjà, en effet, la Loi qui se révèle *pour* le Soi avec la conscience certaine d'elle-même rendant possible l'étape du « Mal et son pardon », avait été ramenée à mesure humaine dans l'épisode mosaïque du Sinaï : « On ne pourra pas dire de la Loi qu'elle est simplement – tombée du ciel – du moins pas sans avoir entraîné dans cette chute tout un entrelacs de violences diverses, des paroles données et reprises, des oppositions immédiates qui – mystérieusement ou par ruse – fomentent la réconciliation à plus long terme » (D. Franco, p. 134). Pensée de Coûfontaine est l'artisan de cette ultime synthèse de l'opacité et de la lumière, de la faute de sa mère et de son père d'une part et de l'abjuration de soi de Sygne, sa grand-mère, d'autre part, dans la lutte menée au nom de sa nullité, son désir pur à soi restitué [1]. Le pan-tragisme hégélien réactivé décisivement en contre-point du pan-logisme. Liberté enfin flagrante.

*
* *

Le Néant s'est révélé à travers tous les textes le medium obligé de l'architectonique du Système et de son déploiement, le maître d'œuvre de l'art de la dialectique, enfin le moteur des épreuves redoublées de sa propre intériorisation, discipline caractéristique d'un état sociologiquement déterminé de l'histoire du monde, l'instigateur de l'au-delà de la négation de la négation, à savoir la réconciliation à l'œuvre dans « le Mal et son pardon » ou le *Ungeschehenmachen.* Le « nègre » révèle ce néant en quelque sorte *a contrario* par contraste par sa propre incapacité à accomplir cette néantisation de soi et de la vie, en conséquence à échapper à « l'état de nature » et à mobiliser par la médiation du travail ce Maître absolu qu'est le néant – puisqu'il n'a jamais rencontré celui-ci ; il retrouve cependant sa dignité en tant qu'ensemble socio-historique accédant par la lutte d'indépendance à une reconnaissance étatique. Confirmant en cela Hegel contre lui-même, contre sa théorie de « l'état de nature » puisque ce moment socio-historique de développement se développe selon la clef d'intelligibilité de la lutte des consciences que Hegel prétendait précisément interdire au « naturalisme » de la sauvagerie africaine. « Les luttes de libération des peuples colonisés, y compris ceux de l'Afrique noire, après la Seconde Guerre Mondiale ne sont-elles pas des combats pour se faire reconnaître comme des peuples historiques par les États historiques par excellence, les États européens ? En tant, cependant, que cette entrée dans l'histoire mondiale a supposé et suppose que ces peuples forment des États et que ces États soient reconnus, la définition hégélienne de l'histoire ne reste-t-elle pas valide ? La stricte contemporanéité n'a-t-elle pas fait émerger d'autres formes de lutte d'affirmation de soi des peuples dominés ? L'histoire à venir continuera-t-elle à associer histoire, peuples et États ? (S. Mercier-

1. « Pensée de Coûfontaine est vraiment la renaissance de toutes ces fatalités qui commencent par le stupre, continuent par la traite tirée sur l'honneur, par la mésalliance, l'abjuration, le louis-philippisme que je ne sais qui appelait le second *temps-pire*, pour renaître de là comme après le péché, comme l'innocence, pas pour autant la nature » (LACAN, *Séminaire VIII*, p. 361).

Josa, p. 223). Reste que le Néant, sa notion, doit d'autant plus être précisé que G. Lebrun qui en fait un usage clef, l'a fait en opposition à l'interprétation existentialiste de Kojève : non pas un instrument de médiation prométhéen de synthèse de l'homme et du monde, mais le monnayage de l'épreuve du Maître absolu ou de la Mort au cœur de l'expérience du vaincu de la lutte des consciences, celle-là même qui le fera se « former » non pas dans la fierté et la revendication glorieuse de l'œuvre, mais bien plutôt dans l'équivalence générale du tout se vaut en tant que rien ne vaut pour soi mais uniquement dans et par l'instauration d'un champ symbolique dont l'éther de néant déployé assure la communauté des « abstinents », « souffrants » et autres soucieux de sécurité. De là la circonscription du néant hégélien face à celui de Kant et de Sartre, et son refus total par les tenants du positivisme de la « différence », refus de la notion même, et leur revendication d'échapper au monisme parménidien par les seules agitations et soubresauts incontrôlables de l'Être : fin de la consistance métaphysique de l'Être au profit d'un pragmatisme délibéré de la production du sens, ne voulant pas voir, ou s'en apercevant expressément pour s'y opposer, que dans toute affirmation de sens il y a requête *contradictoire* à l'égard de quoi l'affirmation se pose comme telle. Aussi bien Deleuze pourra en appeler aux expériences limite de la préférence de la non-préférence du *Bartleby* de Melville pour justifier une positivité plénière de l'expérience : « Je préfère ne pas... » (« Bartleby, ou la formule », in : *Critique et Clinique*, p. 89). Hyppolite en son temps avait dans *Logique et Existence,* confronté la position hégélienne sur la « contradiction » à ce qui... la contredit, et fait un sort au positivisme pragmatiste bergsonien. Et G. Lebrun dans la *Patience du Concept* semblablement à l'égard de Kant et son attachement à l'assertion classique selon laquelle « ce qui se contredit n'est rien », relativisant dans le même mouvement critique la portée dialectique des « grandeurs négatives » et la puissance contradictoire des « Antinomies ». Mais simultanément il plaçait Sartre dans la tradition encore métaphysique de Kant par son assomption apparemment également d'inspiration parménidienne selon laquelle le « néant n'est rien ». Intégrisme du Néant contre son opportunisme existentialiste. « L'absolue négativité dont le Serviteur a senti passer le souffle, *c'est* le mode d''être' du Soi enfin à découvert – mais à condition de l'entendre comme néantification de tout ego fini et non, avec Kojève, comme puissance conquérante de néantisation... le fait d'éprouver mon néant suffit bien à me porter au-delà de lui, mais cet 'au-delà' n'est plus tel que quelque chose comme un 'je' demeurerait en deçà [à la manière dont se ressent pour le sujet les effets du Sublime kantien]. Ou plutôt, il n'est pas un ailleurs, il est l'acte par laquelle s'efface ma finitude » (G. Lebrun, p. 94). Du bon usage du Néant donc. C'est sur fond de la critique faite à Sartre d'être encore kantien (c'est-à-dire parménidien) sur la question du néant que peut prendre sens l'examen de la critique sartrienne de Hegel. Rebondissement de paradoxes à ce propos : Hegel aurait fait, pour Sartre, de la dialectique de l'Être et du Néant un conflit de *contraires* au lieu d'en faire un affrontement *contradictoire,* alors – et c'est là le premier paradoxe – que c'est Hegel qui a acclimaté la contradiction à la discursivité philosophique, Sartre semblant ne pas s'apercevoir que l'énigme du dépassement de l'Être vers le Néant sur laquelle il insiste, dépassement ni intérieur (faute d'en détenir le moindre indice), ni extérieur (au risque de correspondre au forçage d'une intervention tierce à l'expérience même), – que le secret de cette énigme donc, n'est autre que celui de la dialectique en tant qu'il s'agit, en cette occurrence initiale de la *Grande Logique*, d'une relation d'entendement tel que la raison dialectique la 'joue' dans un 'entrisme' subversif précisément de sa réification à travers le masque pris d'une figure fixe de l'entendement… inversement, second paradoxe, Sartre parménidien alors que pour lui Parménide est non tellement l'ennemi juré, que la tentation mortifère par excellence de la philosophie captée par l'Être – « Car le Bien sans le Mal c'est l'Être parménidien, c'est-à-dire la Mort » (*Saint Genet, Comédien et martyr*, éd. 1952, p. 211) –, celle de la séduction exercée par l'en-soi sur le pour-soi. En fait, c'est à une synthèse de la contradiction de l'Être et du Néant *et* de son monnayage par le possible choisi par la synthèse elle-même pour s'actualiser, que nous conduit l'examen de la thèse sartrienne sur le néant, bien plutôt qu'à une extériorité hétérogène des deux termes contradictoires faisant s'évanouir le Néant au profit de l'Être. Alors se dévoile rétroactivement l'affinité entre le sens agissant de la synthèse de la synthèse et de l'antithèse, ou de l'identité de l'identité et de la différence hégélienne et le sens du pour-soi synthétisant la contradiction du pour-soi et de l'en-soi. Dialectique synchronique interne à *L'Être et le Néant* et dialectique diachronique à l'œuvre entre *L'Être et le Néant* et la *Critique de la Raison dialectique* où la liberté est assignée à se faire inerte pour agir sur l'inerte, tout comme chez Hegel l'esprit devient-étranger-à-soi quand la raison se fait entendement pour dépasser l'entendement, dans la *Logique*, ou, dans la *Phénoménologie*, quand il se limite en retraçant les figures qu'elle fera advenir à leur vérité infinie. Ainsi Sartre pense-t-il maintenir les deux extrêmes d'une part de la radicalité néantisante de la liberté (G. Lebrun, p. 94 : « Ce n'est pas en lâche que le vaincu consent à sa défaite : c'est en nihiliste », « Il n'est permis à personne de dire ces simples mots : je suis moi. Les meilleurs, les plus libres peuvent dire : j'existe. C'est déjà trop » (*Saint Genet*, p. 100)), et d'autre part le sens d'avènement socio-culturel de celle-ci à travers une lutte définie par l'impératif existentiel ou la normativité éthique suivant laquelle « la possibilité de s'ôter la vie n'est pas donnée avec la vie même, dont la réalité réside dans la seule perpétuation de son être » (*Critique de la Raison dialectique*, éd. 1985, p. 300). « La *praxis*, née du besoin, est une totalisation dont le mouvement vers sa propre fin transforme *pratiquement* l'environnement en une totalité... L'intelligibilité du négatif comme structure de l'Être ne peut apparaître qu'en liaison avec un processus de totalisation en cours ; la négation se définit comme *force opposée* à partir d'une force première d'intégration et par rapport à la totalité future comme destin ou comme fin du mouvement totalisateur » (*id.*, p. 199). En sorte que la dialectique de la crainte du Maître absolu et du travail sous l'autorité du maître vainqueur, l'une à l'autre articulée – c'est parce qu'il a reculé devant la Mort qu'il doit travailler –, est finalement identique au refus de la mort par l'organisme pratique, qui l'oblige à la totalisation pratique de l'environnement et donc au travail : « C'est en formant l'objet que le Serviteur finira par savoir ce qu'il a vécu pendant le combat, à l'instant où la négativité le terrassa. Il n'avait pu, alors, distinguer de la simple peur le sentiment d'irréalisation de toute finitude. Mais, au long de sa 'formation', ce sentiment va se transformer en une donnée de sa pratique et de son œuvre – et ainsi prendra son sens la révélation-éclair de jadis. Il faut que le Serviteur travaille pour qu'il sache ce que lui avait dit, trop laconiquement, la crainte absolue » (G. Lebrun, p. 99).

La Notion de Néant étant ainsi circonscrite, l'ensemble des textes se révèle progressivement être le contraire d'une discordance de voix et bien plutôt dessiner, par une problématique en relais des points sensibles d'attaque de chaque auteur, la pluridimensionalité homogène et active de l'œuvre de Hegel. Il pouvait à ce titre encore être insisté, de manière circonstanciée et pénétrante, sur le danger d'une interprétation qui hypothéquerait le sens de l'unité mouvante et dynamique de la pensée dialectique en l'enfermant dans une finalité totalisante menaçant sa liberté d'inspiration aussi bien que de thématique au profit d'une intuition de sa nécessité – fût-ce celle de la nécessité de la liberté. Cet inattendu retour de flamme clôturante de la vivacité du Système peut prendre le sens d'une *inéluctabilité* de la liberté, justifiant cette démarche incarcérante (l'essence précède l'existence) par son objet, et cela soit selon un sens dont la spiritualité risque de se parachever en transcendance, soit selon un engendrement dont l'immanence, pour irrécusable qu'elle soit, n'en court pas moins le risque, par l'exclusif souci de la genèse, de produire un aveuglement sur la portée de liberté investie dans chaque dépassement dialectique. « Qu'on voie le négatif moteur, 'selon l'esprit', comme le *manque métaphysique* qui transit chacun des moments et l'appelle à se dépasser en s'ouvrant toujours davantage à sa vocation, ou, 'selon la lettre', comme *l'opérateur formel* qui caractérise la dialectique, qu'il anime une mobilité abruptement téléologique ou une 'processualité' qui se construit progressivement, dans les deux cas le mouvement dialectique *ne peut pas ne pas* aller de l'avant, soit parce qu'il est porté par le souffle de l'esprit, soit parce qu'il est l'engrangement rigoureusement cumulatif de son expérimentation discursive de soi-même » (J. Simont, p. 170). Aucun texte dans ce numéro qui soit affecté de l'une ou l'autre de ces tendances, mais une déjà longue *doxa*, toujours actuelle, présente dans certains commentaires massifs d'un passé relativement proche et auxquels ont pu être liés certains collaborateurs de ce numéro. Derrière le privilège accordé à l'idée de « totalité » sur celle de « totalisation » pour comprendre l'ensemble du mouvement de pensée hégélien, J. Simont porte le fer au plus sensible du croisement de la *méthode* et du *contenu* du Système en attestant son interprétation de la *méthode* à propos des *contenus* concernant les « modalités », héritières de l'Analytique des Principes de la *Critique de la Raison pure*, modalités que du reste Hegel place sous le titre générique de la Section d'« Effectivité » et qui s'achèvent sur le point apparemment culminant de « la Nécessité absolue », au plus près donc du terme parachevant la « Logique de l'essence » : « la Relation absolue » – autrement dit la question du risque nécessitaire s'attachant à l'Absolu. « Dans cette perspective, le dernier mot de la nécessité absolue – la nécessité est contingence – ne marque pas un achèvement, mais consacre un échec : l'échec de la nécessité absolue, où la contingence tentait sans reste de se nécessiter comme contingence, ou, ce qui revient au même, d'assigner une fois pour toutes son propre reste » (*id.*, p. 196). Aucune énigme ne se dévoilant donc, mais un front relativement homogène d'accentuations diverses de la poussée dialectique de la pensée hégélienne.

Alors que devient la question posée à l'occasion de cette diversité ou grâce à elle, de cette fidélité affirmée à un auteur ou une pensée ? Sans doute une dialectique tendue de la temporalité sur elle-même pour autant qu'aucune dimension ne peut s'imposer comme originaire bien que toutes à tour de rôle peuvent revendiquer l'originarité. Car si rien ne peut se dire ou se penser qui ne prenne appui sur la sédimentation accumulée de toute l'expérience, matérielle aussi bien que culturelle, inversement rien de tout ce trésor enfoui dans l'éternité conservée du temps n'aurait le moindre effet sans la reprise et la relance forcément inédite de celui qui s'emparant de la langue la transforme en l'employant. Mieux : la réactivation présente opérée à tout instant sur tous les fronts de la culture ne prend elle-même sens qu'à partir de l'avenir par lequel l'acteur s'attend dans le néant de son futur. Chaque moment peut « tirer la couverture originaire », prétendre que tout est dans le passé, ou tout dans l'initiative qui s'en saisit pour l'agir, ou dans l'absence qui creuse de son vide l'exigence par l'avenir d'un remplissement à travers le présent retotalisant le passé. Mais une position dialectique exclut ces conflits de préséance puisqu'en ce qui concerne le vivant Hegel nous dit bien « *qu'il ne laisse pas venir la cause à son effet, pour la raison* que ce qui agit sur le vivant se trouve déterminé, changé et transformé par lui de façon autonome, c'est-à-dire la sursume comme cause » (*Science de la logique*, « la doctrine de l'Essence », Aubier, p. 281). À sa manière Foucault dit la même chose dans son paragraphe sur « Le recul et le retour de l'origine » dans *Les Mots et les choses*, faisant circuler en un contrepoint incessant les différentes acceptations de l'origine comme passé, présent et avenir. L'impossibilité d'assigner à l'homme une origine immémoriale « a elle-même deux aspects : elle signifie d'une part que l'origine des choses est toujours reculée, puisqu'elle remonte à un calendrier où l'homme ne figure pas ; mais elle signifie d'autre part que l'homme, par opposition à ces choses dont le temps laisse apercevoir la naissance scintillante dans son épaisseur, est l'être sans origine, celui 'qui n'a ni patrie ni date', celui dont la naissance n'est jamais accessible parce que jamais elle n'a eu 'lieu'. Ce qui s'annonce dans l'immédiat de l'originaire, c'est donc que l'homme est séparé de l'origine qui le rendrait contemporain de sa propre existence : parmi toutes les choses qui naissent dans le temps et y meurent sans doute, il est, séparé de toute origine, déjà là. Si bien que c'est en lui que les choses (celles-là même qui le surplombent) trouvent leur commencement » (p. 342). N'est-ce pas également ce que nous dit C. Malabou à sa manière dans la présentation de sa thèse ? L'ambition étant, notamment, de « relire la totalité du corpus hégélien à travers le concept de 'platiscité', ce qui a pour effet de réinterpréter de manière neuve un auteur classique à partir d'un de ses concepts jusqu'alors tenu pour marginal mais qui, en fait, se révèle bientôt central… l'élaboration du concept de plasticité permet de mettre à jour une pensée de l'avenir *dans* la philosophie de Hegel décisive pour l'avenir *de* la philosophie de Hegel, ce qui pourrait bien modifier le son d'un certain *Glas* » (p. 225).

Pierre VERSTRAETEN
Université Libre de Bruxelles

LE PROCÈS LOGIQUE
ET LA SIGNIFICATION DU SPÉCULATIF

Quelle motivation peut bien inciter un lecteur d'aujourd'hui à redécouvrir la pensée et les œuvres de Hegel *, en dépit des accusations outrancières, des anathèmes extravagants ou des déformations caricaturales qu'elles n'ont guère cessé de provoquer ? C'est à cette question que l'on voudrait essayer d'apporter une réponse en en proposant, si

* Les citations de la *Phénoménologie de l'Esprit* et de la *Science de la Logique* se réfèrent à la nouvelle édition, en cours de publication, des « Gesammelte Werke » de la *Rheinisch-Westfälische Akademie der Wissenschaften*, réalisée sous la responsabilité des chercheurs du « Hegel-Archiv » de Bochum, et publiée chez F. Meiner à Hambourg :

– *Phänomenologie des Geistes*, Bd 9, par Wolfgang Bonsiepen et Reinhard Heede, 1980 (citée *Ph.G.*).

– *Wissenschaft der Logik I*, Bd 11, *Die objektive Logik*, par Fr. Hogemann et Walter Jaeschke, 1978 (citée *W.L. I*).

– *Wissenschaft der Logik II*, Bd 12, *Die subjektive Logik*, par les mêmes auteurs, 1981 (citée *W.L. II*).

Les traductions françaises utilisées sont celles de G. Jarzyk et P.J. Labarrière : *Phénoménologie de l'Esprit*, Paris, Gallimard, 1993 (citée *Ph.E.*) ; *Science de la Logique I*, l'*Être* (1812), Paris, Aubier, 1972 ; *II, Doctrine de l'Essence*, Paris, Aubier, 1976 ; *III, Doctrine du Concept*, Paris, Aubier, 1981 (citées respectivement : *S.L.* I, II et III).

En ce qui concerne l'*Encyclopédie des Sciences philosophiques* (citée *Enzykl.*) les références sont données par l'indication du paragraphe, éventuellement complétée par celle de la Remarque (*Anmerkung*) ou de l'Addition (*Zusatz*). Sauf indication contraire, il s'agit du texte de la troisième édition (1830). On a procédé de la même manière pour les *Lignes fondamentales de la Philosophie du Droit* (citées *G.P.R.*).

Les traductions françaises utilisées sont celles de B. Bourgeois : *Encyclopédie des Sciences philosophiques, I – Sciences de la Logique*, Paris, Vrin, 1970 ; *III – Philosophie de l'Esprit*, Paris, Vrin, 1988 (citées *Encycl.* I ou III) et de Robert Derathé pour les *Principes de la Philosophie du Droit*, Paris, Vrin, 1975 (cités *P.P.D.*).

Les références des rares citations d'autres œuvres seront précisées dans la note qui les concerne.

possible, quelques éléments de justification. S'affirmant comme fille de son temps, à la fois issue et expressive des bouleversements historiques, économiques, sociaux et politiques de la fin du XVIIIe et du début du XIXe siècle, témoin de l'avènement du monde industriel, dans l'horizon duquel nous vivons encore de nos jours, malgré les contradictions qu'il recèle et les menaces qu'il secrète, la philosophie hégélienne a servi – qu'on la revendique ou qu'on la récuse et parfois les deux en même temps – de point d'ancrage à la plupart des luttes idéologiques de ces deux derniers siècles. Curieuse postérité et étrange destinée pour ce qui voulait être l'invention d'un nouveau mode de penser, définitivement détaché des chimères de la métaphysique traditionnelle, et libéré des présupposés de la pensée représentative, qu'il s'agisse de la conscience commune ou du savoir scientifique :

> « Le bien-connu en général, pour la raison qu'il est *bien-connu* n'est pas connu. C'est la façon la plus commune de se tromper et de tromper les autres, à propos du connaître, que de présupposer quelque-chose comme bien-connu, et de l'accepter ainsi ; avec tout ce discourir à tort et à travers, un tel savoir, sans savoir comment cela lui advient, ne bouge pas de place » [1].

En outre, l'ampleur encyclopédique du système hégélien semble avoir très tôt suscité l'exigence de son démembrement et de sa dispersion. Chacun entendant non seulement partager ses dépouilles mais surtout s'en approprier tel aspect en abandonnant les autres, l'impératif d'unité, de rigueur et de cohérence, bref de rationalité et de scientificité, qui avait été à sa source implosa littéralement. L'hégélianisme allait connaître ainsi une existence tourmentée, tiraillé et même écartelé entre des attitudes diverses et partiales, des jugements opposés, antagonistes et totalement incompatibles. Peut-être était-ce la contrepartie et l'indice paradoxal de sa richesse et du caractère dérangeant, déroutant même de son contenu ? Quoi qu'il en soit, la confusion la plus extrême semblait s'être substituée à ce que la *Phénoménologie de l'Esprit* nommait « l'astreinte du concept » [2].

Cependant, depuis quelque temps – deux ou trois décennies – s'est manifesté le besoin d'une relecture des textes hégéliens, non pas tant pour tenter d'imposer de nouvelles interprétations, qui ne feraient que s'ajouter inutilement aux précédentes, que pour essayer au contraire d'échapper à celles-ci, afin de revenir, humblement et d'autant plus

1. *Ph.G.*, G.W., Bd 9, S. 26-27 ; tr. fr., *Ph.E.*, p. 92.

2. *Ibid.*, S. 41 ; tr. fr., p. 116 : « Ce qui pour cette raison importe en l'*étude* de la *science* est de prendre sur soi l'astreinte du concept ».

difficilement, à la matérialité et la littéralité des œuvres. Car Hegel ne parlait pas au hasard lorsqu'il dénonçait la soumission de la pensée au « bien-connu ». Cette expression, en effet, désigne moins *ce que* l'on sait, ou croit savoir, c'est-à-dire ce qu'en fait on ignore, que *ce avec quoi* et *ce dans quoi* l'on pense. Accéder au texte, à la compréhension de son sens original et originel, oblige dès lors le lecteur à commencer par sa propre auto-critique, à dépister ses propres présupposés, à « psychanalyser » en quelque sorte son propre inconscient intellectuel et culturel. À défaut de se soumettre à une discipline aussi sévère, on ne pourra que répéter l'affirmation sans cesse ressassée selon laquelle Hegel est un auteur difficile, abstrait et obscur, s'exprimant en une langue énigmatique. Pourtant, ce ne sont pas les prétendues bizarreries de ce langage qui font le plus obstacle à sa compréhension ou rendent à ce point aléatoire l'accès au sens, mais bien plutôt cette incapacité à se débarrasser d'habitudes de penser et de parler qu'excède et transgresse une discursivité inédite, apte à traverser toutes les couches de non-sens ou de contre-sens qui risquent de lui faire écran. À cet égard, il y a bien un langage hégélien, mais son auteur ne cesse de réaffirmer qu'il est, au moins sur le plan terminologique, celui de tout un chacun, car il se veut exotérique, ouvert à tous et universellement communicable :

> « C'est seulement ce qui est parfaitement déterminé qui est exotérique, compréhensible, et apte à être appris et (à être) le bien propre de tous. La forme d'entendement de la science est le chemin offert à tous et pour tous le même, et le fait de parvenir au savoir rationnel par l'entendement est la juste exigence de la conscience qui aborde la science » [1].

Même si Hegel ne dédaigne jamais, bien au contraire, de tirer profit au maximum des ressources offertes par la langue allemande, en jouant par exemple sur la polysémie des termes, sur leurs possibilités de décomposition ou de recomposition, en revanche, il s'est interdit de recourir à des néologismes « techniques », se refusant ainsi à couper le discours philosophique de ses bases culturelles populaires et à en réserver l'accès et la signification à une élite restreinte. Pour lui, cet accès au savoir, à la science, est aussi un droit universel de l'homme.

N'est-ce pas là, toutefois, un paradoxe, et même une sorte de gageure ? Comment concilier cette exigence d'universalité, et satisfaire le droit pour chacun d'accéder au savoir philosophique, avec le projet ambitieux d'un discours sans présupposés se proposant de rendre compte exhaustivement et rigoureusement de tous ceux sur lesquels

1. *Ibid.*, S. 15-16 ; tr. fr., p. 77.

prend appui, fût-ce implicitement ou à son insu, toute conscience ? La réponse à de telles questions contraint le lecteur à rechercher et à s'efforcer de ressaisir le mode d'organisation et de fonctionnement du discours hégélien. D'autre part, Hegel n'a cessé d'insister sur le fait qu'il n'y avait pas de philosophie spécifiquement hégélienne et que ce qu'il avait mis de lui-même dans ses œuvres n'en constituait pas la part la plus intéressante. Il ne s'agit pas seulement d'une boutade provocatrice, mais du constat de ce qu'engage le mode d'exposition dont l'œuvre de Hegel est le déploiement différencié dans l'unité de son procès. On s'est souvent emparé de certaines formulations, estimées révélatrices de la pensée de leur auteur, parfois jugées scandaleuses, et qu'on a ensuite brandies et dénoncées impitoyablement. Pourtant, il ne suffit pas de les replacer dans leur contexte pour leur redonner un sens acceptable sinon transparent. Hegel ne s'est jamais préoccupé d'édifier une doctrine, un corpus d'assertions, mais, à l'inverse, d'interroger inlassablement tous les discours existants, de retravailler les propos tenus, non pour les réfuter purement et simplement, mais pour en délivrer l'intelligibilité latente en les affranchissant de leurs limitations et de leurs préjugés. À titre d'exemple, montrer pourquoi et comment la certitude sensible, cette figure inaugurale de la conscience, est à la fois empiriquement la plus riche et logiquement la plus pauvre parce qu'elle s'abîme dans la forme d'universalité la plus indéterminée et la plus abstraite :

> « De ce qu'elle sait, elle n'énonce que ceci : c'*est* ; et sa vérité contient seulement l'être de la chose » [1].

De même, dénoncer la prétention et l'incapacité de la physique mécaniste à produire et à réunifier le concept de force qu'elle laisse se disperser en une pluralité de couples antagonistes : forces d'attraction et de répulsion, forces centripète et centrifuge, forces d'accélération et d'inertie, etc. :

> « On a coutume, on le sait, de regarder l'attraction et la répulsion comme des *forces*. Dans cette représentation, elles sont considérées comme autonomes, de telle sorte qu'elles ne se rapportent pas l'une à l'autre par le truchement de leur nature, c'est-à-dire que chacune ne doit pas être seulement un moment passant dans son opposée, mais doit se maintenir fermement en face d'elle (...). Elles sont donc présentées ici comme des forces non point telles que par elles

1. *Ibid.*, S. 63 ; tr. fr., p. 148.

seulement la matière viendrait à être, mais telles que par elles la matière déjà achevée serait seulement mise en mouvement »[1].

Ces exemples, empruntés significativement à des niveaux différents de savoir, montrent clairement que l'objectif de Hegel ne consiste pas à pallier les insuffisances ou combler les lacunes du discours représentatif, encore moins à prétendre les suppléer au moyen de quelque hypothèse problématique, mais à repérer et à mettre en évidence les modalités de séparation, de fixation ou d'exclusion réciproque par lesquelles les expériences ou les catégories considérées sont arrachées au procès qui les engendre et leur donne sens :

> « La philosophie (...) ne considère pas (une) détermination *inessentielle*, mais la (détermination) dans la mesure où elle est essentielle ; ce n'est pas l'abstrait ou (l')ineffectif qui est son élément ou contenu, mais l'*effectif*, ce qui se pose soi-même et vit dans soi, l'être-là dans son concept. C'est là le procès qui s'engendre ses moments et (les) parcourt, et ce mouvement total constitue le positif et sa vérité »[2].

Tel est le projet hégélien dont l'ensemble de l'œuvre est la réalisation accomplie : redonner mobilité et vitalité à ce qui est séparé, isolé et rigidifié, et, pour y parvenir, réinsérer tous les moments de la vie de l'esprit dans le procès, sans origine et sans fin, au sein duquel s'enchainent logiquement et dialectiquement les actes du penser.

Que ce procès soit sans commencement et sans terme ne signifie aucunement que nous soyons renvoyés à quelque progression illimitée, traduction représentative et naïve de l'infini comme opposé au fini, ou situé au-delà de celui-ci. Si le procès est bien ce devenir qui néanmoins ne passe jamais, c'est précisément parce qu'il est ce à partir de quoi et ce dans quoi toute réalité est engendrée. On pourrait peut-être apercevoir dans l'image aristotélicienne d'un premier *moteur immobile* l'ébauche et la préfiguration, exprimées en termes de *noèsis noèseôs*, de la conception hégélienne[3]. À cette différence près cependant qu'Aristote récusait vigoureusement l'hypothèse d'un infini actuel, et n'admettait qu'un infini en puissance, représentation dégradée de l'infini sous la forme d'un progrès à l'infini[4]. C'est là, comme on le

1. *W.L. I*, G.W., Bd 11, S. 102-107 ; tr. fr., *S.L.*, I, p. 151-160. Cf. *ibid.* S. 228-229 ; tr. fr., p. 356-358 ; également *Enzykl.*, § 267, *Anmerkung* (Remarque), § 270, *Anmerkung* (Remarque).

2. *Ph.G.*, G.W., Bd 9, S. 34 ; tr. fr., *Ph.E.*, p. 104-105.

3. ARISTOTE, *Métaphysique*, 1072 b 7-30.

4. ARISTOTE, *Physique*, livre III, chap. 4 à 8.

sait, ce que Hegel nommera le « mauvais infini ». L'infinité du procès n'est donc pas à comprendre comme l'opposé contradictoire des déterminations finies qui en résultent, mais au contraire comme l'activité immanente qui les produit :

> « Il faut se souvenir que même l'expression : unité de l'infini et du fini, ou bien que : fini et infini sont la même chose, a un côté erroné, parce qu'elle exprime comme être-en-repos ce qui est un devenir. Ainsi l'infini est-il le parvenir au fini, et inversement, le fini un parvenir à l'infini » [1].

L'infini véritable, rationnel, conceptuel, ou encore spéculatif, est bien le dynamisme interne, l'auto-mouvement négatif du fini se déployant dans l'effectivité. À cet égard, on comprend qu'infinité et négativité puissent être considérées comme des termes équivalents et quasiment interchangeables.

Par conséquent, ressaisir et expliciter la processualité des textes hégéliens signifie non seulement chercher à remonter réflexivement à la source de toute détermination, mais également s'efforcer d'en suivre la genèse par la mise au jour de ses articulations aussi bien structurelles que processuelles, et accéder ainsi à la compréhension de ses modalités différenciées de fonctionnement. Car cette processualité est tout le contraire d'une sorte de schème ou de structure abstraite et formelle, s'appliquant indifféremment à quelque réalité que ce soit, puisque les différences de forme ne font que manifester l'auto-mouvement du contenu ou, au sens étymologique du mot, ses métamorphoses. Il est donc tout à fait légitime et compréhensible que cette processualité varie et se diversifie selon les textes et en fonction du contenu réel qui s'y déploie et s'y expose au moyen de procédures qui lui sont spécifiquement appropriées. S'il en était autrement, l'hégélianisme ne nous proposerait qu'une prodigieuse et invraisemblable logomachie correspondant à l'image déformée et abusive que s'attachent à en donner ses adversaires les plus résolus. Mais il suffit de revenir à la lecture des textes pour voir se dissiper une interprétation aussi fantasmatique.

Lorsqu'on ouvre la *Phénoménologie de l'Esprit* on constate rapidement que la processualité ne s'y manifeste pas selon un aspect toujours identique. L'enchaînement successif des figures de la conscience et de l'esprit s'y présente dans cet « être-là du concept » qu'est le temps [2], ce qui veut dire sur un mode représentatif apparenté à une juxtaposition en extériorité quelque peu analogue au passer de

1. *W.L. I*, G.W., Bd 11, S. 85 ; tr. fr., *S.L.*, I, p. 124.
2. *Ph.G.*, G.W., Bd 9, S. 34 u. 429 ; tr. fr., *Ph.E.*, p. 104 et 685-686.

l'une à l'autre des déterminations de l'être [1]. Mais cette processualité, apparemment chronologique et linéaire, se conjugue et s'entrecroise avec le mouvement réflexif, médiatisant et circulaire des essentialités, qui constitue ce que Hegel nomme la « nécessité intérieure » assurant à la fois l'unité différenciée des expériences et le cheminement de la conscience s'élevant au savoir absolu de soi et de son objet comme d'elle-même, enfin garantissant la cohérence logique et effective de la teneur de sens du contenu ainsi exposé, c'est-à-dire assumant la signification spéculative de la vérité comme accord d'un contenu avec lui-même [2]. Il est vrai qu'ici la multiplicité et la diversité des expériences, l'ampleur et la richesse du contenu exploré, impliquant une extrême complexité qui ne peut se traduire que par des modalités processuelles articulées différentiellement et expressives de l'étroite imbrication entre les représentations de la conscience et l'explicitation conceptuelle et spéculative qu'en propose l'auteur. Le procès discursif – cette intériorité médiatisée et explicitée – a à tenir compte de l'effectivité et de la spécificité du contenu culturel et spirituel dans lequel s'engage et séjourne la conscience, et ce n'est qu'au terme de ce périple phénoménologique, dans l'ultime figure du savoir absolu, que pourra advenir la sursomption de la temporalité, qui correspond à la présentation phénoménale de l'esprit. Jusque-là, l'entrelacement de la forme conscientielle et du contenu spirituel engendre une complexité processuelle différenciée qui constitue l'une des principales difficultés du texte de 1807.

D'autre part, dans les deux sciences réelles que sont la *Philosophie de la Nature* et la *Philosophie de l'Esprit*, il ne s'agit plus d'exposer le mouvement de la conscience élevant sa simple certitude à la vérité du savoir absolu, mais de présenter en et pour soi un tel contenu, c'est-à-dire indépendamment de la dualité sujet-objet. Dans ces conditions, le discours encyclopédique s'y déploie conformément aux exigences logiques du concept et de l'Idée. Néanmoins, cela ne signifie pas que la processualité, qui ordonne le contenu de sens de ces textes, n'ait pas à tenir compte de certaines contraintes liées inévitablement à l'effectivité diversifiée de ce dont elle se veut l'explicitation. Dans la nature, le poids de la contingence est tel que Hegel admet que l'on n'y rencontre tout au plus que des « traces de déterminations conceptuelles » [3],

1. Cf. *W.L. I*, G.W., Bd 11, S. 68 ; tr. fr., *S.L.*, I, p. 98 où l'auteur définit la représentation comme « l'être-en-dehors-de-soi du concept ».

2. *Ph.G.*, G.W., Bd 9, S. 11, 39 u. 429 ; tr. fr., *Ph.E.*, p. 71, 112 et 687.

3. *Enzykl.*, § 250, *Anmerkung* (Remarque) ; cf. également § 368, *Anmerkung* (Remarque).

témoignant ainsi, et à la fois, de l'impuissance de la nature à se conformer au concept et des limites de la philosophie dans sa tentative pour maîtriser de tels contenus desquels ne sont absentes ni les irrégularités ni même les monstruosités. À titre d'exemple, la vie, par laquelle s'accomplit et s'achève le procès naturel, ne permet pas au concept d'exister en tant que tel parce que la puissance vitale du genre se heurte ici durement à ce que la *Phénoménologie de l'Esprit* nomme la « violence débridée» de l'individu universel, c'est-à-dire de la terre [1]. Mais la *Philosophie de l'Esprit* elle-même n'échappe pas entièrement à certaines discordances entre l'imprévisibilité et la contingence du déroulement historique et l'ordonnance logique du concept. Sans doute, ce dernier demeure le seul moyen d'explicitation des événements qui surviennent, en tant qu'il ne se contente pas de les juxtaposer chronologiquement mais les relie logiquement et dialectiquement. Reste, comme l'indiquent expressément les *Lignes Fondamentales de la Philosophie du Droit* qu'il n'y a pas nécessairement coïncidence ou strict parallélisme entre le devenir historique et l'enchaînement conceptuel :

> « Nous voulons regarder comment le concept se détermine lui-même, et nous imposer cette règle de ne rien donner de notre façon de voir et de penser. Ce que nous obtenons selon cette manière de procéder, c'est une série de pensées et une autre série de figures existantes, au sujet desquelles il peut arriver que l'ordre du temps dans le phénomène réel soit en partie autre que l'ordre du concept. On ne peut pas dire, par exemple, que la propriété existe avant la famille, et malgré cela, elle sera traitée avant la famille. On pourrait donc soulever ici la question de savoir pourquoi nous ne commençons pas par le plus élevé, c'est-à-dire par le vrai concret. La réponse est la suivante : c'est que nous voulons voir le vrai sous la forme d'un résultat et que, pour cela, il est essentiel de saisir en premier lieu le concept abstrait lui-même. Ce qui est effectif, la forme du concept, est pour nous seulement ce qui vient à la suite et après, même si, dans la réalité, cela était le premier. Notre manière de procéder et d'avancer est telle que les formes abstraites ne se montrent pas susceptibles de subsister pour elles-mêmes, mais se révèlent comme non vraies » [2].

Ces quelques exemples suffisent à montrer quelles difficultés rencontre la mise au jour des modalités diverses et complexes selon lesquelles se développe et fonctionne la processualité des textes hégé-

1. *Ph.G.*, G.W., Bd 9, S. 165 ; tr. fr., *Ph.E.*, p. 300.
2. *G.P.R.*, § 32, *Zusatz* ; tr. fr., *P.P.D.*, Add. p. 91.

liens. On aura du même coup saisi pourquoi une recherche de ce genre ne peut que s'orienter d'abord vers le texte dans lequel elle transparaît avec le maximum de pureté, c'est-à-dire dans la *Science de la Logique* :

> « La logique (...) ne peut présupposer aucune de ces formes de la réflexion, ou de ces règles ou lois du penser, car elles constituent une part de son contenu et ne doivent être fondées qu'à l'intérieur de ce qu'elle est. Il n'est pas jusqu'au concept même de la science en général, et pas seulement celui de la méthode scientifique, qui n'appartienne à son contenu : à vrai dire, il constitue son résultat dernier ; ce qu'elle est, elle ne peut donc pas le dire par avance, mais c'est son exposé total qui produit ce savoir de ce qu'elle est, et cela seulement comme son terme et son achèvement. Son objet également, le penser, ou plus précisément le penser conceptualisant, se trouve exposé essentiellement à l'intérieur d'elle. Le concept de cet objet s'engendre dans le parcours de la logique, et ne peut par conséquent être donné par avance » [1].

Il était donc manifeste que la processualité ne pouvait être appréhendée et explicitée dans toute sa pureté et sa rigueur que dans ce que Hegel nomme indifféremment « Logique », « Science » ou « Philosophie spéculative », car le concept y déploie librement ses moments différenciés en un procès infini auquel nulle extériorité étrangère n'est opposable.

Toutefois, même si la processualité logique s'avère capable de rendre compte, de manière détaillée et précise, de la genèse du sens qu'elle permet pour ainsi dire de suivre pas à pas en en assurant et vérifiant la validité, cela n'exclut d'aucune manière son autodifférenciation en fonction des degrés d'intelligibilité auxquels elle donne accès. On sait, en effet, que les déterminations ontologiques relèvent de l'économie du « passer » de l'une à l'autre, selon le mode de l'immédiateté, de l'extériorité et de l'altérité réciproque. En revanche, le procès de l'essence est caractérisé par le « paraître » – et l'« apparaître » – d'une part, le « poser » – et le « présupposer » d'autre part. Quant au procès du concept, il est défini par le terme de « développement » ou plus exactement encore d'autodéveloppement. Mais ces distinctions ne sont imposées par aucune autre nécessité que celle, purement intérieure, qui régit et exprime les exigences propres à ce même développement conceptuel. Ces modalités intradifférenciées du procès logique ne font que scander les étapes de la réunification

1. *W.L. I*, G.W., Bd 11, S. 15 ; tr. fr., *S.L.*, I, p. 9-10.

progressive de l'être et de l'essence, et de leur identification en devenir au concept lui-même. Elles traduisent, en s'y ordonnant, le rythme des pulsations de ce mouvement de totalisation conceptuelle qu'expose dans la diversité de ses structures la *Science de la Logique*. Ainsi, les déterminations ontologiques surgissent et disparaissent tour à tour sur le mode de l'immédiateté, tout au plus reliées les unes aux autres par un lien extérieur, ne nous offrant qu'une compréhension encore abstraite, insuffisante et superficielle de l'être, correspondant à celle qu'en donnent les principales disciplines scientifiques : mathématique, physique et chimie notamment, mais qui prétendent néanmoins élever indûment leurs présupposés à la dignité de principes. Une telle appréhension a bien de la peine à échapper à la finitude de la pensée représentative ou d'entendement. Ou plus exactement, ces caractères de simplicité, d'immédiateté, d'extériorité et d'altérité, reconnus aux déterminations de l'être, intérieurement médiatisées par les déterminations réflexives et négatives de l'essence, ici implicitement présupposées, finiront par conduire l'être à l'abîme et ne subsisteront qu'à titre d'apparence inessentielle, trace évanescente d'un procès ontologique sursumé :

> « L'être est seulement le mouvement de rien à rien, ainsi est-il l'essence »[1].

Et pourtant, c'est bien de cet être retourné au néant, négativement intériorisé dans l'essence, que va ressurgir, médiatisé par le mouvement d'extériorisation à soi de celle-ci, selon la double modalité du poser et de l'apparaître, l'être d'abord essentiel, en tant qu'essence venue à l'existence, puis effectif, comme unité pleinement accomplie de l'essence et de l'existence. Au terme, toutes les formes de dualisme ayant été progressivement explicitées et sursumées, la positivité de l'être, entièrement médiatisée par la négativité absolue de l'essence, peut alors être établie dans sa forme adéquate, logiquement et dialectiquement advenue, celle de l'immédiateté du concept subjectif se développant et laissant librement se déployer ses moments différenciés. Telle est sommairement rappelée la processualité spécifique à la *Science de la Logique*. La formule du texte de la *Differenz* (1801) définissant l'absolu comme « identité de l'identité et de la non identité » a désormais acquis, par la publication des trois parties de la Logique (1812-1816), non seulement son effectivité mais également son sens explicite : identité conceptuelle de l'identité, immédiate et positive, de

1. *Ibid.*, S. 250 ; tr. fr., *S.L.*, II, p. 18.

l'être et de la différence, posée et reconnue comme différence par la négativité absolue de l'essence.

Cette reformulation n'est qu'une autre expression de l'ensemble des moments du procès logique, tel que le présente Hegel, aussi bien dans le dernier chapitre de la *Logique subjective* ou *Doctrine du Concept* que dans les paragraphes 79 à 82 du *Concept préliminaire* des deuxième et troisième éditions de l'*Encyclopédie des Sciences philosophiques*, afin d'apporter la preuve que la dialectique n'est ni un scepticisme généralisé, ni un pur et simple procès de néantisation. Il en ressort que le terrain commun à toute pensée, ce dans quoi elle vit et s'exerce habituellement, est bien, comme on l'a dit précédemment, le domaine des représentations et de l'activité d'entendement. Déjà, dans la Préface de la *Phénoménologie de l'Esprit*, Hegel avait rendu hommage à cette activité :

> « L'activité du séparer est la force et (le) travail de l'entendement, la puissance la plus étonnante et la plus grande, ou plutôt la puissance absolue » [1].

L'*Encyclopédie* réitèrera cette appréciation en soulignant le rôle à la fois décisif et nécessaire de l'entendement dans tous les domaines de l'existence et du savoir. La sphère de la pensée représentative et d'entendement correspond au monde familier dans lequel nous vivons, connaissons et agissons. Grâce à l'entendement, les objets y sont délimités, distingués les uns des autres, caractérisés par des propriétés déterminées. Ce pouvoir de discrimination et de séparation isole et fixe ces diverses déterminations et permet ainsi de les repérer, de les ranger, de les classer et de les hiérarchiser, en un mot de les connaître et de les reconnaître. En nous épargnant la confusion, l'imprécision, le désordre et l'imprévisibilité, l'activité de l'entendement confère à toute réalité un nom, une place, une fonction, en assurant l'insertion de sa particularité dans un système de lois, autant que possible, universelles et invariantes. Une telle stabilité, aussi précieuse que réconfortante, conditionne et garantit une connaissance et une action efficaces. À ce double titre, l'entendement est un élément indispensable et irremplaçable de la culture. Condition certainement nécessaire de celle-ci, il n'en est peut-être pas pour autant la condition suffisante :

1. *Ph.G.*, G.W., Bd 9, S. 27 ; tr. fr., *Ph.E.*, p. 93. Cf. également *Notes et Fragments*, Iéna 1803-1806, Paris, Aubier, 1990, fragment 47 : « La raison sans l'entendement n'est rien. L'entendement est pourtant quelque chose sans la raison. L'entendement ne peut être bradé ».

> « On a aussi coutume de dire que l'entendement ne doit pas aller trop loin, et il y a là ceci de juste que ce qui relève de l'entendement n'est assurément pas quelque chose d'ultime, mais bien plutôt fini et, plus précisément d'un genre tel que, poussé à son extrémité, il se renverse en son opposé » [1].

On voit bien ici que l'entendement a cessé d'être considéré comme une faculté de connaissance isolée et séparée des autres, pour devenir un moment déterminé de l'activité du penser, et déterminé par sa caractéristique processuelle et fonctionnelle au sein du procès d'ensemble de ce penser, où il joue un rôle certes important mais en même temps dialectiquement défini et délimité.

En outre, il apparaît que le renversement évoqué par Hegel n'est pas le fait de l'entendement lui-même, mais de ce mouvement infini du penser qui, justement parce qu'il leur est immanent, nie et sursume toutes les déterminations finies produites par l'entendement. C'est cette intervention de la négativité à l'intérieur même de la positivité affirmée par la représentation que Hegel nomme précisément *le dialectique*, et que le paragraphe 81 de l'*Encyclopédie* considère comme le second moment du procès logique, avec les précautions d'usage que requiert un point de vue préliminaire, c'est-à-dire anticipé et historique. Car ce moment, du fait de cette immanence de l'infini au fini, est toujours déjà présent et actif au cœur de toute déterminité. Alors que l'activité de l'entendement privilégie la positivité immédiate et l'identité – c'est-à-dire la relation simple à soi-même –, le dialectique accorde la primauté à la négativité et à la différence – la relation à l'autre. En rapprochant, comme il le fait dans la plupart de ses œuvres, le moment dialectique du scepticisme antique ou de la figure phénoménologique de la conscience sceptique, Hegel accuse délibérément la fonction critique et négative de ce moment médian. Alors que la représentation et l'entendement nous offrent le spectacle d'un monde statique et comme pétrifie, privé de mouvement et de vie, le dialectique, nommé également le *négativement-rationnel*, révèle au contraire le dynamisme de la négativité, son activité toujours déjà intemporellement à l'œuvre en chaque déterminité. Tandis que l'entendement paraît impliquer une processualité en extériorité, telle que l'expose la logique de l'*Être*, le dialectique exerce sa fonction à la manière des déterminations réflexives et négatives dont la *Doctrine de l'Essence* est la présentation thématique et explicite. Ces rapprochements n'ont rien de fortuit comme le démontrera l'exposition de la méthode dialectique, dans le

1. *Enzykl.*, § 80, *Zusatz* ; tr. fr., *S.L.*, III, p. 376.

chapitre intitulé l'*Idée absolue* par laquelle s'achève la *Doctrine du Concept*. En effet, cet ultime texte n'a d'autre contenu et d'autre signification que la position, la réflexion dans soi et l'explicitation conceptuelle de l'ensemble des articulations constitutives du procès de totalisation logique, conférant du même coup à ce procès un caractère paradigmatique, celui d'une matrice rationnelle ou d'une structure d'accueil capable de nous permettre d'accéder à l'explicitation de la réalité, dans la diversité de ses aspects aussi bien naturels que spirituels, et de nous en procurer l'intelligibilité.

Mais cet exposé de la méthode absolue qu'est la dialectique nous dévoile également le dédoublement fonctionnel du négatif. Dans un premier moment, la négation porte sur l'immédiateté donnée et offerte à la réflexion, et le résultat en est, comme négation de cette immédiateté initiale, le premier négatif. Mais cette immédiateté première s'avère être l'autre de soi, et, en tant que rapportée à l'autre, elle se nie comme immédiateté pour se poser comme médiatisée : le premier négatif est donc tout d'abord le médiatisé. Cette processualité spécifique du dialectique est porteuse d'une innovation qui correspond à un véritable changement de régime du penser :

> « La méthode absolue (...) ne se comporte pas comme réflexion extérieure, mais prend de son objet lui-même le déterminé, puisqu'elle est elle-même son principe immanent et (son) âme » [1].

Dans ces conditions, le médiatisé, loin d'être l'annihilation ou la disparition pure et simple de l'immédiat, une sorte d'effondrement sans retour du sens premier, n'en est au contraire que la négation *déterminée* puisqu'il porte, inscrite en lui sous mode négatif, la positivité même du terme nié, et c'est en cela qu'on peut dire qu'il le médiatise. À ce moment du procès dialectique, la transition du premier terme au second confirme et vérifie, aussi précisément et adéquatement que possible, la signification ambivalente de l'*Aufhebung* qui ne nie qu'en conservant et en maintenant dans le résultat la positivité de ce dont elle procède :

> « Le premier est ainsi essentiellement *maintenu* et *conservé* également dans l'autre — Tenir fermement le positif dans *son* négatif, le contenu de la présupposition dans le résultat, c'est là le plus important dans le connaître rationnel ; en même temps, il n'est besoin à cet effet que de la réflexion la plus simple pour se convaincre de la vérité et de (la) nécessité absolues de cette

1. *W.L. II*, G.W., Bd 12, S. 241 ; tr. fr., *S.L.*, III, p. 376.

exigence, et, en ce qui concerne les *exemples* de preuves ordonnées à cela, toute la logique consiste dans cela »[1].

Le médiatisé n'est, toutefois, lui-même qu'une des deux faces de la négation dialectique, un des deux termes de la relation établie par le moment précédent. L'autre face, ou le second négatif, dénommé le médiatisant, exerce son action sur le premier négatif. Il ne s'agit donc plus d'une simple négation, mais d'une négation double ou redoublée, recourbée sur elle-même : négation de la négation. Autrement dit, le médiatisant s'attache à relever, à poser activement et effectivement, ce que le premier négatif n'avait encore qu'implicitement conservé de la positivité et de l'affirmation de l'immédiat nié. Outre la complexité de la processualité qui résulte de cette dualité ou scission du négatif, il convient surtout d'en retenir la portée spéculative vers laquelle nous nous acheminons et qui apportera la preuve que la dialectique, loin d'être une insurmontable puissance destructrice, se révèlera être non seulement l'instance critique du procès logique, mais l'âme même de ce procès, le facteur essentiel de la progression du concept, de la sursomption de la contradiction, de la production et de l'enrichissement du sens :

> « La négativité considérée constitue maintenant le *tournant* du mouvement du concept. Elle est le *point simple du rapport négatif à soi*, la source la plus intime de toute activité, de (tout) auto-mouvement vivant et spirituel, l'âme dialectique que tout vrai a en lui-même, par laquelle seulement il est vrai ; car c'est sur cette subjectivité seulement que repose le sursumer de l'opposition entre concept et réalité, et l'unité qui est la vérité. — Le *second* négatif, le négatif du négatif, auquel nous (sommes) parvenus, est ce sursumer de la contradiction, est pourtant aussi peu que la contradiction un *faire d'une réflexion extérieure*, mais le moment le plus intime, le plus objectif, de la vie et de (l')esprit, par quoi il y a un *sujet*, (une) personne, (quelque chose de) *libre* »[2].

Ainsi, ce « tournant de la méthode » opéré par la négativité absolue, est l'instauration de l'immédiateté devenue comme immédiateté simple par la médiation absolue qu'est la sursomption ou résolution de la contradiction. En d'autres termes, le procès dialectique atteint son accomplissement par et dans le retour dans soi de l'immédiateté première, c'est-à-dire à son commencement. Car le vrai n'est ni le commencement, ni le résultat, mais l'ensemble du parcours

1. *Ibid.*, S. 244 ; tr. fr., *ibid.*, p. 380.
2. *Ibid.*, S. 246-247 ; tr. fr., *ibid.*, p. 382.

qui conduit du premier au second puis ramène celui-ci à son point de départ, non pas par un oubli ou un effacement des différences, mais parce qu'il est, au contraire, désormais lesté de toutes celles qui sont advenues, qui se sont inscrites en lui, et qui s'y maintiennent à titre de moments sursumés et idéels. Unité en devenir d'elle-même et de son autre, de son identité à soi et de sa différence d'avec soi, de sa positivité et de sa négativité, l'immédiateté étant ainsi retournée dans soi, enrichie de toutes ses différences, se trouve enfin établie dans son effectivité et sa vérité. Le procès dialectique aboutit de cette manière à un résultat positif et affirmatif que Hegel nomme le spéculatif ou positivement-rationnel, et qu'il définit ainsi :

> « Le *spéculatif* ou *positivement-rationnel* appréhende l'unité des déterminations dans leur opposition, l'affirmatif qui est contenu dans leur résolution et leur passage (en autre chose) » [1].

Sans doute y a-t-il là une indéniable complexité, dont l'élucidation n'est pas exempte de difficultés, mais également une innovation originale, celle d'une logique dialectique de la contradiction, découverte capitale dont Hegel n'a jamais cessé de souligner l'intérêt et l'importance :

> « Ce qui d'une façon générale meut le monde, c'est la contradiction, et il est ridicule de dire que la contradiction ne se laisse pas penser » [2].

Or, cette logique dialectique hérite, si l'on peut dire, de déterminations arbitrairement séparées, isolées les unes des autres, affectées d'abstraction et d'unilatéralité, rançon inévitable de leur limitation, de leur finitude et de l'absence de relation véritable. Telles sont les déterminations qui jalonnent le périple logique de l'*Être* : qualité, quantité et mesure. Cependant ce que dévoile, comme on l'a vu précédemment, cette logique de l'être, c'est que ces déterminations ne sont jamais simplement ce pour quoi elles se donnent, mais qu'elles sont toujours déjà intérieurement médiatisées et implicitement reliées par les déterminations réflexives et négatives de l'essence, lesquelles vont progressivement se révéler comme la vérité en devenir de l'être. La positivité immédiate n'est donc qu'un leurre, une illusion qu'il convient de dissiper. Mais en brisant les séparations et les fixations trop rigides, la négativité essentielle ne détruit pas ce qu'il y avait de positif et d'effectif dans l'immédiateté donnée initialement, au contraire, elle

1. *Enzykl.*, § 82.
2. *Ibid.*, § 119, *Zusatz* ; tr. fr., I, Add. p. 555.

met en évidence la liaison réciproque et circulaire du poser et du présupposer, du paraître et de l'apparaître, reconnaît le positif et par-là même le libère. L'activité médiatisante de la négation, loin de mettre en péril la réalité, la délivre de ce qui la limitait artificiellement et abusivement, de l'ordre qui lui était imposé de l'extérieur, et lui restitue ainsi son autonomie, son efficacité et sa part de vérité en l'insérant, à titre de moment dans le déroulement du procès logique. L'issue de celui-ci n'est donc pas tant la restauration de l'immédiateté initiale telle qu'elle s'offrait tout d'abord, ce qui pourrait laisser sous-entendre qu'elle ait pu être affectée par la négation au point d'en être amoindrie, affaiblie ou amputée, mais bel et bien son instauration, sa réalisation ou son établissement – Hegel utilise le terme *Herstellung* – ce qui signifie sa position de soi en tant qu'immédiateté devenue et médiatisée, désormais conforme à son concept. On saisit mieux ainsi comment le procès duel de l'essence assume simultanément la double tâche d'intériorisation des déterminations de l'être et d'extériorisation de ses propres déterminations dans le trajet qui conduit de l'apparence, comme pur paraître de l'essence en elle-même, à l'existence, telle qu'elle surgit du rapport fondamental lorsque toutes les conditions en ont été réunies, avant qu'elle ne passe tout entière dans son apparaître (*Erscheinen*), et finisse par atteindre à sa réalisation accomplie dans l'effectivité. L'instance critique de la négativité constitue l'un des deux versants de cette processualité essentielle, l'autre, qui lui est strictement corrélatif, correspond cette fois à l'émergence progressive et effective de la Chose même, rejoignant de la sorte son concept. Celui-ci, unité devenue de l'être et de l'essence selon les modalités qui viennent d'être rappelées, et issu de la sursomption de la médiation, énonce, expose et explicite par son libre mouvement d'auto-différenciation la teneur de sens de la pensée spéculative. Ce qui veut dire que c'est bien dans la *Logique subjective* ou *Doctrine du Concept* qu'elle parvient à se déployer dans toute sa plénitude. Néanmoins, il est légitime de penser que la philosophie spéculative est co-extensive à la *Science de la Logique* tout entière dès que l'on comprend que la libre position du concept ne peut survenir que parce que celui-ci se présuppose lui-même dans le moment inaugural de l'être pur et qu'il ne cesse de s'accomplir tout au long du procès logique, en se dégageant progressivement des abstractions et des limitations qui le masquaient et entravaient son libre développement. Rompre avec toutes ces contraintes, atteindre à la position et à la reconnaissance de soi comme tel, voilà en quoi l'ensemble du procès logique peut être en effet, à bon droit, considéré comme l'auto-exposition et l'auto-explicitation du spéculatif en tant que devenir conceptuel de l'être et intériorisation de son autre reconnu comme l'autre de soi-même :

> « Car c'est immédiatement que l'autre de l'autre, le négatif du négatif est le *positif*, (l')*identique*, (l')*universel* »[1].

Que, dans leur sens le plus rigoureux, la présentation et la signification la plus haute du spéculatif s'accomplissent dans le libre procès du concept, c'est ce dont Hegel convient expressément :

> « Ce qui caractérise la dialectique supérieure du concept, ce n'est pas de considérer la détermination comme simple borne ou contraire, mais à partir d'elle de produire au jour et de comprendre le contenu *positif* et le résultat, ce par quoi seulement elle est développement et progression immanente (...). La science n'a pour tâche que d'amener à la conscience ce travail propre de la raison de la chose »[2].

D'ailleurs, l'illustration matérielle et littérale réside dans la raréfaction progressive, sinon la disparition presque totale, des *Remarques* au fur et à mesure que l'on pénètre plus avant dans le texte de la *Science de la Logique*[3]. Cette suppression correspond à la fois à une réduction de l'extériorité et de l'abstraction et au résultat du travail effectué par la pensée et le discours d'entendement, permettant de mieux en mieux la libre expression du spéculatif et autorisant, du même coup, l'abandon de sa confrontation différentielle – devenue désormais inutile – avec la sphère représentative.

On comprend donc l'insistance légitime avec laquelle Hegel affirme, contre presque toute la tradition, le résultat positif du procès logique et dialectique. Non seulement celui-ci échappe par là aux accusations de stérilité opposées à la logique générale dite formelle, mais il surmonte également les apories liées aux impératifs subjectifs que la logique transcendantale impose de manière arbitraire et extérieure à la réalité objective. La *Science de la Logique* démontre surabondamment, parce qu'elle présuppose la sursomption de la dualité sujet-objet advenue au terme du procès phénoménologique sous l'aspect du savoir absolu, que l'exposition et l'explicitation du mouvement et des actes du penser pur sont aussi bien celles du mouvement de la Chose même. C'est cette identité processuelle, objective et subjective, à laquelle correspond la double dénomination du texte qui

1. *W.L. II*, G.W., Bd 12, S. 247 ; tr. fr., *S.L.*, III, p. 383.
2. *G.P.R.*, § 31, *Anmerkung* ; tr. fr. (modifiée), Remarque, p. 90.
3. Si dans la logique de l'*Être* de 1812, on compte 29 Remarques, il n'y en a que 16 dans la *Doctrine de l'Essence*, et seulement 2 dans la *Doctrine du Concept*.

le structure de façon binaire, qui exprime et spécifie la signification même du spéculatif. En cela, la *Science de la Logique* est irréductible à un simple discours, fût-il d'un genre nouveau et sans précédent, dans la mesure où elle constitue l'ensemble, nécessaire et suffisant, des articulations processuelles et structurelles à l'aide desquelles pourra à la fois se dire et se rendre intelligible, dans la multiplicité ordonnée de ses aspects, la réalité aussi bien naturelle qu'historique, culturelle et spirituelle. L'accomplissement de ce projet suppose que l'identité ici visée ne soit pas celle d'un absolu résorbant dans l'indifférence les diverses différences rencontrées et posées. La positivité de l'identité n'a de sens que parce que le mouvement de la négativité, comme on l'a vu, maintient et conserve, pour ainsi dire en mémoire ou idéellement, les différences réelles qu'il élève ainsi au plan spéculatif :

> « Le positif est, à nouveau, l'identité, mais dans sa vérité plus haute, en tant que relation d'identité à soi-même, et en même temps de telle manière qu'il n'est pas le négatif. Le négatif, pour lui-même, n'est rien d'autre que la différence elle-même. L'identique en tant que tel est tout d'abord ce qui est sans détermination ; le positif, par contre, est ce qui est identique à soi, mais en tant que déterminé face à un Autre, et le négatif est la différence comme telle dans la détermination de n'être pas identité. C'est là la différence de la différence en elle-même (...) Le but de la philosophie est (...) de bannir l'indifférence et de reconnaître la nécessité des choses, de manière telle que l'Autre apparaît comme faisant face à son Autre » [1].

Ces différences, inscrites à titre de moments du procès logique, rendent compte de la genèse du sens, en tant que mouvement positif – déterminé et médiatisé – d'identification, mais aussi de son renouvellement et de son enrichissement puisqu'elles sont sans cesse intériorisées et intégrées dans de nouvelles configurations signifiantes. Si le résultat fait bien retour dans soi comme à son commencement, c'est toujours par la médiation de son procès d'auto-différenciation, et celui-ci ne saurait être sous-estimé, ignoré ou annulé sans qu'on quitte aussitôt le domaine spéculatif pour retomber de façon dommageable dans celui de la représentation. C'est ce qui explique qu'il suffise d'écarter un ou plusieurs moments du procès, jugés insignifiants ou, à l'inverse, de privilégier quelques-uns d'entre eux, voire même un seul, au détriment des autres, pour que le procès se fige et s'interrompe. C'est là, on le sait, la dénivellation sémantique qui se creuse entre l'extériorisation

1. *Enzykl.*, § 119, *Zusatz* ; tr. fr., I, Add., p. 553-554.

(*Entäusserung*) en tant qu'accomplissement effectif de l'intériorité dans l'extériorité, et l'aliénation (*Entfremdung*) qui désigne une fuite en avant dans l'extériorité, mais sans retour à soi, et par quoi on devient ainsi étranger à soi-même. Le procès logique, en sa teneur spéculative, ne s'apparente d'aucune manière à une opération extérieure de sommation ou à un progrès cumulatif, mais à des mutations qualitatives et, en cela, significatives :

> « La *métamorphose* n'advient qu'au concept comme tel, étant donné que le changement de celui-ci seul est développement » [1].

C'est ce qui impose et justifie la présentation du spéculatif en un « système de la totalité » en lequel se réalisent l'identité et la circularité d'une avancée progressive et d'une régression réflexive :

> « Chaque pas du *progrès* dans l'acte de déterminer-plus-avant, en tant qu'il s'éloigne du commencement indéterminé, est aussi un *rapprochement-régressif* (*Rückannäherung*) vers ce même (commencement), que donc ce qui peut d'abord apparaître comme divers, le *fonder régressif* du commencement et le *déterminer-plus-avant progressif* de ce même (commencement) tombent l'un dans l'autre et sont la même chose » [2].

L'auto-développement du concept est, par conséquent, tout le contraire d'une présentation redondante ou répétitive d'une identité offerte d'emblée une fois pour toutes, puisque ce serait alors l'envers du mouvement dialectique de la contradiction. Celui-ci décrit bien plutôt un procès de concrétisation et d'approfondissement correspondant à un authentique gain de sens et à une refonte immanente des structures et du contenu du savoir rationnel :

> « Le concept, dans la méthode absolue, se *maintient* dans son être-autre, l'universel dans sa particularisation, dans le jugement et la réalité ; il élève, à chaque niveau de détermination ultérieure, la masse totale de son contenu précédent et, par son *progresser dialectique*, non seulement ne perd rien, ni ne laisse quelque chose en arrière, mais porte avec soi tout ce qui a été gagné, et s'enrichit et (se) condense dans soi » [3].

En même temps, cet élargissement à des domaines de sens toujours plus riches, cette ouverture à de nouvelles sphères de savoir, opèrent un reflux qui reconduit au commencement. Le procès et son résultat sont

1. *Ibid.*, § 249.
2. *W.L. II*, G.W., Bd 12, S. 251 ; tr. fr., *S.L.*, III, p. 389.
3. *Ibid.*, S. 251 ; tr. fr., *ibid.*, p. 388.

ainsi repris, par la réflexivité et la négativité, dans un mouvement de réversibilité qui rejaillit sur chaque étape parcourue en rendant compte du cheminement déjà effectué et en en fournissant l'élucidation. Ce double procès, simultanément progressif et régressif est la relation fondamentale en laquelle vient s'enraciner l'idée absolue. Celle-ci, à vrai dire, ne contient rien de plus que ce qui fut acquis jusque-là, tout au long de la *Science de la Logique*, mais elle réfléchit et expose de manière détaillée les schèmes dynamiques selon lesquels s'effectue l'auto-mouvement du contenu, en l'occurrence ici du concept :

> « L'enrichissement progresse en la *nécessité* du concept, il est tenu par lui, et chaque détermination est une réflexion dans soi. Chaque nouvelle étape de l'*aller-hors-de-soi*, c'est-à-dire de la détermination ultérieure est aussi un aller-dans-soi, et l'*extension* plus grande tout aussi bien (l')intensité plus haute » [1].

Signalons, en passant, qu'ainsi se trouve définitivement ruiné le rapport de symétrie inverse entre extension et compréhension, rapport sur lequel la logique s'était jusque-là invariablement édifiée et dont elle se voulait la justification. Mais en même temps, se précise et s'éclaire la signification hégélienne de la systématicité. Loin d'être l'indice ou l'aveu d'une clôture que toute la dynamique du penser récuse et invalide d'avance, la systématicité désigne au contraire l'accès et l'ouverture à sa propre et libre effectuation d'elle-même. Si le procès se recourbe sur lui-même, ce n'est assurément pas pour s'absorber et s'éteindre dans son point de départ, mais pour substituer à l'abstraction initiale de celui-ci toute la richesse infiniment diversifiée et concrète acquise au cours de ce périple. La philosophie spéculative, à l'inverse de toute fermeture arbitraire et dogmatique, se constitue, selon la métaphore célèbre, en un « cercle de cercles », dessinant un enroulement en spirale où chaque maillon est déjà l'annonce d'un maillon nouveau, d'une nouvelle aventure de la pensée :

> « En vertu de la nature de la méthode (qui a été) mise en évidence, la Science se présente comme un *cercle*, entrelacé dans soi, dans le commencement duquel, (savoir) le fondement simple, la médiation entrelace en retour le terme ; du même coup ce cercle est un *cercle de cercles*, car chaque membre singulier, comme (quelque chose d')animé par la méthode, est la réflexion dans soi qui, en tant

1. *Ibid.*, S. 251 ; tr. fr., *ibid.*, p. 388.

qu'elle retourne dans le commencement, est en même temps le commencement d'un chainon nouveau »[1].

Avant de conclure, il est nécessaire de revenir, pour tenter de les éclaircir, sur certaines difficultés apparemment liées au mode d'énonciation du spéculatif, car la langue dans laquelle un philosophe choisit de s'exprimer n'est pas indifférente à la teneur de sens qu'il propose. On l'a rappelé précédemment, Hegel n'a voulu recourir qu'aux ressources langagières que l'allemand mettait à sa disposition. S'il les a estimées suffisantes, c'est sans doute, comme il l'a déclaré lui-même, parce qu'il souhaitait être compris de tous, mais aussi parce que toute langue véhicule, même à l'insu du sujet parlant, une logique naturelle et spontanée dont il convient de tirer profit :

> « On s'imagine ordinairement que l'absolu doit être situé loin au-delà, mais il est précisément ce qui est totalement présent, que toujours, en tant qu'être pensant, nous portons avec nous et utilisons, même si nous n'en avons pas une conscience expresse. C'est dans le langage principalement que sont déposées de telles déterminations-de-pensée, et ainsi l'enseignement a, dans la grammaire qui est apprise aux enfants, ceci d'utile qu'on les rend, inconsciemment, attentifs à des différences de la pensée »[2].

Certes, il est toujours loisible et aisé d'objecter à cela les difficultés de compréhension que suscite la lecture des textes hégéliens. Néanmoins, cette objection doit être relativisée et nous commençons d'en percevoir les raisons. La langue naturelle étant de nature représentative, elle vise à permettre le passage du particulier à l'universel, ce à quoi ne parvient cependant pas encore l'opinion (*Meinung*) de la « certitude sensible ». En revanche, au-delà de cette couche, pour ainsi dire infralinguistique, s'étend la sphère du dicible :

> « L'acte de parler (...) a la nature divine de renverser immédiatement l'opinion, d'(en) faire quelque chose d'autre »[3].

Le langage est en effet cette médiation, ce moyen terme entre essence et effectivité, entre particularité et universalité, l'acte privilégié d'extériorisation de l'intériorité du penser. C'est seulement de cette manière qu'il est susceptible d'exprimer et de communiquer le contenu de sens de la logique dialectique ou philosophie spéculative :

1. *Ibid.*, S. 252 ; tr. fr., *ibid.*, p. 390-391.
2. *Enzykl.*, § 24, *Zusatz* ; tr. fr., I, Add. p. 478.
3. *Ph.G.*, G.W., Bd 9, S. 70 ; tr. fr., *Ph.E.*, p. 158.

« Il faut que la présentation, en fidélité à la pénétration dans la nature du spéculatif, garde la forme dialectique, et n'introduise rien que pour autant qu'il se trouve compris et soit le concept »[1].

Le discours spéculatif entend promouvoir et faire prévaloir une révision et une réforme radicale de nos habitudes mentales, et sa difficulté provient de ce que, tout en s'efforçant de briser les barrières arbitrairement établies d'interroger sans relâche le sens pré-donné du langage coutumier et de revitaliser la puissance de création et d'innovation signifiante, il entend néanmoins continuer de faire confiance au langage naturel sans entreprendre d'inventer un autre mode d'expression, et sans céder, par conséquent, au mirage d'une langue artificielle, pure et universelle qui, en toute hypothèse, ne pourrait que déterminer les conditions assurant la rigueur des procédures d'énonciation sans pour autant rendre compte de l'activité inaugurale et du dynamisme interne qui les engendrent. De ce fait, ressurgirait inévitablement la dualité indépassable d'un langage-objet et d'une métalangue, que celui-là est nécessairement contraint de présupposer pour se constituer et définir ses propres critères de vérité. Ainsi, Hegel s'est essentiellement soucié de mettre en œuvre une discursivité telle qu'elle soit apte à exprimer sans reste, sans excès ni défaut, la teneur de sens et de vérité du spéculatif, par conséquent à la reverser en totalité dans l'écriture appelée à la communiquer, en épousant aussi parfaitement que possible sa trajectoire dynamique, ses inflexions, ses retournements ou renversements, bref en devenant l'auto-diction processuelle du mouvement dialectique de la contradiction. Expression de l'activité en devenir du penser pur, la signification spéculative du discours hégélien exige du lecteur qu'il effectue une véritable « conversion » de la conscience, un effort de soi sur soi auquel rien cependant ne l'avait jusque-là préparé. Hegel ne se dissimulait aucunement l'importance et la difficulté de cet arrachement au domaine « bien connu » des représentations et mettait en garde son lecteur dans l'Introduction à la première édition de la logique de l'*Être* :

« Dans ce dialectique tel qu'il est pris ici, et donc dans l'acte-de-saisir l'opposé dans son unité, ou le positif dans le négatif, consiste le *spéculatif*. C'est le côté le plus important, mais le plus difficile pour la faculté-de-penser inexercée et non libre. Si on la conçoit encore comme ce qui doit s'arracher au représenter concret-sensible et au ratiociner, il lui faut alors s'exercer d'abord dans le penser

1. *Ibid.*, S. 46 ; tr. fr., p. 123.

abstrait, tenir fermement les concepts en leur *déterminité*, et à partir d'eux, apprendre à connaître »[1].

Aussi, lorsque Niethammer le presse de rédiger un manuel pour les élèves des lycées, Hegel, sans refuser cette invitation, s'efforce-t-il néanmoins d'en différer l'exécution aussi longtemps qu'il le peut, en s'en justifiant en ces termes :

> « Dans la mesure où mes opinions sont neuves, il est nécessaire pour les maîtres d'étudier auparavant la chose plus encore que les jeunes qui leur sont confiés »[2].

Malgré cela, les manuscrits des cours de Nuremberg, des années 1808-1811, publiés de manière posthume sous le titre de *Propédeutique philosophique*, témoignent déjà d'une première tentative, plus qu'ébauchée, de ce qui, ultérieurement, à partir de 1817, deviendra l'*Encyclopédie des Sciences philosophiques en abrégé* (*Enzyklopädie der philosophischen Wissenschaften im Grundrisse*).

Aussi, le paradoxe du discours hégélien – paradoxe devenu par la suite source de malentendus, ou simple alibi pour tenter de se débarrasser du spéculatif – est-il d'avoir utilisé une langue naturelle, riche et malléable, pour énoncer et transmettre des significations inédites au moyen d'une terminologie qui pouvait sembler, à première vue, reprendre et prolonger une longue tradition antérieure. Le langage de Hegel exemplifie matériellement et concrètement la méthode absolue qu'expose le dernier chapitre de la *Doctrine du Concept*. De ce point de vue, le discours spéculatif n'est pas un *autre langage*, mais l'*autre sens* du langage, ce que son usage courant n'énonce jamais parce qu'il demeure prisonnier d'une manière de penser moins soucieuse de son activité et de ses présupposés que des résultats auxquels elle parvient, davantage préoccupée de déterminer les points d'une courbe que le tracé même de la courbe qui les engendre, les unit et les transcende. Au contraire, la philosophie spéculative, sans modifier fondamentalement les éléments de la langue, sans en bouleverser les structures, nous rend accessible, au prix d'un effort de rigueur, de cohérence et de vérité, la puissance infinie de différenciation et d'innovation du procès conceptuel en regard des contenus de sens, des œuvres et des actions qu'il est capable de produire. Hegel n'aurait certainement pas été surpris par le développe-

1. *W.L. I*, G.W., Bd 11, S. 27 ; tr. fr., *S.L.*, I, p. 28-29.

2. Lettre du 8 juillet 1807, *Briefe von und an Hegel*, ed. Hoffmeister, I, S. 176 ; tr. fr. *Correspondance* par Jean Garrère, Paris, NRF, 1962-1967, p. 162-163.

ment vertigineux des moyens de communication contemporains, lui qui convenait tout à fait d'abandonner aux machines – qui peuvent le faire mieux que nous – le calcul même symbolique, pas plus d'ailleurs que par les apories et les limitations auxquelles se sont trouvé confrontés, au cours de ce siècle, les travaux de formalisation. En revanche, il n'aurait sans doute guère apprécié les débordements des sociétés médiatiques qui substituent allègrement l'image, l'artifice et le spectacle à l'« astreinte du concept » et au souci de la vérité, alors que, dans l'Avant-Propos à la *Doctrine du Concept*, évoquant Pilate et citant quelques vers du *Messias* de Klopstock, il formulait cette question :

« Quel objet, en effet, est plus élevé pour la connaissance que la *vérité* elle-même ? ».

André LÉCRIVAIN
E.N.S., Saint-Cloud

HEGEL, OU LA «LOGIQUE EN ACTION»

Logik in Aktion : c'est là le mot d'ordre que Lénine, grand lecteur de la *Science de la logique* hégélienne, lançait comme une requête à son encontre – l'indice de ce qui était à ses yeux un déficit de cette construction, la marque de son abstraction rémanente. Un mot qu'il faut entendre comme un avatar de la critique communément formulée par la tradition marxienne : Hegel serait demeuré prisonnier d'une analyse *seulement* théorique ; il conviendrait donc de le «remettre sur ses pieds» et de l'amener à cheminer comme tout un chacun sur la glèbe commune – la terre des hommes, difficilement façonnée, au milieu de tant de traverses, par de multiples engagements en faveur de la liberté ; car ce n'est pas dans l'espace raréfié d'un concept souverain que se joue l'avenir de l'humanité, mais dans le déploiement d'un agir lucide et responsable : la logique, à ce compte, ne peut et ne doit se juger que « dans l'action ».

Requête légitime en elle-même, mais qui, dans son application, repose sur un contresens historique ; car elle exprime simplement le dessein que forma Hegel lui-même lorsqu'il eut à se mesurer à ce qu'il tient pour l'abstraction de la logique transcendantale. On sait qu'à son propos il parle durement de « dualisme » [1], et qu'il entend mettre au jour quant à lui une structure de pensée qui, dans la reconnaissance de leur différence inamissible, « réconcilie » la logique et l'histoire, le concept et le phénomène, en montrant que l'idée, *en elle-même*, a référence essentielle à son autre, et que c'est à ce compte qu'elle peut apparaître comme idée concrète. Ce faisant, Hegel prend également pour cible le « formalisme » dans lequel se fourvoie la logique lorsqu'elle s'abstrait plus radicalement encore de toute référence à

1. Ce terme revient par deux fois, de façon particulièrement sévère, pour caractériser cette philosophie, dans le « Concept-préliminaire » de l'*Encyclopédie des sciences philosophiques* (édition de 1830) : Remarque afférente au § 60 (éd. Bernard Bourgeois, Paris, Vrin, 1970, p. 321 et 322).

l'action [1] ; il le fait pour une part en critiquant le retrait qui marque certaine intelligence de la logique traditionnelle, héritée d'Aristote – non sans affirmer pourtant que cette pensée antique, qui osait rapprocher et même identifier être et pensée, selon un objectivisme peut-être naïf mais révélateur d'une authentique visée spéculative, était plus proche de la concrétude de la pensée que ne le furent par après le criticisme de Hume ou le transcendantalisme kantien. Cela pour ne point parler des formalismes plus proches de son époque, romantisme des « belles âmes » et exaltations religieuses.

La nécessité de ces ruptures, Hegel l'éprouva sous le fouet des événements dramatiques qu'il connut au temps de sa formation puis de sa maturité. Un monde venait de s'écrouler, dans la figure de son organisation politique et dans sa référence fondatrice à certaine idée de la religion ; des éléments nouveaux devaient être intégrés qui avaient nom conscience de la liberté, émancipation des peuples, bouleversement des modes de production, éclatement de la vision du monde. Quel sens aurait eu une pensée dégagée de l'« action » qui pour lors mobilisait tant d'énergies ? L'originalité de Hegel, ce qui caractérise la révolution qu'il introduit alors, c'est qu'il ne voulut pas seulement élaborer une théorie qui aurait une meilleure chance d'être « en prise sur le réel », mais eut ambition de concevoir une logique qui soit *en elle-même* de nature historique et concrète, une logique dont l'acte de naissance est la prise en compte de l'effectivité dans sa rationalité intrinsèque. Car la logique, chez Hegel, est réalité de médiation ; elle n'existe pas comme une construction autonome dont il faudrait se demander par après comment elle peut interférer avec les données de la contingence : elle sourd tout entière d'une lecture « essentielle » ou « rationnelle » de l'événement – intériorisation et extériorisation des données de l'histoire, selon cet adage inscrit dans les premières pages de la Logique objective : « La philosophie ne doit pas être une narration de ce qui survient, mais une connaissance de ce qui en cela est *vrai*, et à partir du vrai elle doit en outre comprendre ce qui, dans la narration, apparaît comme un pur survenir » [2]. Comprendre le rapport entre le concept et la réalité pourra s'opérer au rythme d'une intelligence véritable de ce jugement dans sa riche complexité.

1. La Préface de la *Phénoménologie de l'esprit*, véritable portique du système, revient de façon lancinante sur la critique de ces deux principaux obstacles à la pensée que sont le formalisme et le dualisme.

2. *Logik, G.W. 12*, 22/12 (trad. III, 51/15).

Une philosophie de l'immédiateté

L'on ira de suite au cœur de la question en affirmant, contre bien des évidences trop rapides, que la philosophie de Hegel, soupçonnée de donner dans une logicisation sans mesure, est en fait dominée par la volonté de saisir et d'exprimer l'immédiat *comme immédiat*. Certes, elle n'a rien de commun avec un empirisme du premier degré, et l'on a rappelé à l'instant que Hegel, à côté de Kant et de son criticisme, a compté Hume comme l'un de ceux qui risquent de ruiner dans son principe l'aventure de la pensée. Pour en revenir au jugement de Hegel lui-même qui vient d'être cité, nous pouvons alors procéder à une première analyse de son contenu. Un double mouvement s'y annonce : d'abord celui qui va de la « narration de ce qui survient » à la mise en lumière de ce qui en cela est « vrai » – et ce premier vecteur de sens vaut comme une *intériorisation*, ou encore comme la manifestation du logique qui se trouve à l'œuvre au cœur de l'événement ; ensuite un mouvement de retour à l'immédiateté, qui reconduit ce « vrai » jusqu'au lieu de la « narration » première en lestant le regard d'une puissance interprétative – *extériorisation* du logique vers la contingence des événements, le périple médiateur de la logique permettant alors de les « comprendre » dans leur véritable signification d'esprit.

Contraction et expansion, systole et diastole – tel est le rythme de la pensée « théorique » aux prises avec les réalités de l'« action ». L'immédiat est au point de départ *et* au point d'aboutissement de ce procès, et c'est en fonction de lui que se joue l'aventure de la médiation. C'est donc bien par rapport à lui, terme premier et dernier, que se juge le périple de la réflexion, lequel n'a d'autre finalité que de charger l'événement de sa dimension conceptuelle, ou plutôt de manifester que cette dimension est dès toujours à l'œuvre dans la constitution de l'événement *comme événement*. « Ce qui survient » peut bien apparaître d'abord comme « un pur survenir » ; mais lorsqu'il appert qu'en réalité il est tel *de par la vérité qui le constitue*, il se trouve « compris » pour ce qu'il est originellement – c'est-à-dire comme un immédiat médiatisé.

C'est dire que la logique, instance de médiation, n'existe pas en elle-même comme une entité autonome et fondatrice qui projetterait sa lumière sur l'obscurité du réel : « Que la Logique soit *médiation du Système* se donne à connaître dans le fait qu'elle disparaît dans l'acte par lequel ce Système se présente lui-même, c'est-à-dire se déploie et s'expose »[1] ; une « disparition » fondée dans le fait que son surgissement et son déploiement ne sont justifiés que dans le but de mettre en lumière ce que l'« immédiat » premier – celui de la « narration » ou du « pur survenir » – est en réalité : car « seuls existent 'essentiellement' la Nature et l'Esprit dans le mouvement de leur apparaître ; et la logique – ou, plus exactement, le logique de la Logique – est précisément cet apparaître de la Nature et de l'Esprit »[2]. Ainsi donc, le procès logique de la réflexion, qui trouve origine dans l'extérioration de l'acte de *poser* avant que de revenir à l'intériorité en puissance déterminante, est l'image inversée d'un mouvement qui, au niveau de la Phénoménologie comme à celui du Système, accorde toute primauté à l'extériorité immédiate qu'il pose et reconnaît comme une immédiateté *essentiellement* médiatisée[3].

Primauté *logique* des Sciences réelles par rapport à la Logique elle-même, primauté semblable du *logique* par rapport à la réalité phénoménale : ce principe commande, de part et d'autre de la *Science de la logique*, l'économie des deux ensembles qui mettent en lumière la fonction déterminante de la pensée dans la facture de l'être historique ; dans le troisième syllogisme qui dit le sens dernier de l'*Encyclopédie des sciences philosophiques*, la logique – alors rebaptisée « philosophie » – apparaît comme le moyen terme qui dit la conjonction d'origine entre l'extériorité naturelle et l'intériorité advenue de l'esprit ; et dans la *Phénoménologie de l'esprit*, c'est aux « *essentialités pures* qui constituent le contenu de la logique »[4], déployant leur efficace « *derrière* la conscience »[5], qu'il revient de convaincre l'immédiat premier (l'objet de la certitude sensible entendu comme « pur survenir ») de ce qu'il vient de plus loin que lui-même, en sorte que l'« histoire » qui est sienne est dès toujours une « histoire conçue »[6], une immédiateté lourde de sa propre médiation. Une fois encore, la « narration » première se trouve reconduite à son origine

1. Gwendoline JARCZYK, « La logique de Hegel, principe du Système », in G. JARCZYK et P.-J. LABARRIÈRE, *Hegeliana*, Paris, PUF, 1986, p. 214.

2. *Ibid.*

3. Sous la figure d'une « totalité de sens » perçue, au terme de ce périple, comme « un déjà-là, si tant est qu'il faille la *reconnaître* dans l'instant même où il faut l'opérer » : Gwendoline JARCZYK, *Système et liberté dans la Logique de Hegel*, Paris, Aubier, 1980, p. 22. La note afférente à ce texte précise avec justesse qu'il s'agit alors d'une immédiateté « logique », « qui réexprime l'immédiateté sensible selon sa dimension propre, en profondeur ».

4. *Logik, G.W. 11*, 8/12-13 (I, 7/16-17).

5. *Ph.G., G.W. 9*, 448 (trad. G. JARCZYK et P.-J. LABARRIÈRE, Paris, Gallimard, 1993, p. 37).

6. *Ph.G., G.W. 9*, 434/5 (695/3).

essentielle et *comprise* « à partir du vrai » qu'elle est par dignité fondatrice. L'« histoire conçue » (*begriffne Geschichte*) sur quoi s'achève le Savoir absolu est l'exact pendant, dans cette première grande œuvre systématique, de ce que la *Science de la logique* énonce sous mode théorique lorsqu'elle mise sur l'identité prime et terminale entre le « pur survenir » et son propre « comprendre ». Mise en lumière, avant l'heure, d'une véritable « conscience herméneutique » qui n'acquiert signification qu'à œuvrer à même la réalité du phénomène.

De la logique comme totalité

Or donc, la logique de Hegel ne peut être comprise que lorsqu'on l'aborde selon cette fonctionnalité véritable, *essentiellement* « en action ». La couper de l'immédiat qui l'enserre et lui confère sens, *a parte ante* (Phénoménologie) et *a parte post* (Système), c'est méconnaître la nouveauté qui s'inscrit en elle et la rabattre sur un formalisme contre lequel Hegel a engagé toutes ses forces. Mais une question se pose alors : pareille économie a-t-elle une influence, et laquelle, sur la structure de cette œuvre, sur son « style », et en définitive sur sa qualification intrinsèque ? Car il faut bien partir de ce constat : si impliquée qu'elle doive être dans la lecture et la facture de la contingence, la logique hégélienne a pourtant bien une existence autonome, au moins livresque, sous la forme de cette *Science de la logique* qui trouve place, dans le corpus hégélien, « entre » la *Phénoménologie de l'esprit* et l'*Encyclopédie des sciences philosophiques* – un « volume » bien rempli, avec un texte qui demande déchiffrement, concentration, et qui fait obligation de « séjourner » en lui. Comment s'exprime alors, dans cet espace « abstrait », la référence *structurelle* à l'immédiat qui fut dite *essentielle* à son intelligence ? En d'autres termes : l'intérieur de la logique se trouve-t-il, fût-ce de façon provisoire et par détour méthodologique, pédagogique, séparé de l'extérieur qui doit lui donner sens ? Mais en fait : du point de vue de la logique, faut-il encore attacher quelque signification à cette distinction entre « intérieur » et « extérieur » ?

La *Science de la logique* reçoit son concept de la contraction du sensible qu'opère la *Phénoménologie de l'esprit* [1]. Dans le Savoir

1. Au seuil de l'ouvrage, Hegel écrit : « Le concept de la Science pure et de sa déduction ne se trouvent (...) présupposés ici que dans la mesure où la Phénoménologie de l'Esprit n'est rien d'autre que la déduction de ce concept » : *Logik, G.W. 11*, 20/37 (I, 18/31).

absolu s'est trouvée réduite précisément toute séparation possible entre intérieur et extérieur, entre sujet et objet, entre certitude et vérité. Et cette seule « justification » [1] qui soit du lien entre les deux œuvres – logique « derrière la conscience », contenu de la phénoménologie ramené à son principe dans le mouvement des essentialités pures – est ce qui permet aussi de comprendre qu'au terme de l'ouvrage le « passage » aux sciences réelles ne soit pas en réalité un passage [2], mais une « ampliation » (*Erweiterung*) [3], un laisser venir au jour dans l'élément de la visibilité naturelle et spirituelle de ce qui fut joué, intégralement et sans reste, dans le procès de l'être comme concept. Usant d'une image sans doute inadéquate, l'on pourrait dire alors que le sensible, qui ne saurait jamais être absent de cette analyse « spéculative » [4], entreprend, dans la *Science de la logique*, une traversée à l'obscur, fruit d'un enfouissement qui le situe dans le *Hintergrund* du discours logique – tout comme *le* logique avait été dans le *Hintergrund* des expériences de la conscience – et qu'il demeure là, comme source d'activité et seule « justification », avant que de ressurgir, au terme de l'œuvre, dans une figure désormais vérifiée, sous les espèces de la Nature et de l'Esprit.

De cette présence du sensible au sein de la logique, l'on peut voir un indice dans un trait qui suscita en son temps l'étonnement moqueur d'un Trendelenburg : comment donc se fait-il qu'en une œuvre de pure « spéculation » Hegel s'autorise à insérer des développements qui concernent les réalités physiques les plus concrètes qui soient – système solaire, mécanisme, chimisme et autre porosité des matières ? Sans compter les multiples exemples, nullement adventices, qui parsèment le texte, et qui sont tout autre chose que des illustrations latérales : l'indice de ce que l'analyse engagée met réellement au jour les structures *de l'effectivité elle-même* dans le mouvement de son autoréalisation. À ce trait se juge que l'on n'a pas affaire, dans cette œuvre, à la construction d'un univers en marge du réel ; en vérité, la contingence comme telle est présente au cœur même de cet univers – et la logique n'aura pas à être délivrée de son abstraction en étant remise, au-delà d'elle-même, à la sanction de l'agir extérieur, puisqu'elle n'est

1. *Logik, G.W. 11*, 20/11 (I, 17/34).
2. *Logik, G.W. 12*, 253/19 (III, 392/20).
3. *Logik, G.W. 12*, 251/1 (III, 388/28). Le terme s'applique aussi bien au mode de progression d'une essentialité à l'autre au sein de la logique qu'à l'articulation expressive entre logique et sciences réelles.
4. Au sens où le « spéculatif » est la figure positive que prend, de son propre mouvement, la médiation « dialectique ».

« logique » qu'en se montrant apte, *en elle-même*, à rendre raison de toute « action », à même l'existence naturelle et spirituelle.

Dans l'économie de la Logique vue en son intériorité, cette présence prend une double figure. Au sein de la Logique objective – Être et Essence – le mouvement va de l'immédiateté de l'être à l'immédiateté devenue de la substance par la médiation de l'essence intérieure ; dans la Logique subjective, au contraire, l'arc dialectique se tend entre l'intériorité du concept et l'intériorité devenue de l'idée par la médiation de l'objectivité extérieure. Deux vecteurs corrélatifs dont la somme expose adéquatement l'unique procès du réel s'exprimant *comme totalité*. Il n'est donc pas exact de prétendre que seules les « sciences réelles » auraient trait à l'immédiat, tandis que la Logique serait vouée, au mieux, à une intelligence des choses qui les appréhenderait à partir de leur intériorité : de part et d'autre de cet « hendiadyn » – réalité biface à signification unique – intérieur *et* extérieur se trouvent convoqués et présents avec une pertinence et une nécessité égales ; car l'univers hégélien n'exprime pas son unité foncière en articulant en dernière instance des domaines que l'analyse aurait d'abord déployés dans leur « autonomie » première : il ne connaît l'intériorité que dans le mouvement de son extérioration essentielle, de même qu'il ne comprend l'extériorité que dans l'acte de son ressourcement logique en sa propre origine.

La logique est donc « en action » alors même qu'elle expose ce qui ressortit à l'articulation intérieure de ses catégories et de ses déterminations. Voilà qui se donne à connaître, entre autres, dans le fait que les structures conceptuelles qu'expose la première section de la Logique subjective se présupposent dans les déterminations de la réflexion qui se trouvent analysées au début de la Doctrine de l'essence, c'est-à-dire au cœur de la Logique objective. Inversement et de la même manière, les formes concrètes que l'immédiat se donne au premier et au troisième temps de ce que l'on peut appeler le syllogisme de la Logique objective (être et substance) ne trouvent à s'accomplir selon leur logique propre que sous la figure de l'objectivité, au cœur de la Logique subjective. Voici ce que l'on trouve, en effet, en ce lieu de l'œuvre où Hegel peut récapituler toutes les figures de la « concrétude logique » : « Plusieurs formes de l'immédiateté se sont déjà rencontrées ; mais dans des déterminations diverses. Dans la sphère de l'Être, elle est l'être lui-même et l'être-là ; dans la sphère de l'Essence, l'existence et ensuite l'effectivité et substantialité, dans la sphère du Concept, en dehors de l'immédiateté [entendue] comme universalité abstraite, désormais l'objectivité »[1]. Toutes expressions entre lesquelles le parler commun ne fait guère de différence, mais que la précision philosophique se doit d'enchaîner selon l'ordre d'une concrétude croissante : « *Être* est en général l'immédiateté *première*, et *être-là* cette même [immédiateté] avec la première déterminité. L'*existence*, avec la chose, est l'immédiateté qui vient au jour à partir du *fondement*, – à partir de la médiation se sursumant de la réflexion simple de l'essence. Mais l'*effectivité* et la *substantialité* sont l'immédiateté venue au jour à partir de la différence sursumée de l'existence encore inessentielle [entendue] comme phénomène et de son essentialité. L'*objectivité* enfin est l'immédiateté à laquelle se détermine le concept par sursomption de son abstraction et médiation »[2].

Pourrait-on dire avec plus de netteté que l'univers de la logique, *parce qu'*il est un univers de médiation, se déploie lui-même au rythme d'une prise de consistance de l'immédiateté qui se dit ultimement dans la sursomption de la médiation même ? La Logique hégélienne ne tourne pas « à vide », et elle n'est point telle qu'il faille lui fournir *après coup* un matériau qui soit la preuve de sa capacité à « moudre » du réel. C'est d'emblée et par économie d'origine, du fait de ce que l'on pourrait appeler sa filiation discursive par rapport à la *Phénoménologie de l'esprit* – en laquelle est « présupposée » la « déduction » de son concept – que cette Logique ne peut s'entendre qu'à même la réalité, comme principe de l'intelligence que l'on en doit donner. Cette croissance en concrétude étant exprimée à travers la prise de consistance significative des exemples *concrets* que prend Hegel pour illustrer tour à tour les trois étapes principales de cette diction de l'immédiateté – d'abord à travers des « Remarques » puis à même le texte : « La signification habituelle de la réalité » au stade de l'être-là, « Porosité des matières » à celui de l'existence, enfin « Mécanisme » et « Chimisme » dans l'économie de l'objectivité.

Au commencement l'action

« Le peuple dépourvu d'action est dépourvu de faute ; il est enveloppé dans l'universalité éthique objective et dissous là, sans l'individualité qui meut l'immobile, se donne une déterminité au dehors et une universalité abstraite, séparée de l'[universalité] objective, ce par quoi pourtant aussi le sujet parvient à quelque chose d'extériorisé de son essence, un *objet*, et est entré dans la relation de

1. *Logik, G.W. 12*, 130/1 (III, 212/1).
2. *Logik, G.W. 12*, 130/8 (III, 212/10).

l'*extériorité* en regard de sa nature et [dans la relation] du mécanisme »[1]. Hegel n'a cessé de dénoncer dans l'abstraction de l'intériorité une figure de ce *dualisme* contre lequel il dresse l'acte de la pensée. On sait à ce propos que, dans la *Phénoménologie de l'esprit*, la dénonciation de la « belle âme », au point tournant de l'œuvre, exprime à la fois le blocage possible de tout le mouvement et le point de départ de cette réinterprétation de la totalité historique et religieuse dont la forme logique est celle du « savoir absolu ». Seul est capable d'exprimer l'articulation unitaire de l'intérieur et de l'extérieur l'homme qui, ayant connu l'expérience de l'identité essentielle de soi à soi, accepte d'exprimer cette identité jusque dans les régions de la contingence marquées par les compromissions de la « faute » – discordance obligée entre l'universalité du principe et les particularités de l'action. Pour en revenir au texte qui, dans la *Science de la logique*, concerne « le procès mécanique réel », nous y retrouvons le lien entre « action » et « faute » ; et la mise en cause d'une « universalité éthique objective » qui demeurerait captive de son principe en ne réduisant pas l'opposition entre « universalité abstraite » et « déterminité du dehors », entre « essence » et « extériorité », et qui de la sorte manquerait à se qualifier comme sujet authentique, par défaut d'objet.

L'action apparaît ainsi structurellement présente à la constitution de la logique *comme logique*. Elle n'intervient pas au terme du procès d'intelligence, comme recours nécessaire à la « sanction du réel » – sorte de preuve par l'efficience – mais elle enveloppe la totalité de ce mouvement auquel elle imprime son style et dont elle commande les déterminations. En somme, l'on doit dire à ce compte que l'immédiateté la plus « extérieure » qui soit, étant toujours immédiateté « devenue », ne peut être que d'ordre logique – cependant que les déterminations ou essentialités de la Logique, parce qu'elles se fondent dans une intelligence conceptuelle de la réalité phénoménale, ne sauraient s'abstraire de ce poids intérieur.

On pourrait évoquer ici la place que tient l'« action » dans la suite des catégories qu'analyse l'œuvre maîtresse d'Eric Weil, cet hégélien des temps modernes, et préciser à nouveau, par écart différentiel, la fonction de ce terme dans la pensée de Hegel. La *Logique de la philosophie* s'articule autour de l'opposition entre l'« absolu » d'une part, l'« œuvre » et le « fini » de l'autre. L'« action », qui exauce d'un même mouvement les réquisits de l'homme de la raison et ceux de l'homme de la violence, ouvre sur les domaines de la morale et de la

1. *Logik, G.W. 12*, 142/8 (III, 230/18).

politique, qui représentent les lieux d'expression historique de l'intelligibilité logique. Celle-ci, cependant, poursuit si l'on peut dire son propre chemin en mettant au jour les deux dernières catégories que sont le « sens » et la « sagesse ». Pour autant, l'« action » conserve son privilège, pas seulement de plaque tournante, mais d'achèvement relatif, selon une exigence intime d'unité entre l'universel et le particulier qui se diffracte dans toutes les figures antérieures, latérales et postérieures de ce système total.

Il se pourrait que chez Hegel son rôle et sa fonction soient plus essentiels encore. Si le chapitre de la *Science de la logique* consacré à « l'idée du connaître » [1] peut déborder l'opposition traditionnelle entre le vrai et le bien, entre le point de vue théorique et le point de vue pratique, c'est parce que la Logique, à l'instant où elle va se déborder en direction des sciences réelles – ou plutôt manifester sa propre concrétude en s'« amplifiant » jusqu'à elles – se souvient de ce qu'elle a été constituée comme logique par le mouvement de la belle âme qui accepta d'*agir*. C'est pourquoi l'action est ici au commencement et au terme du procès ; et c'est elle aussi, par conséquent, qui sous-tend le déploiement des essentialités pures. Il n'est donc nul besoin de « remettre Hegel sur ses pieds » : c'est l'action qui l'a mis debout à l'origine, et qui lui a enjoint de marcher sans relâche en logicien de l'éphémère et de la contingence.

Pierre-Jean LABARRIÈRE
Centre Sèvres, Paris

1. *Logik, G.W. 12*, 192 sq. (III, 303 sq.).

L'ART DE HEGEL

L'intention de cet article est de prendre en considération l'art de Hegel. Il ne s'agit donc pas de commenter ce que Hegel pense de l'art, d'expliciter les moments symbolique, classique ou romantique constituant le déploiement de son essence ou encore de tirer les conséquences de la dimension intrinsèquement artistique de l'Absolu, mais beaucoup plus modestement de proposer quelques énoncés concernant l'art même de Hegel, cette manière de formuler des pensées qui frappent et marquent les esprits comme autant de maximes solidement forgées et qui pourtant ne laissent jamais les bonheurs de l'expression l'emporter sur les exigences démonstratives. Bien à la différence des mauvais plaideurs capables de sacrifier une cause à des effets de manche, Hegel ne recherche jamais pour eux-mêmes les effets d'art ; son écriture n'a rien d'autotéléologique, elle ne se prend jamais pour une fin. Ce qui ne veut pas dire qu'elle n'existe pas ni même qu'elle ne serait pas vraiment belle. Simplement, la beauté de l'art de Hegel (si beauté il y a) reste toujours secondaire, elle ne cesse de se maintenir au service du vrai, d'en être toujours la docile esclave. C'est une beauté dans les chaînes et pourtant ainsi que l'ont justement signalé des auteurs aussi divers que Theodor W. Adorno dans *Trois études sur Hegel* ou que Ernst Bloch dans *Sujet-Objet, Éclaircissements sur Hegel*, cette beauté non seulement existe, mais mérite d'être envisagée et si possible donc, thématisée.

C'est à quoi nous voudrions parvenir et pour ce faire, nous prendrons pour premier exemple une phrase célèbre de l'Introduction à la *Phénoménologie de l'Esprit*, celle qui réduit à néant les vides prétentions du libre-examen.

> « Suivre sa conviction propre vaut certainement mieux que se rendre à l'autorité ; mais par la transformation d'une croyance fondée sur l'autorité en une croyance fondée sur sa propre conviction, le contenu de la croyance n'est pas nécessairement changé et la vérité n'est pas nécessairement substituée à l'erreur.

> Dans le système de l'opinion et du préjugé, s'attacher à l'autorité des autres ou à sa conviction propre diffère seulement par la vanité inhérente à la seconde manière »[1].

Ainsi détachée de son contexte, citée pour l'effet de sens qu'elle véhicule en elle-même, cette phrase a tout d'une sentence ; elle pourrait figurer comme devise au fronton d'un institut d'études ou de recherches philosophiques. Un usage aussi ponctuel ou aussi déterminé de la pensée de Hegel nous paraît non seulement possible mais encore hégéliennement légitime : par tout un côté de soi, la dialectique, il ne faut pas trop vite l'oublier, conserve ce qu'elle nie, c'est-à-dire produit des énoncés dotés d'une cohérence enseignable. Chez Hegel en effet, la pensée philosophique n'est pas séparée d'une pédagogie de soi, j'entends d'une manière à la fois consciente et volontaire de recueillir le savoir du passé afin de le transmettre, de le faire passer à la jeunesse et aux générations futures.

Dès que Hegel a conçu la philosophie comme l'auto-développement de l'Esprit ou encore comme la vérité même effectuant elle-même sa propre histoire, la philosophie est devenue inséparable de l'histoire de la philosophie. Mais c'est à ce point qu'il faut se méfier des fusions hâtives et des confusions en tous genres, c'est ici qu'il ne faut pas désunir ou brouiller ce que Hegel a si patiemment uni et si rigoureusement différencié : il ne faut pas amputer le savoir traditionnel du Savoir Absolu. Ceci revient à ne pas laisser la dialectique être résumée par un seul de ses côtés : c'est simple à dire, simple à comprendre et même à admettre *in abstracto*, mais c'est concrètement difficile à faire.

Revenons à notre exemple : il signifie que les représentations, qu'elles émanent d'une autorité ou qu'elles soient le fruit d'une réflexion individuelle, ne sont jamais vraies ; elles passent nécessairement à côté de la vérité en raison même de leur nature représentative ; ce sont des figures qui, en tant que telles, interrompent le processus de la pensée dès qu'elles le figent et l'emprisonnent dans une image, qu'elles le gèlent, le privent de sa fluidité, de son devenir. L'effet de sens engendré par la négation de ce qui est conservé ne doit pas laisser le conservé revenir effacer la négation : toute vérité est vérité niée, mais la vérité niée n'est jamais négation simple ou négation immédiate de la vérité ; la dialectique dit au contraire que la vérité est négation résultant de cela même qu'elle nie, négation s'enchaînant à ce dont elle se libère par le mouvement du neuf enfermement que tout

1. Nous citons la *Phénoménologie de l'Esprit* dans la traduction de Jean Hyppolite, Paris, Aubier Montaigne, t. 1, p. 70.

néant dessine en s'écrivant. L'art de Hegel semble donc soumettre le néant à l'être de l'étant dès que le néant ne peut nier l'étant qu'en le supposant, qu'en l'admettant en tant que ce nié dont certes il se différencie, mais qui seul lui permet, par contraste, de surgir, d'advenir, de sauter vers soi ou, si l'on préfère, de résulter.

Ainsi que le souligne Ernst Bloch [1], les phrases de Hegel donnent souvent l'impression que leur sens est l'effet de la foudre qui, en jaillissant, troue la nuit, éclaire les choses du paysage en leur conférant le plus précis de leurs contours, mais faut-il ajouter, sitôt effectué, l'éclair se retire à nouveau dans la nuit : la figuration visible dure certes un peu, mais ne se maintient pas à la présence, elle n'était et ne pouvait être qu'un moment. La grammaire commune, celle des apparences transcendantales et des visées intentionnelles, celle des images et des étants, des idées et des objets, celle en un mot de la tradition, se trouve niée, subvertie au-dedans de soi par une syntaxe d'un autre type : syntaxe étrange s'il en est, syntaxe de l'Absolu parlant allemand ou, peut-on dire, de la philosophie assumant l'insolite de la métamorphose dialectique, laquelle réduit l'ontologie à la logique sachant que l'être est le néant.

L'art de Hegel est à rechercher dans la soumission de l'écriture à cette logique qui, patiemment, servilement, inlassablement, intègre en l'apparition de toute idée sa disparition même. Chez Hegel, le programme prévoit évanouissement ainsi que mort certaine. On peut dire qu'il nie toute identité par la différence qu'elle contient, mais qu'au sens absolu, elle ne peut qu'échouer à contenir.

L'art de Hegel a pour toujours brisé la digue du principe d'identité. En écrivant « A est A », s'énonce pour la tradition une loi de l'être affirmant que tout étant n'est ce qu'il est qu'en étant lui-même, qu'en étant monadiquement uni à soi comme un être un ou, ceci négativement exprimé, qu'en ne différant pas de soi, qu'en n'étant pas dépossédé de soi par de l'autre que soi et pourtant, en écrivant « A est A », A est bel et bien écrit deux fois et tout au long du commentaire trois, quatre fois, de multiples fois même. Ce principe ne s'explique et ne s'expose qu'en se supposant et c'est même en cela, dira-t-on, qu'il est principiel, qu'il mérite le nom traditionnel de « principe ».

À la vérité donc, comprendre que « A est A », c'est ne pas admettre la différence écrite entre les deux signes ou les deux lettres ou plutôt c'est ne l'admettre qu'en la niant, c'est ne l'avoir affirmée qu'à seule fin de l'effacer : la différence intérieure à l'identité n'est convoquée

1. Cf. *Sujet-Objet, Eclaircissements sur Hegel*, trad. Maurice de Gandillac, Paris, Gallimard, 1977, p. 16-19.

que pour être aussitôt révoquée. Pourtant, logiquement, d'avoir été là, elle ne cesse d'y être et ne laisse, inclue dans l'exclusion, de faire peser au cœur même de la pensée la menace d'un agir négatif : avoir systématiquement libéré cet agir, tel est le génie de Hegel, tel est son œuvre et son art !

L'art de Hegel est d'habiter la différence et de n'écrire qu'à partir d'elle, il est l'art de la différence en ceci que la différence n'est pas seulement différence intérieure à l'identité – différence donc à usage interne et d'une agitation sous contrôle –, mais différence différant de soi jusqu'à l'Autre, autrement dit jusqu'à « soi » en tant que différence, que non-indifférence donc à la fermeture sur soi de l'identité qu'elle nie.

La différence ne saurait être soi sans se nier, sans être en tant qu'être le négatif de soi, sans différer tout à fait de l'identité qui change elle-même de sens dès qu'elle échoue à inclure ou maintenir pour soi l'exclusion qui la constitue. Selon Hegel, c'est-à-dire logiquement, l'identité niée n'est pas néant vide, n'est pas rien, n'est pas un néant-néant, mais un néant-être ou si l'on veut le néant de néant est l'être de la médiation même en tant que contradictoire. Comme l'écrit G. Lebrun dans un excellent commentaire où il se paie le luxe de parler, en le parodiant, le langage de Heidegger, il y a dans la contradiction logique un non-étant qui devient concept, un « ce qui se dit encore et qu'il faudrait avoir la patience d'écouter »[1]. C'est dans cette excédence logique que se constitue le sens : supplément, si l'on veut, mais intra-discursif et qui n'est l'indice d'aucune transcendance, d'aucune étance donc. Le néant et le contradictoire diffèrent ; celui-ci a un contenu concret constitué par les déterminations qui se contredisent en pensée, tandis que le néant ne dit rien de rien. Le contradictoire n'est certes rien d'autre que de la pensée, mais c'est de la pensée et même de la pensée se pensant et se développant sans faire accroire que le fini ne serait pas fini, à savoir achevé et liquidé, ou que la signification vraie nous attendrait quelque part, dissimulée dans l'étant tel un trésor ou encore, préjugé des plus tenaces, que de la pensée pourrait surgir soit un bonheur, soit de l'immortel. L'art de Hegel n'est pas objet d'intuition : il se déploie tout entier dans la logicité du sens, non pas tant donc dans l'aptitude à saisir en toute position thétique l'opposition qui lui est relative, mais à concevoir en outre celle qui les totalise absolument et qui accomplit ainsi la résorption de toute ontologie dans le tout logique. Loin d'être une simple manière de dire, manière un peu

1. Cf. LEBRUN G., *La patience du Concept*, Paris, Gallimard, 1972, p. 280.

plus maniérée qu'une autre, mais dont les conséquences seraient légères et qui somme toute et au fond, ne changerait rien à rien, la logique de Hegel est l'art de développer un discours d'une singularité sans précédent et même, faut-il le constater, sans suiveur.

Il y a bel et bien chez Hegel un art indépassable : ainsi, s'il est vrai que toute identité n'est ce qu'elle est qu'à exclure la différence qu'elle contient et ne peut donc se savoir être cette exclusion qu'en la niant, à son tour et pour soi, la différence s'auto-expulse-t-elle de la limite exclusive où ne laisserait de la confiner l'injustifiable hiérarchie rhétorique par quoi se défend la tradition métaphysique, s'entend la transcendance. C'est bon sens d'affirmer que l'identité n'est pas la différence et que même elle ne tire tout son propre sens que de cette négation, entendons donc aussitôt qu'elle n'advient à soi et ne s'approprie concrètement son soi ou n'effectue son rassemblement sur soi qu'en niant ce qu'elle n'est pas, mais tout se renverse et change dès qu'on laisse aller ce sens tout au bout de lui-même, dès qu'on le laisse s'accomplir jusqu'à la pensée absolument logique : celle selon laquelle toute notion est ce que signifie son autre et rien d'autre. Le concept ne restaure pas les alternances d'entendement, ni ne vise au rétablissement réactionnaire des exclusions réciproques ; il les abolit.

L'art de Hegel est dans cette abolition, dans cette réduction du visible au logique ou du *phénoméno*logique au phénoméno*logique*. Les figures – en tant que figures – sont illusoires, comprenons ne sont que des moments, elles ne peuvent être absolutisées : cela reviendrait à confondre l'absolu avec l'unilatéralité des points de vue de toute vue. L'art de Hegel est dans l'action de la différence jouant son jeu entre la figure qui se forme et la négation qui la dissipe. L'écriture de Hegel trace, mais efface : pas un trait de crayon qui n'attire son coup de gomme !

La réalité philosophique du concept hégélien – réalité à laquelle Gilles Deleuze et Felix Guattari consacrent dans leur *Qu'est-ce que la philosophie ?* quelques remarques faussement élogieuses et vraiment polémiques – se tient dans la création de Figures qui appartiennent au Concept en tant que Moments de son auto-position. Hegel donc, ces auteurs le soulignent, « montrait ainsi que le concept n'a rien à voir avec une idée générale ou abstraite, pas plus qu'avec une Sagesse incréée qui ne dépendrait pas de la philosophie elle-même ». Mais, ajoutent-ils aussitôt, « c'était au prix d'une extension indéterminée de la philosophie qui ne laissait guère subsister le mouvement indépendant des sciences et des arts, parce qu'elle reconstituait des universaux avec ses propres moments, et ne traitait plus qu'en figurants fantômes les personnages de sa propre création »[1]. On est en droit de se demander si ce reproche peut faire sens sans postuler une commensurabilité de la connaissance positive ou des expériences esthétiques finies avec le Savoir Absolu de la Philosophie de l'Esprit qui, conceptuellement, ne laisse d'abolir l'éventualité qu'il y ait entre la logique de l'être et la connaissance ou l'expérience des étants une quelconque cause commune.

À des degrés divers, on retrouve souvent cette même critique sous la plume des anti-hégéliens : ils réfèrent l'Absolu à ce qu'Il nie et n'envisagent aucunement que leurs « concepts » à eux ainsi d'ailleurs que leur syntaxe tout entière fassent très précisément partie de ce lot-là, entendons le nié. On attaque Hegel pour son dogmatisme onto-logique sans se demander s'il n'a pas depuis longtemps délaissé le terrain métaphysique où un tel dogmatisme pouvait avoir lieu et faire florès. Cet anti-hégélianisme radical nous semble pouvoir être le plus parfaitement saisi dans son principe comme dans ses œuvres si l'on accepte de se reporter au compte-rendu des séances de lectures faites par Max Loreau à l'Université Libre de Bruxelles durant le premier semestre de l'année académique 1968-69 et paru en 1970 dans le numéro 7-8 de *Textures* sous le titre « Hegel et le corps récalcitrant »[2].

À lire Max Loreau, l'art de Hegel est bel et bien un art de l'abolition, mais c'est un art nihiliste et même criminel. Au mépris de la tradition pour le corps, Hegel aurait substitué le crime parfait : sans cadavre ! Post-kantien rigoureux, Hegel aurait poussé jusqu'au bout la logique d'une pureté de la sensibilité comprise en tant que dimension interne à la pensée, en tant que vision non du corps et d'un œil charnel, mais d'un esprit trouvant en soi de quoi excéder les catégories qui, à défaut, se maintiendraient dans leur vacuité. Si les catégories prennent sens par elles-mêmes, entendons sans s'appliquer ou se frotter aux impuretés de l'usage, c'est qu'elles ont en elles leur Autre : la différence ne leur arrive pas d'ailleurs, ne surgit pas du dehors, du corps des étants. C'est cette invention post-kantienne ou si l'on préfère cette illusoire prétention d'un Savoir absolu ou d'un discours logologique que Max Loreau a interrogé, jusqu'au cœur de ses préjugés et ce, afin d'y loger son propre commencement : tout autre ! Le principe de

1. In *Qu'est-ce que la Philosophie ?*, Paris, Les Éditions de Minuit, 1991, p. 16.

2. Cet article (comme d'ailleurs celui qui le précédait et qui résumait les cours de 1967-68) a été repris dans l'ouvrage *En quête d'un autre commencement*, Bruxelles, Ed. Lebeer Hossmann, 1987.

l'analyse se découvre dès la première page de cette belle et étrange lecture :

« Le savoir, qui d'abord ou immédiatement est notre objet ne peut rien d'autre que celui qui est lui-même savoir immédiat, savoir de l'immédiat ou de l'étant ». C'est ainsi que s'ouvre la Phénoménologie (*PhG*). Un point de départ n'est jamais aussi innocent qu'il veut paraître et celui-ci ne fait sans doute pas exception : c'est donc lui qu'il faut commencer par interroger, il nous fournira notre propre point de départ.

Dans ce début la parole est donnée à la conscience naïve dans ce que Hegel considère comme son état le plus sommaire et le plus frustre. C'est donc à une représentation de l'origine de la conscience que doit nous faire assister ce chapitre inaugural : au lever de rideau du savoir. Il va de soi que dans cette scène ce n'est pas à la conscience sommeillante elle-même que nous aurons directement affaire mais à une interprétation de l'état originel de la conscience. En d'autres termes, ce que se prépare à livrer le chapitre n'est autre que le point de vue hégélien sur l'origine de la conscience, donc sur l'origine en général puisque aussi bien pour Hegel la conscience est tout.

Comme tel, le texte ici abordé révèle d'emblée les choix initiaux de Hegel, toutes les décisions de principe qu'il lui a d'avance fallu prendre – a son insu – pour parler de cette aurore de la conscience comme il fait : ainsi c'est en fin de compte lui-même qu'il met à nu sans le savoir, même si ses buts sont différents – lui-même : le système de ses partis tacites.

Le savoir qui est immédiatement – au premier moment de la genèse – notre objet est le savoir immédiat – c'est ce qu'affirme la phrase citée. Dans sa période inaugurale, le savoir ne dispose donc encore d'aucun instrument, d'aucun moyen. Et pourtant, bien qu'il soit démuni de médiation, ce savoir est savoir de l'immédiat : c'est dire que dès son point de départ la conscience naturelle est déjà conscience. L'Introduction a en effet établi que la conscience est essentiellement – structurellement – différence entre savoir et objet (entre savoir et vérité) : dès qu'il y a conscience, il y a conscience d'un objet. Comme tel, le savoir immédiat est lui aussi savoir d'un objet, mais d'un objet donné sans médiation, c'est-à-dire savoir de l'immédiat ou de l'étant (*Seiend*). En d'autres termes, lorsqu'il aborde la conscience naturelle à son degré zéro, Hegel importe d'emblée en elle la différence savoir-objet précédemment établie : le savoir immédiat (sans médiation, sans différence) est savoir de

> l'immédiat (qui, lui, comporte une différence avec l'objet auquel il est adéquat : le *Seiend*) [1].

Tout l'art de Hegel est donc là : si immédiat soit-il dit, le savoir est savoir de, ce qui revient à dire qu'il n'y a pas d'immédiat, pas de non-différence, mais toujours déjà de la différence. Le petit mot « de » contient en effet tout le sens de la phrase et oriente tout le cours ultérieur du texte : entre le savoir immédiat – illusion métaphysique directement issue de l'idéologie de l'identité –, et le savoir de l'immédiat – savoir philosophique absolu ou savoir de soi de la différence –, se trouve indiqué, de manière presque imperceptible, le principe qu'il s'agit de laisser s'autodéployer. D'entrée de jeu, la différence est là, car elle est toujours déjà là. Toutefois, cet être-là de la différence est logique ; ce n'est pas une distance à franchir, ce n'est pas un écart entre les mots et les choses ou entre une pipe peinte et l'objet grâce auquel il est possible de fumer. En dehors de l'acception de cette logique de la différence intra-logique, il n'y a pas d'intelligence sérieuse de l'œuvre de Hegel : il ne faut en effet pas compter que ce penseur commence autrement que par la différence de la pensée, laquelle n'a rien d'un espace sensible où viendrait jouer la lumière de l'être. Redisons-le, il n'y a pas de commencement sans différence ou de commencement pur, identique à soi. Un commencement pur serait « ex nihilo », serait sortant du néant, mais du néant rien ne sort ou alors le néant n'est plus le néant : il se laisse penser en tant que néant déjà tendu vers l'être, bref se conçoit comme être d'une tension, être d'une exigence ou d'une aspiration à être.

Le néant ou le non-étant est l'être ; le néant n'est néant qu'en se niant, qu'en passant à l'être, qu'en laissant le mot « être » dire et imposer sa logique, laquelle sape, dès ses premiers mots et par eux, toute espérance ontologique. La logique de l'être n'est pas la logique de l'être de l'étant, mais de l'être en tant que non-étant, qu'autre donc que tout étant.

> « La logique, écrit Max Loreau, est de façon développée et par avance le sol où s'établit la *PhG*, elle est d'emblée la vérité de la Certitude sensible » [2].

Il n'est en effet pas contestable que le logos soit le principe du devenir de l'être et ce principe n'est pas à situer dans l'étant ou dans le corps : il peut bien être conçu comme hors-vue, il n'en deviendra

1. LOREAU Max, *En quête d'un autre commencement*, p. 43-44.
2. *Idem*, p. 61.

jamais un « hors discours » ou un « sans parole ». C'est à juste titre que le premier vers du Fragment VI du Poème de Parménide énonce le dire et le penser en commençant par le dire. Celui-ci vient en effet toujours avant l'émergence en son sein du savoir de soi.

L'invisibilité de la différence de la vue et des sens autres que la vue (différence d'où part Platon pour instaurer la philosophie)[1], à savoir l'invisibilité intrasensible de la différence du visible et du sensible, laquelle encercle le visible sans l'étrangler et donc en ce sens laisse être la vue à son sens, ne peut laisser être la visibilité même qu'en n'étant pas étant, mais « être ». Tout geste du corps troublerait la vue, la modifierait, s'y impliquerait, en un mot échouerait à commencer autrement qu'avec et par l'étant.

On ne sortirait pas d'une coétance de l'être puisqu'on irait de l'étant vers l'être par une négation de l'étant, par un outrepassement métaphysique de l'étant : cheminant de la sorte, on répéterait le plus traditionnel de tous les gestes, celui que Heidegger déclare être le plus intrinsèquement nihiliste, celui par lequel l'étant nié devient néant par oubli de l'oubli de l'être.

Telle ne semble pas, tant s'en faut, l'orientation de Hegel. En écrivant du « savoir immédiat » qu'il est « savoir de l'immédiat », Hegel sait qu'il oppose d'une part l'insoutenable illusion d'un rapport non-médiatisé, d'un non-rapport ou d'un rapport sans rapport à l'abondante et proliférante richesse du monde à, d'autre part, le petit mot « de » recouvrant cet autre petit mot d'« être », celui qui change tout, qui fait du concret le plus abstrait et du plus riche le plus pauvre. Il n'y a pas là d'acte de magie ou de mystification, pas de tour de passe-passe ou de crime sans cadavre, il n'y a que la logique d'une pensée concevant ce que la métaphysique n'a cessé de vouloir voir. Hegel a conçu la verbalité même de l'être là où la tradition s'acharnait à imaginer ou à espérer l'apparition d'un substantif plus substantiel qu'un autre.

Or, si l'on en croit Max Loreau, là où Platon situait le règne de la lumière, à savoir dans l'écart séparant le voyant du vu, Hegel se serait limité à situer le logos, mais il aurait conservé à ce nouvel intermédiaire toutes les fonctions de l'ancien : transcendance de l'être et répression moraliste du sensible ! On peut lire dans *Hegel et le corps récalcitrant* :

1. Cf. LOREAU Max, *La genèse du phénomène*, Paris, Les Éditions de Minuit, 1989, p. 113-136.

« La pensée de Hegel – c'est sa nouveauté – procède d'une généralisation de la Différence mais par ailleurs cette généralisation continue à être interprétée dans le cadre de la Lumière » [1].

Est-il concevable que le penseur qui a conçu et récusé la beauté grecque en tant qu'abstraction et ce, au point de lui préférer l'invisible concrétude du Dieu chrétien ou du Christ conceptuel de Spinoza, est-il concevable que ce penseur-là, dis-je, se soit abusé sur le sens de son œuvre en venant à confondre la logique de l'absolu avec une ontologie phénoménologique de la finitude ?

On peut bien déplorer que l'art de Hegel se soit limité à la différence logique ou logologique, mais on ne saurait avec sérieux lui supposer plus de naïveté qu'on en découvre chez Mr Jourdain. L'art de Hegel n'est pas à situer « entre deux directions qui sont incompatibles si on les prend avec rigueur. Ce malaise tient, en fin de compte, au sens dernier que Hegel donne à son entreprise : la conquête du savoir absolu (l'identité en soi) comme point de vue final ou supérieur. Et la philosophie de la différence n'est pour lui qu'un moyen de mieux réaliser la philosophie de l'identité – sa critique de Kant qui figure au début de l'Introduction ne laisse aucun doute à ce sujet » [2]. Le point faible de cette lecture tient à ceci qu'elle prête à Hegel des buts qui ne sont pas du tout les siens : « Savoir absolu », certes ; « Savoir final et supérieur », pourquoi le nier, mais ce savoir est une manière si neuve de philosopher qu'il semble vain de la mesurer aux vieilles illusions de la métaphysique, entendons aux paroles mi-claires, mi-obscures des présocratiques, à la conception de la pensée par analogie avec la vision (de Platon à Kant) ou encore plus près de nous, après Hegel, mais aucunement au-delà, à la position par Marx d'une subjectivité qui serait concevable en dehors de toute médiation par l'objectivité [3]. Ainsi que

1. *En quête d'un autre commencement*, p. 51-52.

2. *Ibid.*, p. 52.

3. La première phrase des Thèses sur Feuerbach est la suivante : « Le principal défaut, jusqu'ici, du matérialisme de tous les philosophes – y compris celui de Feuerbach – est que l'objet, la réalité, le monde sensible n'y sont saisis que sous la forme d'objet ou d'intuition, mais non en tant qu'activité humaine concrète, non en tant que pratique, de façon subjective ». Elle se termine par les mots « de façon subjective » et c'est en eux qu'à juste titre, Michel Henry découvre l'interprétation de l'être selon Marx. « Le concept de l'être, écrit-il, est la subjectivité. La subjectivité est ce qui permet à l'étant d'être » (MARX, t. I, 1976, p. 325). Logiquement, ces affirmations sont intenables : est-ce une pratique subjective qui a formé, par exemple l'astre solaire ? Dira-t-on du soleil qu'il n'est pas un étant ? Qu'il ne serait pas sans la vie humaine conçue comme subjectivité ? En faisant de la subjectivité l'être même de l'étant, Michel Henry assume avec brio toute l'illogicité du savoir

Max Loreau le rappelle dans la phrase que nous venons de citer l'introduction à la *Phénoménologie de l'Esprit* s'ouvre par une critique de Kant dont le principe nous paraît être le suivant : la « conscience naturelle », en tant qu'elle est conscience, n'est autre que la « conscience philosophique », comprenons la totalité des interprétations indues que la métaphysique se donna de soi aussi longtemps qu'elle ne fut pas libérée de la géographie mentale issue du dogme représentatif : la confusion du voir et du savoir. C'est cette identification qui engendra les rêveries et les verbiages de la métaphysique et c'est encore elle qui si souvent menace de ramener dans les discours d'aujourd'hui les illusions d'antan.

La *Phénoménologie de l'Esprit* laisse le savoir phénoménal se retourner contre soi au profit d'un détournement qui le change en Savoir Absolu, mais c'est au prix, semble-t-il, que l'Absolu cesse d'être confondu avec une connaissance finie ou avec l'objet d'une visée subjective.

L'art de Hegel est l'art de l'Absolu en tant qu'art du Concept. L'absolu ne laisse pas son art en dehors de soi, mais ne le confond pas avec les œuvres allant du symbolisme au romantisme ou de la préhistoire à l'inconsistance *a priori* de l'art qui, pompeusement, s'auto-désigne comme « conceptuel ». La philosophie de l'absolu est l'art de créer des concepts absolus ; ce n'est pas celui de croire susciter des sensations de concept en exposant dans les Grandes Foires de l'esthétisme monétaire mille et une choses de moins en moins existantes. Dire de l'Absolu qu'il n'est absolu qu'en n'étant pas coupé de l'anneau de l'art n'équivaut pas à réduire la pratique artistique à de la philosophie mal assumée. Si l'Absolu demeure art et religion en s'autodéployant comme philosophie, c'est que la vie sensible et cependant anorganique de l'art joue un rôle absolu en tant qu'art même, que maîtrise technique du divin, voire maîtrise du retrait en eux-mêmes de ces dieux dont on ne sait s'ils sont trop craintifs pour se révéler ou trop pervers pour accepter de se faire comprendre.

La sensibilité de l'art fait partie du chemin de la spiritualité concrète et s'avère libération du sensible en route vers l'esprit libéré non du corps, mais de l'idée d'un au-delà du sensible qui serait « sans pensée ». La « maîtrise » du sensible n'est pas la domination, que celle-ci soit athlétique ou ascétique. C'est ici le lieu de rappeler que la sagesse enveloppée dans la crainte de la mort qu'éprouve le valet est non

non dialectique, mais il se prive, après tout pourquoi pas, de pouvoir prétendre avoir dépassé Hegel. Il passe à côté, c'est tout.

seulement « angoisse au sujet de l'intégralité de son essence » [1], mais encore seul moyen d'accéder à la vraie négativité du vrai : la vérité de la conscience indépendante est dans la conscience servile pour l'élémentaire raison qu'elle ne perd pas son corps. Perdre dans la mort l'usage des sens, c'est se couper de toute possibilité de jamais leur conférer du sens. Les cadavres ne pensent pas et Hegel eût sans doute concédé sans peine que le cri le plus stupide et le plus odieux jamais poussé par un humain soit : « Viva la muerte ». C'est, insistons-y, en prenant parti pour la conservation de son corps que le valet se met sur le bon chemin, celui de la libération de la pensée à la toute puissance de sa négativité. Hegel n'a jamais cru qu'on pouvait aller sans corps de la sensation du néant au concept de l'identité de l'être et du néant : quoi qu'en disent les amants de la transcendance, Hegel n'a jamais joué à dénier l'immanence. C'est pourquoi il y a une sensibilité de l'Absolu qui, niée par la religion, vit néanmoins avec ce qui la nie dans les pensées philosophiques.

L'art est la seule manière d'être absolument sensible tout en étant concrètement délivré de la finitude et de tous les sentiments de manque qui lui font corps et font ainsi du corps une étrange misère. Finis nous sommes, mais infinis tout autant : nous sommes les deux, nous sommes la différence du combat proprement spirituel, entendons du combat dont la spiritualité effective se garde des solutions de facilité qui souvent sont d'absurdité : suréminence analogique du divin, postulation d'un sacré qui s'échappe et ne se laisse ni révéler, ni dire, absolutisation nihiliste de l'étant, négation abstraite de Dieu par la grâce de demi-révélations.

L'esprit n'est pas d'un seul côté de la différence ciel/terre ; il est dans la vie de la différence elle-même se recueillant dans un résultat qui, d'être absolument logique, n'est compatible avec la positivité d'aucune image.

L'ipsomanifestation de la philosophie en tant que pensée libre, loin d'être dénuée de tout contenu, contient le sens de l'art et de la religion dans la pensée même : seule instance assez concrète pour ne pas renvoyer ces dimensions de l'esprit dans les images de la finitude ou dans les geôles de la représentation. Ni l'art, ni la religion, ni la philosophie ne se passent du corps : ils renoncent seulement à l'absolutiser en tant que sensible ou que sensibilité ; ils effectuent, méditent ou conçoivent le sens absolu de sa disparition. La concrétude du Concept est inséparable de l'agir négatif de la différence : dès lors, introduire

1. *Phénoménologie de l'Esprit*, t. I, p. 164.

l'indifférence dans la pensée, c'est en quelque sorte, « lui donner la gale pour pouvoir l'égratigner »[1]. Ceux qui procèdent de la sorte trouvent dans la différence une contradiction dans laquelle ils ne se retrouvent pas et préférant d'emblée la creuse particularité de leur être au déploiement logique de l'être en tant qu'être, ils sont tout fiers et tout satisfaits de s'épargner le labeur de concevoir et créer des concepts. Ceux-ci ne sont ni des données, ni des faits ; ils sont toujours à faire, toujours liés au faire de la différence, à l'art de ne pas interrompre le processus de la pensée s'engendrant et jouissant de soi.

Marcel PAQUET
École de Philosophie de Charleroi

1. *Encyclopédie des Sciences philosophiques en abrégé*, trad. Maurice de Gandillac, Paris, Gallimard, 1970, p. 498.

VIVRE DANS L'UNIVERSEL

Il y a, au regard de Hegel, une *bonne* contrainte et des périodes d'oppression qui, jugées à l'échelle historique, furent en fin de compte bénéfiques. Ainsi le christianisme a dû soumettre l'humanité occidentale à une « effroyable discipline » [1]. Mais quoi ? La liberté de l'Esprit était à ce prix. Toutefois on est en droit de se demander ce qu'il en est de cet « Esprit » dont une crise aussi douloureuse *devait* préparer l'avènement, et quelle est la nature d'une conciliation qui ne *devait* s'opérer que moyennant une pareille scission. Il n'est guère d'eschatologie historique qui ne soulève cette question : le but final qu'elles désignent ne serait-il pas *en fait* par les médiations dont elles s'accommodent et qu'elles tiennent pour nécessaires ? Lorsque Engels, emporté par sa verve, décrit la domination capitaliste comme une ruse de l'histoire, on est porté à se demander si « l'émancipation du prolétariat » dont il parle ne gardera pas les traces du bouleversement social (et de l'inhumanité) dont elle *devait* provenir, et si la ruse n'est pas double détente :

> « Continuez donc de combattre vaillamment, gracieux messieurs du capital. Pour le court moment actuel, nous avons encore besoin de vous ; il nous faut même, ici et là, votre domination. Vous devez balayer hors de notre voie toutes les formes patriarcales pré-capitalistes ; vous devez centraliser ; vous devez transformer les

1. « Chez les peuples barbares, le christianisme ne pouvait prendre que cette forme de l'extériorité. Cela appartient à l'histoire. À la brutalité, à la terrible sauvagerie, il fallait en effet opposer la servitude, et c'est seulement par ce service (*Dienst*) que pouvait s'accomplir l'éducation. Pour que les nations germaniques soient élevées à l'Esprit, il fallait que l'humanité fût asservie à ce joug, qu'elle passât par cette effroyable discipline. Mais ce terrible asservissement a un terme : il est source infinie, élasticité – la liberté de l'Esprit en est le prix... » (G.P. SUHRKAMP, XIX, 540). Cf. NIETZSCHE, *Aurore*, § 163 : comment la morale a brisé les « individus autonomes ».

classes plus ou moins possédantes en d'authentiques prolétaires, en recrues pour nous... »[1].

N'en va-t-il pas de même, *mutatis mutandis*, pour la « liberté de l'Esprit » selon Hegel ? Le jeune Hegel, à Berne, doutait que l'obéissance à la Loi morale telle que Kant la représente fût d'une autre nature que l'obéissance hétéronome à la Loi judaïque. L'anthropologie de Hegel dialecticien pourrait éveiller un soupçon du même ordre : y a-t-il une si grande différence entre l'obéissance obtenue par la simple crainte en régime répressif et l'obéissance automatique du citoyen intégré à l'« État moderne » ? Si celle-là est l'indispensable moyen de celle-ci, n'est-ce pas comme le forceps qui peut faire du nouveau-né un estropié ?

Accordons que l'« État moderne » marque un progrès dans l'histoire des systèmes de domination. Que veut dire ici *progrès* ? S'agit-il d'un assouplissement ou d'un perfectionnement de la domination ? Il faut bien en venir à poser cette question lorsque se dessine, dans la *Philosophie du Droit*, la silhouette du citoyen accompli qui trouve, nous dit-on, son essence réalisée dans l'État. À n'en pas douter, celui-là ressemble assez à celui que Nietzsche appellera « l'homme bon » ou « l'homme de troupeau ». On pourrait facilement mettre en parallèle les textes regroupés. Là (Hegel), une analyse positive du *métier* et de l'*office* (*Amt*) qui ancrent dans l'universel la vie quotidienne du Citoyen moderne ; ici (Nietzsche) une présentation sarcastique de « la prétendue profession » qu'impose notre civilisation « à presque tous les Européens mâles ». Là (Hegel), l'éloge des concours de recrutement ; ici (Nietzsche) la dénonciation de la « machinale Existenzform » à laquelle notre mode d'enseignement prépare le bon citoyen[2]. Ici et là, les descriptions concordent autant que divergent les appréciations : l'acculturation, dont l'État moderne est à la fois le garant et le symbole, ne constituent les « sujets » qu'en broyant les individus, de sorte que seul se trouvera « chez soi » dans l'État celui qui aura renoncé à son « Soi naturel » et mené la *Selbstvergessenheit* jusqu'à son terme. On peut donc se demander si la différence n'est pas seulement de degré entre le sujet moral écrasé par la Loi et le Citoyen en harmonie avec l'État...

Certes, le moment de la scission, dans l'État, n'est même plus un souvenir : à la séparation du sujet responsable devant la Loi et de

1. Cité par M. Dangeville dans sa préface aux textes de Marx et Engels sur le *Parti de Classe*, I, p. 63 (Maspéro).

2. Cf. d'une part *Enzyklopädie*, § 432, Z. X, 284 ; d'autre part, *Gai savoir*, § 356 et W.M. n°888.

l'« *homo noumenon* » a succédé la réconciliation de l'homme privé et du citoyen. Mais *qui* est en droit de vivre cette réconciliation, sinon le sujet même dont le mode d'éducation est très exactement décrit par la pédagogie kantienne ? Au départ, un apprentissage de la renonciation (*Entsagung*), d'abord douloureux, mais qui, à la longue, « en arrachant l'élève à la coercition des vrais besoins, lui fait voir en même temps une délivrance à l'égard de toutes les diverses formes de mécontentement qui résultent pour lui de ces besoins » [1]. C'est ce plan pédagogique que Hegel projette à l'échelle de l'Histoire : il en va de l'homme occidental comme de l'enfant bien élevé dont l'éducation a su « briser le vouloir propre (*den Eigenwillen des Kindes zu brechen*) » [2]. Sa liberté d'adulte doit, elle aussi, provenir du même type de dressage. C'est par « la discipline du servage (*Zucht der Knechtschaft*) » que le Moyen Âge *libéra* l'homme d'Occident. Ensuite, « la voie de la souffrance est abandonnée…, car, la conscience étant née, l'homme se trouve dans l'élément d'une condition morale » [3]. La souveraineté, désormais acquise, de l'universel rend superflu l'usage de la violence. Mais pourquoi l'*Erziehung* devait-elle absolument traverser ce « moment » ?

On le comprend mieux si l'on tient compte de l'*originalité* de la tâche pédagogique dont l'accomplissement prend fin avec l'avènement de l'État moderne. Cette formation-là devait différer profondément de la *païdeia* antique dont l'objectif était l'insertion pure et simple de l'être humain dans l'*éthos*. À première vue, cette *païdeia*, formatrice de « l'homme libre », semble assurément une formule bien préférable à une discipline, qui commence par terroriser. Mais l'enjeu de ces deux types d'éducation est bien différent. L'éducation moderne se propose de former un citoyen qui sera sujet éthique *en tant qu'individu*. Or ce projet aurait été dépourvu de sens à l'intérieur de la « cité éthique » : là, l'individu ne pouvait être que déjà visé comme « essence universelle », déjà gommé comme singularité – et cela même quand il

1. KANT, *Cr. R. Pratique*, tr. p. 171.
2. *Ph. Rechts*, § 174, Z. VII, 252-253.
3. *Ph. Geschichte*, XI, 514, tr. p. 312 : « La *véritable domination* de l'Esprit ne peut être domination au sens où elle se soumettrait ce qui s'oppose à elle : l'Esprit en-soi et pour-soi ne peut avoir face à lui l'Esprit subjectif auquel il se rapporte comme un sujet, un serviteur qui lui serait extérieur ; mais la domination doit s'opérer de façon que, dans l'Esprit subjectif, l'Esprit se réconcilie avec lui-même. Cette harmonie, cette réconciliation, c'est ce qui apparaît d'abord comme opposition, où l'un n'a de puissance que par l'assujettissement de l'autre. Le principe est que l'Esprit domine. Et c'est seulement à l'étape suivante qu'il arrive à dominer, mais sur le mode de la réconciliation » (G.P. SUHRKAMP, XIX, 533).

s'agissait de l'homme au sein de la famille (du non citoyen)[1]. La formation à l'universel ne pouvait être conçue comme une *information de l'individu*, appropriée à l'individu comme tel : elle ne pouvait que prendre la forme d'une absorption dans l'*éthos*. C'est encore ainsi que la *Realphilosophie* d'Iéna représente l'*Erziehung* : l'enfant est un *abstractum* en attente d'une conscience, encore « en soi », qui va s'emparer de lui. « L'éducation de l'enfant consiste en ceci, que la conscience posée en lui comme un autre que ce qu'il est lui-même devient sa propre conscience... Les parents sont pour l'enfant un obscur pressentiment inconu de lui-même ; ils suppriment l'être-en-soi simple et compact de l'enfant... »[2]. Dès lors que la *Bildung* est ainsi pensée comme une assimilation de l'Autre, comme une consommation progressive, pourquoi devrait-on mettre l'accent sur la nécessité du moment répressif ? Dans l'écrit sur le *Droit Naturel*, il est sans doute fait allusion à une « discipline ou répression » chargée d'abolir l'être-négatif de l'enfant, mais l'éducation, là encore, est surtout comprise comme une assimilation de l'Esprit universel[3]. C'est dans les œuvres ultérieures (notamment l'*Encyclopédie*) que la rencontre de l'autorité comme instance contraignante est donnée pour une étape indispensable[4], lorsque l'auteur vient à penser que le type « moderne » de domination politique est en mesure de supprimer l'immédiateté sans faire s'annuler l'individu. Il s'agit alors de faire de l'*individu comme tel* une instance éthique originale, et c'est donc une autre pédagogie qui est requise : c'est le *tode ti* qu'il faut élever à l'*ousia*, c'est cet être-ci qui doit devenir substantiel *pour son compte*. La pédagogie, maintenant, ne concerne plus un embryon qui se développera en citoyen éthique, mais un candidat à l'autonomie qui doit susciter, tout d'abord, une défiance proportionnelle à la confiance qu'on lui fera par la suite et dont il faut combattre sans relâche la « volonté propre ». Il n'est donc nullement paradoxal que l'autoritarisme pédagogique soit à la fois la condition et la rançon de la reconnaissance du sujet *dans sa singularité*. Une éducation est moins systématiquement répressive lorsqu'elle a

1. Cf. l'analyse de la famille éthique dans la *Phäno*. « Le but propre à la famille, son but positif est le singulier comme tel ». Mais « l'action éthique ne peut se rapporter qu'à l'être singulier *total*, ou à l'être singulier en tant lui-même qu'universel... elle a comme objet et contenu *cet* être singulier appartenant à la famille, mais pris comme une essence universelle, soustraite à son effectivité sensible, c'est-à-dire singulière... » (II, S. 343, tr. II, p. 19).

2. *I° Realphilosophie*, tr. p. 103-104.

3. *Naturrecht*, 506-7, tr. Bourgeois, p. 81-82.

4. Cf. *Prop.*, § 21 et 23 ; *Ph. Rechts*, § 174 Z ; *Enzyklo.*, § 396 Z. X, 101-102.

pour objectif la parfaite insertion dans le groupe que lorsqu'elle ambitionne de prendre en charge la singularité, de former l'individu au sens de sa responsabilité. C'est lorsque la discipline n'est plus destinée à fanatiser qu'elle doit être un laminage minutieux auquel ne devront échapper aucun trait de caractère, aucune particularité de la « volonté propre». Fanatiser, c'est mettre à profit la spontanéité du Soi naturel ; éduquer pour la liberté individuelle, c'est devoir écraser celui-ci. Et de ce dressage méticuleux, il est impossible de faire l'économie.

Plaçons-nous dans l'hypothèse du contrat fondateur de l'État. Supposons que la communauté n'existe pas encore ou qu'il faille la reconstruire *ex nihilo*. Chacun des futurs contractants est alors « une singularité positive, *qui n'est pas encore aliénée* ou qui n'a pas encore en elle-même la négativité ; elle est une contingence pour l'universel, et celui-ci est un Autre effectif par rapport à elle ». Comment ces volontés naturelles pourraient-elles muter, d'elles-mêmes, en volontés contractantes ? C'est le tyran qui, en exprimant leur volonté (*Wille*) à l'encontre de leur arbitre (*Willkür*), scellera le vrai contrat :

> « (Leur volonté universelle), c'est leur en-soi. C'est leur en-soi, c'est-à-dire la puissance extérieure à eux, qui les contraint. Ainsi tous les États ont été fondés par la puissance suprême de grands hommes, non par la force physique, car plusieurs sont physiquement plus forts qu'un seul. Mais le grand homme a en lui quelque chose de tel que les autres peuvent le nommer leur maître ; ils lui obéissent contre leur volonté ; contre leur volonté, sa volonté est leur volonté... La puissance qu'exerce le tyran est celle de la loi en *soi ; grâce à l'obéissance, elle n'est plus puissance étrangère*, mais la volonté universelle devenue conscience » [1].

Cette analyse est tout à fait compatible avec la conviction que la violence n'est que le commencement apparent ou « extérieur » des États. En réalité, le bon tyran n'impose ici au sujet que *sa* future volonté de citoyen. Et, plus tard, lorsque ces sujets, une fois « formés », c'est-à-dire effectivement « libres », forgeront le mythe du Contrat, ils rendront en somme un hommage involontaire à la discrète efficacité du dressage : celui-ci les a si bien transformés qu'ils n'imaginent même plus d'époque et de condition où ils n'aient été disposés à abdiquer leur « vouloir propre ». Et, en un sens, les hommes ont raison d'oublier le moment de l'obéissance par force, car il ne fut jamais que le moment de *l'élimination de l'inessentiel*.

1. *Realphilosophie*, S. 246-247.

> « L'obéissance à la loi de la raison est une obéissance en relation avec ma nature *inessentielle*, laquelle se trouve sous la domination d'une réalité qui lui est étrangère. Mais, d'un autre côté, cette obéissance est une détermination autonome à partir de soi-même, car cette loi justement a sa racine dans mon essence » [1].

Émondage de l'inessentiel, la contrainte, si indispensable qu'elle soit, n'est donc jamais *sérieuse*. Si douloureuse qu'elle soit, elle ne m'est infligée que le temps de me reconnaître en ce qui me contraint, d'abolir la double personnalité (sujet de la Loi/« homo noumenon ») que maintenait en permanence le kantisme, philosophie d'Entendement et, par conséquent, de la coercition perpétuelle. En soi, je ne subis rien de la part de l'universel, que *j'étais déjà* à mon insu. Aussi Kant eut-il tort de comprendre la moralité à partir de la contrainte, et de faire de l'obéissance extérieure à la loi le modèle de l'obéissance à la loi qu'on se donne [2]. Car cette loi, le pédagogue ou le tyran ne m'annoncent pas qu'elle m'est donnée d'en haut, mais au contraire que *je me la donne* par essence, et que son aspect « positif » n'est qu'une figure. C'est l'Entendement qui fixe la moralité dans l'épisode disciplinaire, comme si l'écrasement du vouloir immédiat était une entreprise qui n'en finit jamais – comme si la discipline nécessaire à l'enfant et au barbare devait se prolonger indéfiniment en conscience malheureuse au lieu de déboucher sur la « véritable liberté » [3]. La pédagogie hégélienne, par contre, n'achemine pas seulement le sujet vers l'autonomie, mais vers une autonomie heureuse, qui ne sera plus vécue dans une soumission fétichiste à la Loi – qui ne sera plus bloquée dans la morose « satisfaction négative par laquelle on a conscience de n'avoir besoin de rien » [4].

1. *Prop.*, § 23, tr. p. 38.

2. « Moi, l'accusateur, et pourtant aussi l'accusé (*Ich, der Kläger und doch auch Angeklagter*), je suis le même homme (numéro idem) », mais l'homme en tant que sujet (*Untertan*) de la Loi qu'il se donne en tant qu'« homo noumenon » est différent de celui-ci (*specie diversus*) (*D. Vertu*. Kant. AK-Aus. VI, 439). Cf. les analyses de Krüger (*Critique et Morale*, trad. p. 135) relativement au juridique comme seul « type » possible de la moralité. Il y a un lien, chez Kant, entre ce modèle seulement juridique de la moralité et l'allure en fin de compte « despotique » de la théorie de l'État : « maître absolu » dont le représentant, mandataire sur terre du supra-sensible est, par principe, soustrait aux lois.

3. « Cette soumission de l'égoïsme du Serviteur forme le début de la véritable liberté de l'homme. Le vacillement de la singularité du vouloir, le sentiment de la nullité de l'égoïsme, l'habitude de l'obéissance, c'est là un moment nécessaire de la formation de tout homme » (*Enzyklo.* § 435, Z. X, 287-288). Le but de la pédagogie, c'est la fin du combat dans le sujet (*Kampf im Subjekt*). Cf. *Ph. Rechts* § 151, VII, 234.

4. KANT, *Cr. R. Pratique*, trad. p. 127 et 93.

C'est ce sujet-là qui pourra devenir un citoyen – et non le « sujet moral », muré dans sa *Selbstverleugnung*, encore plus « étranger sur la terre » qu'Abraham. En général, pense Hegel, l'ascèse, la « fuite hors de la vie (*Flucht aus dem Leben*) » ne peuvent être les prémisses d'une « libération ». D'où la critique de toutes les formes de mortification, de l'Indien qui « atteint déjà la mort en cette vie » autant que du sage stoïcien :

> « Il s'agit seulement d'épurer le contenu impur, c'est-à-dire de le rendre approprié à la volonté morale ; mais c'est une fausse exigence qui porte à concevoir si abstraitement la renonciation qu'elle devrait abolir en soi l'élan de la vitalité. La possession, le bien, relèvent de ce qui est le propre de l'homme : cela ne fait qu'un avec sa volonté »[1].

Qu'on ne s'abuse pas cependant sur ce refus de l'ascétisme « abstrait ». Ce que Hegel condamne en ce masochisme, c'est l'imperfection du dressage dont le recours à la contrainte est l'aveu. Opposition qui porte la marque de l'Entendement – mais à la condition de bien peser la culpabilité de celui-ci. On ne doit pas lui reprocher d'avoir mis en place des oppositions frauduleuses, comme Nietzsche reprochera aux « souffrants » d'avoir forgé de toutes pièces l'opposition « plaisir/douleur ». L'Entendement n'est pas une instance à proprement parler mystificatrice. Il a seulement le tort d'interdire le *fonctionnement* des oppositions, de bloquer celles-ci de façon à interdire leur dissolution – comme l'atteste, par exemple, sa « fixation » sur le moment de la contrainte. C'est pourquoi Hegel peut faire l'éloge de l'Entendement tout en démontant sans relâche les sophistications dont il est responsable. L'œuvre de la raison n'est pas tant de critiquer l'Entendement que de recomprendre ce qui, de son fait, fut mal dit. Non pas d'arracher les concepts à la structure d'opposition dans laquelle l'Entendement les avait disposés, mais de restituer à chacun d'eux le surplus de sens que cette opposition, dès lors qu'elle était « fixée », avait occulté. L'Entendement n'est pas coupable de marquer partialement, mais de fixer prématurément. De sorte que la rectification de ses bévues est loin d'être une critique totalement subversive. La *Logik*, si elle traite les catégories de l'Entendement comme des significations mutilées, accepte néanmoins les assomptions tacites qu'elles pourraient recéler. Ce faisant, elle corrige la raison traditionnelle, mais ne la subvertit pas. Une formation de l'Entende-

1. *Ph. Religion*, XV, 255. Cf. *ibid.*, XVI, 93 et *Ph. Geschichte* XI, 213-214, tr. p. 120-121.

ment ne saurait être pour Hegel ce qu'une formation idéologique (le christianisme) sera pour Nietzsche lorsqu'il l'évalue en termes de « volonté de puissance » : elle fournit un brouillon à émender plutôt qu'un texte mensonger. Essayons de voir maintenant comment la dialectique *rectifie* cette pensée qui, par ingénuité, n'a vu dans la contrainte rien de plus que de la violence, dans la douleur rien de plus qu'une agression.

Penser (et subir) le négatif sur le mode du désespoir ne saurait être que l'effet d'une analyse à courte vue. Car le négatif, par exemple dans le cas de la douleur, n'est jamais *seulement* ce qui me fait violence. Dans la mesure même où je le *ressens*, il loge en moi, et je m'accommode de lui.

> « Car ce qui n'est pas un affirmatif en soi n'éprouve aucune contradiction, aucune douleur : la douleur est justement la négativité dans l'affirmatif, de sorte que c'est l'affirmatif de soi-même qui se contredit, qui est lésé » — « C'est un privilège des natures les plus hautes que de ressentir la douleur. Plus une nature est élevée, plus elle ressent le malheur. Le grand homme éprouve un grand besoin et tend à le supprimer ; de grandes actions ne peuvent naître que d'une profonde douleur dans l'âme. Et par là le problème de l'origine du mal trouve sa solution. L'animal est en même temps positivement chez lui dans le négatif ; et c'est également le privilège des plus hautes natures que d'exister en tant qu'elles sont cette contradiction » [1].

L'analyse du Destin dans l'*Esprit du Christianisme* ébauchait ce thème. Regard qu'on jette sur une vie brisée, remords qui suit le forfait, nostalgie de l'innocence perdue : toutes ces formes de la douleur ont ceci en commun que celui qui y est en proie ne tremble plus « devant un étranger (*vor einem Fremde*) » ; il vit dans le souvenir d'un être avec lequel il a partie liée, et l'Autre, *pour le moins*, ne lui est plus énigmatique. « Ce manque n'est pas un non-être, mais la vie reconnue et ressentie comme n'étant pas » [2]. Ici, l'assaillant ne fond plus sur moi à l'improviste : c'est moi-même qui me suis donné mon ennemi. Et la négativité sera la redécouverte, menée systématiquement, de cette assurance qu'imposait le sentiment du Destin. Que je sois toujours au-delà de ce qui me lèse *du fait même que je me sente lésé*, c'est l'essentiel de l'expérience de la douleur, et ce qui rend celle-ci

1. Respectivement *Ph. Religion*, XVI, 271 et *Enzyklo.* § 359 Z, IX, 632. Cf. WL. V, 257.

2. NOHL, 281. Cf. le commentaire de ce texte par Bernard Bourgeois, *Hegel à Francfort* (p. 70-73).

irremplaçable. C'est aussi, précisément, ce que méconnaissait le judaïsme. En supportant la douleur il était par rapport à elle comme « devant un étranger » : il ignorait donc qu'*il avait raison de ne pas l'éviter*[1].

Tirons tout de suite au clair les présupposés de cette analyse. Le projet de Hegel est-il d'incriminer, comme le fera Nietzsche, une anthropologie superficielle qui pré-définit la douleur comme l'évitable en soi ? de montrer l'arbitraire d'un pareil optimum ? Non. Jamais. La dialectique va bouleverser la conceptualisation de l'Entendement, mais sans critiquer un instant les options vitales de celui-ci. L'eudémoniste n'a pas tort, à la lettre, de faire du bonheur et de la jouissance le bien suprême[2], mais il a tort de déterminer une fois pour toutes et au plus juste la sphère de ce confort. On ne condamnera donc pas son élan vers l'appropriation, mais son aveuglement, en tant qu'il se borne aux biens « définis ». De même, l'entendement judaïque n'a pas tort de ressentir la douleur comme un mal. Ou plutôt, il n'aurait pas tort, si le « mal » était seulement ce qu'il croit : une négation agressive – et non une occasion inédite de *m'affirmer* une fois de plus. C'est par là, très précisément, que pèche la compréhension anthropologique de l'Entendement : on ne sait pas voir dans un comportement *tout ce qu'il a* d'affirmatif ou même *ce qu'il a* d'affirmatif. Et traduisons aussitôt *affirmatif* par *capable d'adaptation.* Fasciné par la rencontre de l'obstacle, l'Entendement ne devine pas que cette rencontre est déjà une promesse d'ajustement, de conciliation.

Ainsi l'Entendement conçoit le plaisir comme la cessation d'un manque. Mais il arrête l'analyse à ce point – et la tendance désirante lui semble donc être un élan aveugle qui m'emporte hors de l'état de mal-être. Or l'égoïsme du sujet désirant est bien autre chose : l'Autre dont il est en quête n'est pas un Autre indéterminé, mais un objet *qui conviendra à sa nature.* Il est vrai que le désir est aussi un comportement fini – et, comme tel, il débouche sur un acte bêtement négateur : la consommation. Mais l'important est que, même à travers la consommation, apparaît la conduite raisonnable du possesseur qui entend *se réapproprier* le bien dont il était privé. Si on ne le pressent

1. « On ne connaît et même on ne sent quelque chose comme une limite, un manque, que lorsqu'on est en même temps au-delà. Les choses vivantes ont *le privilège de la douleur* sur les choses sans vie ; une déterminité singulière devient pour elles sensation d'un négatif, parce qu'elles ont en elles en tant que vivantes l'universalité de la vitalité, qui transgresse l'individu – parce qu'elles se maintiennent encore dans le négatif d'elles-mêmes et ressentent cette contradiction comme existant en elles » (*Enzyklo.* § 60, VIII, 159).

2. Cf. *Gl. Wissen.* I, 283-285, tr. p. 196-197.

pas, c'est qu'on en reste à l'apparence du désir : spasme, déchaînement... Mais nous savons depuis Platon que l'essence du désir est plus sage que cette apparence et que l'Eros véritable n'est pas celui des libertins. Apprenons donc à ne pas juger sur l'apparence la « satisfaction du désir » :

> « La satisfaction du désir pose l'identité étant en soi du sujet et de l'objet ; elle supprime l'unilatéralité de la subjectivité et l'apparente indépendance de l'objet. Toutefois, comme la conscience de soi désirante anéantit l'objet, *il pourrait sembler* que celui-ci est soumis à un pouvoir tout à fait étranger. *Mais ce n'est là qu'une apparence.* Car, si l'objet immédiat doit se supprimer, c'est conformément à sa propre nature, conformément à son concept – parce que sa singularité ne correspond pas à l'universalité de son concept. Or la conscience de soi est le concept de l'objet même. Lorsqu'elle anéantit l'objet, celui-ci disparaît donc par la force de son propre concept, qui lui est seulement intérieur – et qui, de ce fait, semble fondre sur lui du dehors »[1].

En somme, dissipons l'apparence, et l'assouvissement n'aura plus rien d'une destruction. On verra poindre en lui l'accomplissement d'une finalité : en consommant, je n'exhibe pas la puissance (« finie ») que j'exerce sur la chose, mais je montre que le bien consommé devait être supprimé dans son concept, c'est-à-dire *m'était destiné* (« la conscience de soi est le concept de l'objet même »). « Formellement, le fait que le besoin est satisfait est une suppression de sa finitude. L'assouvissement de la faim est la suppression de la séparation entre moi et mon objet ; elle est suppression de la finitude, mais seulement formelle »[2]. Ainsi l'assouvissement peut être enrôlé dans la symbolique du Concept, puisque l'Autre n'y est plus ressenti ni traité simplement comme Autre... Remarquons que Hegel ne fait ici que répéter Platon. Je désire ce qui me fait défaut, disait Platon, *donc* je désire une chose qui m'est amie (*philôn*), *donc* une chose qui me fut enlevée, *donc* une chose telle qu'en elle je me retrouve chez moi (*tou oïkéïou*) (*Lysis*, 221 d-e). D'où vient qu'on tienne tant à se convaincre d'une connivence entre le désir et son objet ? Platon l'indique, dans cette page du *Lysis*. Si le bien est autre chose qu'un « remède du mal » (et il faut qu'il le soit pour que l'antinomie des valeurs joue à plein), on doit admettre que, même si le mal disparaissait, l'*épithumia* ne disparaîtrait pas pour autant : on pourrait encore aimer ce qu'on

1. *Enzyklo.* § 472 Z. X, 278.
2. *Ph. Religion*, XV, 192.

désire. C'est le signe que le désir est irréductible au simple évitement du mal – et que, plus généralement l'effort pour mettre fin à la carence est presque toujours l'ébauche d'un comportement *affirmatif*. C'est ce côté de l'affirmation de soi que ne perçoit pas la conscience d'Entendement. La souffrance, elle n'y voit jamais qu'une épreuve qui lui est arbitrairement imposée, une force adverse qui ne me permet de m'affirmer que dans la mesure où je lui résiste. Et, aux prises avec l'adversité, elle s'obstine à exercer ou à sauvegarder *sa force*. Elle s'affirme, sans doute, mais de la pire manière : pour maintenir sa position présente, contre ce qu'elle subit. Bref, elle *s'entête*.

Or l'entêtement est la caricature de la volonté libre, « la parodie du caractère »[1] : il est le vouloir, mais détaché de toute fin et mis au service de ma seule force finie.

> « L'entêtement a ce caractère commun avec le vouloir qu'il s'agit moins pour lui de la chose que du vouloir comme vouloir – de vouloir précisément que son vouloir soit respecté. Mais il faut bien les distinguer, car l'entêté se tient à son vouloir pour la simple raison que tel est son vouloir, sans avoir pour cela aucun fondement raisonnable, c'est-à-dire sans que son vouloir ait rien d'universellement valable. Autant il est nécessaire de posséder une force de volonté qui demeure ferme au service d'un but raisonnable, autant l'entêtement est rebutant, car il est entièrement individuel et exclusif à l'égard d'autrui »[2].

Premier effet de l'entêtement : je ne jugerai ma situation que par rapport à ce que je subis actuellement, je n'apprécierai l'Autre que par rapport à la force qu'il m'empêche de déployer. Et pour un être qui décide ainsi de se poser *par exclusion*, l'« expérience » est, par principe, impossible. Cela apparaît très clairement dans les dernières lignes de la dialectique du Maître et du Serviteur, lorsque Hegel oppose, à la bonne éducation du Serviteur, qu'il vient de retracer, le ratage pédagogique éventuel. Il s'en faudrait, en effet, de très peu pour que le Serviteur ne parvînt pas à découvrir son « sens propre » dans le malheur qu'il a traversé. Il suffirait qu'il n'eût pas été convaincu dès le départ de sa nullité d'être fini, qu'il ne se soit pas détaché de « l'être déterminé » : « alors le sens propre est simplement entêtement (*Eigensinn*), une liberté qui reste encore au sein de la servitude »[3]. On

1. *Enzyklo.* § 395 Z. X, 92.
2. *Prop.* III, 48, tr. p. 35-36. Pour la clarté de l'exposé, je me permets ici de traduire *Eigensinn* par « entêtement », et non par « caprice » qu'a préféré M. de Gandillac.
3. *Phäno.* II, S. 158, tr. I, p. 166.

pourrait traduire : « un esclavage qui reste encore subi par un fort »... Le Serviteur n'aurait rien appris s'il avait simplement subi le servage comme une injustice, au lieu d'accepter sa défaite. Il lui a fallu au moins le pressentiment de la vanité de sa force finie pour être en mesure d'apprécier, par la suite, ce qu'il a gagné à s'en laisser dépouiller. S'il n'avait d'abord renoncé à l'*Eigensinn*, il serait demeuré un incurable récalcitrant.

En lecture dialectique, l'échec et la frustration ne peuvent donc être que des faux-semblants, et les stratégies destinées à les contourner (« sublimation », « rationalisation »...) ne seraient que des concepts inutilisables, puisqu'ils supposent *le fait* de l'échec ou *le fait* de la frustration. En général, tout comportement fini envers le négatif se présente comme une ré-*action*, encore mise au compte du pouvoir que je crois détenir, encore chargée d'affirmer tant bien que mal ce pouvoir tel qu'il est. Et cette attitude ne peut que bloquer ou retarder l'*explicitation* de ce qui m'arrive, puisqu'elle m'enracine dans ce faux point fixe : « moi » (l'être lésé, offensé, opprimé...) – « moi », qui, en tenant ferme, me refuse à être « Sujet », lieu d'un *accomplissement*. Ré-*agir*, c'est viser le négatif comme ce qui est à expulser. On a donc toujours trop vite fait de ré-*agir*. On devine donc à peu près ce que Hegel aurait pu objecter aux thèses anti-hédonistes de Nietzsche [1]. Prétendre que l'homme « éprouve un éternel besoin » de la douleur,

1. « Ce n'est pas la satisfaction de la volonté qui est la cause du plaisir (j'entends particulièrement combattre cette théorie très superficielle, cette absurde falsification psychologique des choses qui sont les plus proches), mais le fait que la volonté aille toujours de l'avant et veuille toujours dominer ce qu'elle rencontre en chemin. Le sentiment de plaisir réside justement dans l'*insatisfaction* de la volonté, dans le fait qu'elle n'est jamais rassasiée d'adversaires et d'obstacles – *L'homme heureux* : idéal du troupeau » (WM. n°696) – « L'homme ne cherche pas *le plaisir* et n'évite pas *la douleur* : on voit quel préjugé fameux je combats ici. Plaisir et douleur sont une simple conséquence, un phénomène d'accompagnement. Ce que veut l'homme, ce que veut la moindre partie d'un organisme vivant, c'est un surcroît de puissance. Cette volonté le pousse à chercher l'obstacle, à s'en servir, à se l'opposer... Le déplaisir comme obstruction de sa volonté de puissance est donc un phénomène normal, l'ingrédient normal de tout devenir organique ; loin que l'homme l'évite, il en a continuellement besoin. Toute victoire, tout sentiment de plaisir, tout devenir supposent un obstacle surmonté. Prenons le cas le plus simple, celui de l'assimilation primitive : le protoplasme étend ses pseudopodes *pour chercher quelque chose qui lui résiste, non parce qu'il a faim, mais par volonté de puissance*. Puis il cherche à dominer cet être, à se l'approprier, à se l'incorporer. Ce qu'on nomme « assimilation » est simplement un phénomène consécutif, une application utilitaire de cette volonté originelle de devenir plus fort. Le déplaisir entraîne donc si peu la nécessité d'un amoindrissement de notre sentiment de puissance que, dans la moyenne des cas, il agit comme *stimulant* sur ce sentiment, – l'obstacle est le stimulus de cette volonté de puissance » (*ibid.*, n°703).

comme d'un stimulant, c'est tenir pour entendu que la douleur est un péril à surmonter ou un défi à relever... N'allons pas si vite et, avant de décider de l'attitude à prendre face à elle, posons la question préalable : est-il possible de jamais se heurter à ce Mal absolu ? Avant d'analyser les réactions à la douleur, demandons-nous si l'on n'a pas trop vite fait (sur la foi de la documentation de l'Entendement) d'imaginer un *conflit* là où il n'y a qu'un *test*.

Comprend-on alors ce qu'est ce « privilège de la douleur » que la conscience judaïque frôlait en aveugle ? Il consiste à tolérer la présence du négatif – à « supporter la contradiction »... Mais qu'on prenne garde à l'ambiguïté de cette expression, qui risquerait de suggérer qu'une victoire est remportée de haute lutte, à force d'endurance. La dialectique n'en demande pas tant. Supporter la contradiction, ce n'est jamais qu'éprouver une heureuse surprise ; supporter la douleur, c'est savoir qu'on reste en vie en dépit d'elle et entrevoir que ce désagrément ne méritait peut-être pas qu'on y résistât, car c'est à travers lui, *à travers le malaise*, que la « force » véritable s'atteste, et nullement à travers la riposte qu'on lui opposerait. C'est pourquoi encore la « force » du vivant ne se marque pas dans le retour à la santé – épisode « fini », toujours précaire –, mais dans la possibilité de la maladie, qui montre que, là où d'autres périraient, je peux subsister encore – et peu importe au prix de quelles concessions. Le privilège du vivant vient de ce qu'il ressent le manque, de ce qu'il éprouve le négatif *en lui* – et, par là, conçoit qu'au lieu de « disparaître dans le négatif de lui-même », il est l'unité « de soi-même et de son opposé déterminé » et n'« est » même que cela.

> « Le vivant est seul à *sentir le manque* ; car il est seul à être dans la nature le Concept, qui est l'unité de soi-même et de son opposé déterminé. Là où il y a une *borne* (*Schranke*), la négation n'est que pour un troisième, dans une comparaison extérieure. Mais il y a *manque*, lorsque la transgression est aussi bien présente dans le même être, lorsque la contradiction comme telle est immanente et posée en lui. Un tel être, capable d'avoir en lui la contradiction de soi-même et de la supporter, c'est le Sujet – et cela forme son infinité... »[1].

1. *Enzyklo.* § 359, IX, 628. Cf. § 386, Z. X, 44. « La pierre ne peut être malade, parce qu'elle disparaît dans le négatif d'elle-même ; elle se dissout chimiquement, sa forme ne se maintient pas, puisqu'elle n'est pas le négatif de soi-même qui empiète sur son contraire. Le malaise est le sentiment de soi, de même que le désir est le sentiment du manque, c'est-à-dire qu'il est lui-même comme négatif. La différence est que, dans le désir, ce manque est quelque chose d'extérieur : le Soi

Tension, frustration, malaise n'étaient donc que les indicateurs, superficiellement pathologiques, de *l'acte du Sujet*. Cet acte, en quoi consiste-t-il ? À faire s'effacer la limite (illusoire), à faire reculer ce que je croyais être l'intolérable ou « l'impossible » (au sens où il est « impossible » que « Melle Albertine soit partie »). C'est pourquoi « Sujet » est un des mots que Hegel rend à peu près homonyme à sa signification classique. En cette puissance de métamorphose, plus rien d'un *Aliquid inconcussum*, d'une identité-à-soi perdurante : seulement la capacité de ployer sans rompre. Test d'élasticité et non de dureté – épreuve de patience, et non d'intrépidité. La seule consigne pour l'« être-Sujet » est de ne se perdre en aucun déchirement. Et, en demeurant indemne au travers de la scission, en refaisant surface au-delà d'elle, le Sujet ne montre pas de quelle puissance (au sens courant) il était dépositaire, mais de quelle disponibilité il était capable. L'« affirmation infinie » est en raison inverse de l'audace et de l'inventivité, puisque l'infini, anthropologiquement, est d'abord mesuré par la *capacité de survivre*. C'est à celle-ci, en tout cas, que Hegel lie expressément la négativité, à la fin du récit de la lutte des consciences. Chaque conscience, par le fait de mettre sa vie en jeu et de viser la mort de l'autre, s'accomplit sans doute en tant que pour-soi, mais au risque de se supprimer « en tant qu'extrême voulant être pour-soi ». Pour s'être lancée dans une négation précipitée de l'être naturel, elle ne trouve, au bout du compte, absurdement, que la suprême naturalité de la mort. C'est qu'il reste aux combattants à comprendre que l'acte du pour-soi est bien de se détacher de l'être naturel, mais non par la mort –, qu'il y a une autre façon de mourir au fini. À côté de la négation abstraite, il y a

> « la négation de la conscience qui *supprime* de telle façon qu'elle *conserve* et *retient* ce qui est supprimé *(das Aufgehobene aufbewahrt und erhält)* et par là même *survit* au fait de devenir-supprimée (*sein Aufgehobenwerden* überlebt) » [1].

Nous voilà peut-être mieux en mesure de retrouver le choix vital dont la dialectique fut l'interprète. Mais, plutôt que d'en décider trop vite, procédons plutôt à la simple expérience suivante. Osons faire repasser, mais au ralenti, et dès le prologue, le vieux film de la « lutte à mort ». Essayons de reconstituer ce que fut la véritable histoire du Maître et du Serviteur.

n'y est pas encore dirigé contre sa propre forme comme telle – alors que, dans la maladie, la chose négative est la forme » (*Jen. Realph.*, S. 169).

1. *Phäno.* II, S. 152, tr. I, p. 160.

Hegel, on l'aura deviné, ne peut que se faire une assez piètre idée du courage personnel [1]. Si la lutte à mort est indispensable, ce n'est pas parce qu'elle attesterait le courage des antagonistes. Ce n'est pas l'audace déployée par le vainqueur qui est la marque de son « aptitude à la liberté », mais un tout autre sentiment : l'« indifférence » en laquelle il tient sa vie, le dédain qu'il éprouve pour sa « naturalité égoïste ». Le futur Maître n'est pas un aventurier : il ne sacrifie que ce dont il a entraperçu la vanité. Car il serait insensé de mettre en jeu sa vie pour faire parade de sa force d'âme, de gaspiller par pur défi un bien qu'on continuerait de tenir pour un bien. Sans ce postulat, la lutte pour la reconnaissance demeurerait incompréhensible : on ne comprendrait pas, en particulier, pourquoi le comportement le plus instructif est celui du combattant qui a éprouvé la crainte devant la mort ni pourquoi, en cette conduite *apparemment* égoïste, le Sujet universel s'annonce encore plus sûrement que dans le détachement dont fit preuve le vainqueur à l'égard de sa vie. C'est qu'en s'élevant au-dessus de sa vie, le vainqueur peut encore être soupçonné – même si ses intentions sont chrétiennes – d'être un « noble », au sens de la *Généalogie de la Morale* – quelqu'un qui ose aller jusqu'au bout. En tremblant devant la mort, son adversaire, lui, se comporte sans ambiguïté en chrétien. Et la crainte du chrétien, si mêlée d'égoïsme qu'elle ait pu être au départ, le conduit à un sentiment de la futilité du fini, qui le délivrera de la peur égoïste elle-même. C'est cette crainte-là qui apparaît au cours de la lutte à mort, même si elle prend le masque de la crainte du lâche (que Hegel juge aussi sotte et dénuée d'intérêt que la témérité aveugle). En réalité, c'est la crainte du « Maître absolu » qui anime le vaincu, à l'heure de la reddition. Or, il ne revient pas au même de redouter la mort comme le *dommage suprême* qui peut m'être infligé ou de la redouter en tant que « Maître absolu » : alors que le premier sentiment me cloître dans ma singularité naturelle, le second m'en détache. C'est ce que Kojève a très bien vu dans son commentaire :

1. « Le courage de l'animal, du voleur, la vaillance pour l'honneur, la vaillance chevaleresque ne sont pas encore les formes véritables du courage. Chez les peuples cultivés, le courage véritable consiste à être prêt à se sacrifier pour le service de l'État, de sorte que l'individu ne soit plus qu'un parmi beaucoup. L'important ici n'est plus le courage personnel, mais l'alignement sur l'Universel » (*Ph. Rechts* 327, Z. VII, 438). Sur l'arme à feu et la poudre à canon, armes de « la mort indifférente, impersonnelle », cf. *Syst. Sittl.*, S. 59-60, tr. p. 167) ; *Ph. Geschichte* XI, 508-509, tr. p. 309.

« ... d'autre part, cette même peur a – d'après Hegel – une valeur positive, qui conditionne la supériorité de l'esclave sur le maître. C'est qu'à travers la peur animale de la mort (*Angst*) l'esclave a éprouvé la terreur ou l'angoisse (*Furcht*) du Néant, de son néant. Il s'est entrevu soi-même comme néant, il a compris que toute son existence n'était qu'une mort 'surmontée', 'supprimée' (*aufgehoben*) – un Néant maintenu dans l'Être » [1].

Mais à ces derniers mots, déjà, on devine que l'interprétation va déraper. L'avantage de l'esclave, poursuit Kojève, est d'apercevoir dès le départ que l'essence de l'homme est de « néantir », de transformer le donné à partir d'un « projet » qui n'est pas encore. Or il n'y a rien dans le texte qui nous déporterait vers ce sens, disons « activiste », du *néant*. Le néant dont la « crainte absolue » est le révélateur, c'est le néant chrétien de *ma nature* – et c'est pourquoi la « crainte absolue » est si différente de la « peur animale de la mort » (ou, tout au moins, va le devenir). Loin de m'enfoncer dans la peur, elle me prémunira contre toutes les peurs « particulières » (du dénuement, de la souffrance, de la mort même, tant que celle-ci est comprise égoïstement comme « simple négation », blessure dernière) ; loin de m'inciter au repli sur quelque intérêt mondain (y compris celui de « néantir »), elle opère à la façon du Sublime kantien, quand celui-ci fait apparaître en un éclair « la petitesse de tout ce qui est notre souci, biens, santé et vie » [2]. Telle encore la crainte judaïque du Seigneur :

« Elle est le début de la sagesse, qui consiste à refuser au particulier, au fini une valeur d'êtres indépendants... Elle n'est donc pas une peur particulière de quelque chose de particulier ; elle pose justement cette crainte particulière comme un néant : elle est la *délivrance de la peur* (*das Lossagen von der Furcht*) » [3].

La « crainte absolue » m'apporte donc un soulagement au moins aussi rentable que la certitude, qui est celle du « fort », de toujours pouvoir rendre coup pour coup. Il arrive à Hegel de comparer ces deux assurances :

« Je suis sans crainte, quand je détiens une indépendance qui ne peut être lésée : je ne me soucie pas alors de la violence, car j'ai le sentiment d'être une force telle que la violence n'a pas de pouvoir sur moi. *Mais je suis sans crainte aussi* lorsque je ne me soucie plus

1. A. KOJÈVE, *Intr. lecture de Hegel*, p. 175.
2. *K.U.* § 28. V, 262.
3. *Ph. Religion* XVI, 79-80.

de l'intérêt que la violence est capable d'anéantir – lorsque, même lésé, je reste là (*Dastehe*), indemne »[1].

Comprenons mieux quelle est cette « crainte », capable de me donner une sérénité au moins comparable à la sécurité que garantit la force. C'est un sentiment qui, avant tout, est l'inverse de celui qu'éprouve l'homme désarmé ou cerné par l'ennemi ou menacé par les forces naturelles. Dans ces cas-là, en effet,

> « une crainte, une conscience de la négation est sans doute présente, mais ce n'est pas encore la crainte du Maître. C'est la crainte de la contingence, des forces naturelles qui déchaînent leur puissance contre l'homme. La crainte des forces naturelles (du tonnerre, du soleil) n'est pas encore la crainte que nous pouvons appeler *religieuse*, car celle-ci a son site dans la liberté. C'est une crainte qu'on ressent relativement à Dieu... »[2].

Trembler devant le Maître absolu, ce n'est plus trembler pour moi, en cet instant, en raison de telle faute (« cette conscience a éprouvé l'angoisse non au sujet de telle ou telle chose, non en tel ou tel instant... »). C'est prendre conscience de la *non-puissance de principe* que représente la singularité naturelle.

> « Cette crainte advient seulement à celui qui se sent impuissant *dans sa singularité*, qui a senti *trembler sa singularité* et qui a accompli cette abstraction en soi, de façon à être un esprit libre. Quand le naturel tremble ainsi en l'homme, l'homme s'élève au-dessus de lui, renonce à lui et, comme il s'est assuré un sol plus élevé, passe à la pensée, au savoir »[3].

Pour avoir craint la mort en tant que Maître absolu, le vaincu, maintenant Serviteur, a senti *trembler sa singularité*. Et, dès cet instant, la mort n'est plus – elle ne sera jamais plus – comme une menace à laquelle il faudrait réagir (en brave ou en pleutre, qu'importe). C'est pourquoi, très précisément, elle est nommée *Maître absolu* : ce qui foudroie aussi bien ce que le courageux entend défendre que ce que le lâche entend préserver. Réminiscence non déguisée, nous semble-t-il, des pages de l'*Analytique du Sublime* en lesquelles Kant décrit cette instance qu'on tient pour « terrible », même si l'on ne s'est jamais exposé à encourir sa colère – le Tout-Autre, encore plus fascinant que menaçant, puisque notre force de résistance, relativement

1. *Ibid.*, XVI, 79.
2. *Ph. Religion* XV, 298.
3. *Ibid.*, XV, 299.

à lui, n'est plus rien [1]. C'est le même sentiment d'un écart sans mesure que fait surgir la « crainte du Maître absolu » : « le contraire de la conscience que j'ai de moi-même la conscience du Soi infini par rapport à moi qui suis fini » [2]. Et comment cet effroi-là pourrait-il mieux se traduire que par une ferme et constante résolution d'abstention ? Vaincre ou être vaincu, la question n'est plus là désormais, et le combattant qui l'a compris, en rendant les armes, ne fait que se récuser. « Vaincu », ce n'est vraiment pas le mot pour qui a ressenti la dissolution (*Auflösung*), la fluidification (*Flüssigwerden*) de son être-fini : celui-là se donne plutôt pour hors jeu. « Par la conscience de cet Absolu, comme de la puissance unique, purement négative, *disparaît toute force propre* ; tout ce qui relève de la nature terrestre a fait naufrage » [3]. À quoi bon lutter ? Ce n'est pas en lâche que le vaincu consent à sa défaite : c'est en nihiliste.

Et cette nihilisation est intégrale. Comparé à elle, le Sublime kantien n'était encore qu'une demi-mesure. Alors que, dans le Sublime, l'homme prend seulement conscience de l'*insignifiance* (*unbedeutende Kleinigkeit*) de sa force de résistance, la crainte absolue lui révèle la *nullité* de celle-ci. Avec elle, la conscience de soi perd tout point de repère mondain. Mais l'accroissement du gain est en proportion. Alors que l'angoisse devant le Sublime révélait, en deçà de notre « impuissance physique », la possibilité d'une « conservation de soi (*Selbsterhaltung*) d'une tout autre espèce » [4], la crainte absolue, elle, n'est plus le révélateur d'une autre *instance*, fût-elle supérieure. À celui qu'elle frappe, elle apporte beaucoup plus que l'assurance d'une « conservation de soi d'une tout autre espèce » : elle est par elle-même l'opération du Soi véritable. L'absolue négativité dont le Serviteur a senti passer le souffle, *c'est* le mode d'« être » du Soi enfin à découvert

1. « L'homme peut craindre d'une part la puissance de ce qui est extérieur et fini, d'autre part le pouvoir de ce qui est en-soi et pour-soi. Or, ce que l'homme doit vraiment redouter, ce n'est pas la force extérieure et son oppression, mais la force morale qui est une détermination de sa propre raison libre, et qui est en même temps l'éternel, ce qui ne doit pas être lésé (*das Unverletzliche*) » (*Aesth.* XIV, 531, tr. II, 2, p. 251) — « On peut considérer un objet comme terrible (*Furchtbar*) sans avoir peur devant lui ; pour le juger ainsi, il faut simplement concevoir le cas où nous pourrions lui opposer une résistance, résistance qui serait tout à fait vaine. Ainsi l'homme vertueux craint Dieu sans avoir peur de lui, puisqu'il ne pense pas que le cas où il résisterait à Dieu et à ses ordres soit à redouter pour lui. Mais il considère Dieu comme terrible, pour ces cas qu'il ne regarde pas en soi comme impossibles » (KANT, *K.U.*, § 28. V, 260).

2. *Ph. Religion* XVI, 79-80.

3. *Ibid.*, XVI, 79.

4. KANT, *K.U.*, V, 261.

– mais à condition de l'entendre comme néantification de tout ego fini et non, avec Kojève, comme puissance conquérante de néantisation. La connaissance de la finitude, de la « misère », n'a donc plus pour contrecoup (comme chez Pascal et chez Kant) la découverte en l'homme *d'une autre nature*, lointaine ou perdue. Le fait d'éprouver mon néant suffit bien à me porter au-delà de lui, mais cet « au-delà » n'est plus tel que quelque chose comme un « je » demeurerait en deçà. Ou plutôt, il n'est pas un ailleurs, il est l'acte en lequel s'efface ma finitude. En somme, dans la crainte absolue, l'homme connaît *qu'il n'était rien* en tant qu'il était misérable. Son néant, n'étant plus métaphorique, n'est plus *compensé* par sa grandeur : il *est déjà* sa « grandeur » – et il n'est donc aucunement paradoxal que la crainte absolue s'invertisse en « confiance (*Zuversicht*) absolue ».

Nietzsche dit qu'à l'aide des actions morales, « on peut jouer les magiciens : s'anéantir avec un sentiment de puissance, vaincre en mourant » [1]. On pourrait en dire autant de toutes les « libérations » hégéliennes. Chacune est un tour de magie qui transfigure une condition qui semble (*qui doit sembler*) désespérante et sans recours. Puissance du dieu judaïque, joug du despote romain, présence du Maître absolu, etc. – autant de situations qui intensifient le sentiment de la faiblesse au point que le faible finit par comprendre et légitimer son *incapacité de résister*. Et c'est bien là la seule issue : l'aveu sans réserve d'une nullité ontologique qui autorise à ne plus jamais rien *affronter*. Autant dire que l'opération du discours dialectique redouble et reflète celle de la morale, comme la décrit Nietzsche :

> « Le contraire de toute lutte, de tout sentiment de se trouver au combat s'est mué en instinct : *l'incapacité de résistance se transforme en morale* (« ne résiste pas au mal », la plus profonde parole des Évangiles, en quelque sorte leur clé), la béatitude dans la paix, dans la douceur, dans l'incapacité d'être ennemi » [2].

Ne résiste pas au mal... La dialectique va plus loin : pactise avec la douleur, comprends que ce n'est pas « toi » qu'elle lèse, mais le Soi qu'elle enrichit. *Incapacité de résister transformée en ontologie*. C'est là ce qui rend magique l'univers hégélien : l'annulation de toute situation de force, la futilisation de la tragédie. Il est entendu que les meurtres n'atteignent jamais les victimes que dans leur fausse identité, que les catastrophes furent des illusions d'optique. Reportons-nous, par exemple, à l'enseignement que la conscience-de-soi, dans la *Phéno-*

1. *Aurore*, trad. Hervier, p. 427.
2. *Antechrist*, § 29.

ménologie, finit par tirer de la tourmente de 93 [1]. Avant la Terreur, cette conscience, qu'on suppose pieuse lectrice du *Contrat Social*, se situait « comme ce point déterminé dans la volonté universelle ». Voici qu'advient le règne de l'Universel, et c'est d'une tout autre « volonté universelle » que l'échafaud est la figure : quelque chose « qui n'a plus rien à lui donner en échange de son sacrifice (*für die Aufopferung zurückgeben*) ». Ici, la mort est « vide de sens », stupide comme la trappe d'Ubu... Il reste que c'est bien la volonté universelle qui, en exterminant ses dépositaires, leur apprend qu'ils n'étaient *décidément rien* en tant que sujets finis, atomes politiques : « Ce qui disparaît là devant la conscience, c'est l'être abstrait ou l'immédiateté du point sans substance... ». À la place du « point sans substance », rien n'apparaît qui consolerait la conscience (dans le fini) de cette immédiateté perdue ; mais elle sait désormais que cet anéantissement même *était* la volonté universelle. Celle-ci n'est plus pour elle une revendication creuse ; elle s'est manifestée dans son opération. L'échafaud était donc un symbole abstrait, mais pertinent, de l'Universel : grâce à lui, la conscience a bel et bien renoncé à elle-même en tant que conscience insulaire. Mais perd-on à renoncer à une identité d'emprunt ?

> « Ici, elle ne se perd pas soi-même, car le pur Savoir et vouloir sont *bien plus elle-même* que (ne l'était) le point atomique de la conscience ».

Qu'avez-vous fait pendant la Révolution ? « J'ai appris », pourrait répondre la conscience-de-soi. La Terreur était l'apprentissage par le Soi de sa véritable nature, imprenable celle-là, *et pour laquelle il n'y a plus rien à redouter*. La Terreur était une pédagogie – et quelle terreur n'en est pas une ? Car on voit poindre ici un thème qui sera cher à l'eschatologie des « faibles » : si élevés que soient les frais humains, consolez-vous en pensant qu'il y a *à coup sûr dressage* ; et, avant de juger la terreur en conscience finie, en petit-bourgeois entêté, attendez de comprendre (si elle vous le permet) de quelle *Erziehung* sans précédent elle était le sanglant figuratif. Comme l'a observé Julien Freund, « on passe aisément l'éponge sur les erreurs parfois considérables et les atrocités des gouvernements ou régimes qui ont su passionner les citoyens pour des fins grandioses, quand on ne les regarde pas comme des modèles ou des références » [2]. Les « faibles » – sans exclure beaucoup des victimes de la terreur, ces « orthodoxes » ou « bien pensants » que Soljenitsyne a su typifier aussi magistralement

1. *Phäno.* II, S. 458, tr. II, p. 139-140.
2. Julien FREUND, *Qu'est-ce que la Politique ?*, p. 107.

que Hegel la « belle âme » – sont toujours prêts à admettre, non seulement que le mal est au service d'un plus grand bien, mais que les moyens terroristes *ne peuvent que* mesurer l'envergure du projet pédagogique. Les bien-pensants ne pensent pas politiquement, mais pédagogiquement. On n'imputera certes pas à Hegel leurs lugubres sornettes, mais on reconnaîtra que son « pédagogisme » a facilité la diffusion de celles-ci. C'est lui qui nous dispose à croire que c'est en tremblant, *c'est-à-dire en nous habituant à l'inanité du fini*, que nous découvrons de quelle façon nous sommes véritablement en sécurité. La prestidigitation « idéaliste » tant dénoncée par la suite est presque toujours au service de cette manœuvre et de cette assurance finale. Au point qu'on se demande, non point si la crise ne nous est pas représentée en vue de paraître salutaire (car cela va par trop de soi), mais si l'heureux avènement du Soi infini n'est pas lui-même appelé et commandé, en réalité, par la garantie qu'il apporte – si le négatif, en disant à tout coup la vanité de ce qui se supprime, ne serait pas chargé, et uniquement chargé, de dispenser un apaisement vital. À quoi bon résister, affronter ? En irréalisant l'être, qu'on avait cru stable, du « fini », la crainte absolue, nous l'avons vu, prive les conflits de tout enjeu sérieux. Une fois dissoute la finitude, il n'y a plus pour nous que de fausses altérités – et partant, de fausses peurs et une témérité toujours inutile. *Il n'y avait pas lieu de craindre*, et l'on ne craignait que pour s'être mépris sur la véritable puissance. Dès lors, courbons l'échine sans honte ni remords : nous voilà, par le travail du négatif, prémunis contre toute peur et dispensés du courage.

Mais revenons au Serviteur – et l'on comprendra combien il était important de déterminer exactement quelle est la fonction de la crainte absolue. Toutefois, auparavant, écartons un piège. On sait que toute une tradition de commentaire « humaniste » a prétendu rencontrer, dans le Serviteur au travail, un ouvrier prométhéen qui humaniserait la chose ouvrée. Et il y a des passages de Hegel qui semblent autoriser cette version. Celui-ci, par exemple :

> « La liberté (de l'Esprit) a une existence dans cette extériorité ; dans cet élément qui, en soi, est étranger à sa destination pour la liberté, il est maintenant pour soi, il n'a plus affaire qu'à ce en quoi il a imprimé son sceau, qu'à ce qui est produit par lui » [1].

On remarquera aussitôt qu'en affirmant que l'Esprit, au cours de la *Bildung*, parvient à faire de l'« extériorité » sa demeure, Hegel ne rapporte nullement une prouesse de type stakhanoviste : il célèbre, une

1. *Ph. Rechts* § 187. VII, 268.

fois encore, le bonheur qu'il y a à se trouver « chez soi » en ce qui était jusqu'alors un pays étranger. Rien de plus. Que Hegel ait rendu dignité conceptuelle au travail humain est une légende qui, pour tenace qu'elle soit, ne résiste pas à l'examen des textes. Où Hegel admire-t-il que le travailleur fasse de la nature son miroir ? Quand lui arrive-t-il d'exalter la satisfaction de l'artisan contemplant son chef-d'œuvre ? Il n'aurait pu voir là qu'une délectation dans la finitude, une figure de l'« égoïsme ». Dans la *Realphilosophie*, Hegel affirme que le travail n'a de valeur qu'en tant qu'il arrache l'homme à sa naturalité, que le travail n'est ni un instinct ni l'expression d'une habileté naturelle, mais l'occasion d'apprendre une règle universelle et de soumettre à elle mes gestes [1]. Et si le Serviteur vaut mieux que le Maître, c'est que son activité, prolongement de la crainte absolue, l'élève au-dessus de sa « singularité égoïste » :

> « Comme le serviteur, en travaillant pour le maître, ne travaille pas dans l'intérêt exclusif de sa propre singularité, son désir acquiert une extension telle qu'il n'est pas seulement le désir propre à cet homme-ci, mais contient en même temps celui d'un autre. Par là, le serviteur s'élève au-dessus de la singularité égoïste de sa volonté naturelle et, pour autant, sa valeur l'emporte sur celle du maître » [2].

Cesser d'agir relativement à *mon* besoin, ne plus viser l'objet comme une chose *par moi* consommable, c'est aussi ce qui fonde (dans la *Realphilosophie*) la supériorité du travail de l'industrie (*Gewerb*) sur celui de la terre, et explique encore que le « travail du marchand » soit la vérité de toute production. Pourquoi ? Parce que le commerçant est le seul à se comporter par rapport au bien comme un parfait sujet universel et que l'objet ne l'intéresse absolument plus par sa présence esthétique ou sa valeur d'usage, mais en tant qu'il « contient le désir d'un autre ». La supériorité du Serviteur ne serait-elle pas en son aptitude à devenir un commerçant ?

> « La chose du besoin est devenue une chose simplement représentée, dont on ne peut jouir (*ungenieszbaren*). L'objet est donc ici un objet qui vaut purement par sa signification, non plus en soi, c'est-à-dire pour le besoin. Il est simplement un intérieur. La mentalité de l'état commercial est donc cette compréhension de l'unité de l'essence et de la chose… » [3].

1. *I° Realph.*, trad. p. 124.
2. *Enzyklo.* § 428 Z. X, 279.
3. *Realph.*, S. 256-257.

À ce moment, s'achève le passage de la chose fabriquée par besoin à la chose *formée* (*eingebildete*). Quel fut donc le bénéfice de cette formation de l'objet ? Nullement d'humaniser l'objet, mais de le faire apparaître comme valeur d'échange – comme ce qui ne peut satisfaire que médiatement mon besoin. Alors, ajoute Hegel, « la formation a disparu ; la signification a un être-là immédiat ; l'essence de la chose est la chose même ; la valeur est argent comptant ». Le travail n'est donc pas une conquête de la nature, et ce n'est pas dans l'effort ou l'inventivité de l'homme qu'il faut en chercher le sens, mais dans l'économie marchande. Là apparaît la vérité du travail : abstraction, ascèse, opération anti-esthétique encore plus qu'anti-naturelle. Où est, en cela, la geste prométhéenne qu'on s'est plu à célébrer ?

Pour entendre ce qu'est réellement la *Bildung* du Serviteur (celle qu'il exerce sur la chose et celle qu'il subit), mieux vaut partir de ce fait que *crainte absolue* et *formation* sont deux épisodes complémentaires, aussi indispensables l'un que l'autre. *D'une part*, la conscience doit traverser cette crainte, qui n'est pas une « angoisse quelconque » : faute d'avoir senti chanceler son être, elle revendiquerait toujours une liberté mal comprise, égoïste. Mais, *d'autre part*, sans la formation par le travail qui va lui être imposée, le Serviteur ne serait pas en mesure de comprendre ce qui s'était annoncé à lui, trop brièvement, dans cette crainte. C'est en formant l'objet qu'il finira par savoir ce qu'il a vécu pendant le combat, à l'instant où la négativité le terrassa. Il n'avait pu, alors, distinguer de la simple peur le sentiment d'irréalisation de toute finitude. Mais, au long de sa « formation », ce sentiment va se transformer en une donnée de sa pratique et de son œuvre – et ainsi prendra son sens la révélation-éclair de jadis. Il faut que le Serviteur travaille pour qu'il sache ce que lui avait dit, trop laconiquement, la crainte absolue. Comment s'opère cette explicitation ?

Bilden, en premier lieu, s'oppose à *détruire* (*zerstören*) – travailler à consommer. Quel sens donner à cette opposition ? Un texte comme celui-ci l'indique clairement :

> « Pour autant que la conscience de soi se rapporte à l'objet en tant qu'activité formatrice, l'objet reçoit la forme du subjectif qui prend consistance en lui, *mais il est conservé dans sa matière*. Il en va tout autrement de la conscience-de-soi encore retenue dans le désir : *comme elle n'a pas encore la force de supporter l'Autre en tant qu'il est quelque chose de non-dépendant* (*unabhängiges*), elle détruit l'indépendance (*Selbstständigkeit*) de l'objet ; aussi la forme du

subjectif ne prend-elle alors aucune consistance dans l'objet »[1].

En ces lignes, Hegel explique avec précision ce que le travail est *seulement* chargé de symboliser. En tant qu'activité agressive déployée par un être fini, le travail dit surtout l'impuissance de l'homme à prendre intégralement possession de la nature. Et, *sous cet angle*, la conservation de la matière dans la chose ouvrée est un signe de la finitude du travail : « l'objectif ou la différence demeure; l'activité même du travail est finie ». Mais il y a un autre angle, qui permet une autre prise de vue : la conservation de l'objet vaut mieux que sa suppression, lorsque celle-ci est une suppression *immédiate*. Car elle n'est plus alors le signe de la déficience de l'acte de travail, de son impuissance à faire se nier jusqu'au bout le négatif. Elle indique que l'altérité d'un objet peut être supprimée (l'Autre prend « la forme du subjectif ») *sans qu'il y ait destruction*. On distinguera donc deux côtés dans le travail : a) au service du simple besoin, il n'est que violence, et violence vouée à l'échec, puisqu'elle n'aura jamais raison de la finitude ; Hegel lui préfère le jeu, tel que le pratiquaient les Grecs[2] ; b) neutralisation patiente de l'altérité, il dépouille la nature finie de son pouvoir. Là, comportement besogneux d'un sujet fini ; ici, symbole de la victoire totale qui peut être remportée sur la finitude, puisque l'objet, tout en restant « autre », ne se donne plus pour une « essence étrangère (*fremdes Wesen*) ». En tant qu'il est « la formation d'un quelque chose de donné (*das Formieren eines Vorhandenen*) », le travail n'est pas encore « l'activité parfaite » ; mais il est aussi l'acte grâce auquel la suppression de l'immédiateté a une autre signification que négative et peut être décrite comme production de *ma* représentation sous la forme d'un *objet*[3]. Par là, en produisant quelque chose qui mérite encore le nom d'*objet*, et ne m'est pourtant plus *étranger*, le

1. *Enzyklo.* § 428 Z. X, 279.

2. Le travail motivé par le besoin a moins de sérieux que le jeu : « Il n'y avait dans ces luttes, ces courses, ces combats aucune nécessité de se défendre, aucun besoin de combattre. Sérieux est le travail en relation au besoin : moi ou la nature, l'un des deux doit périr ; si l'un reste, l'autre doit succomber. Or, comparé à ce sérieux-là, le jeu est pourtant le plus haut sérieux... » (*Ph. Geschichte* XI, 318, tr., p. 184).

3. C'est le moment, dans la dialectique de la formation, où la conscience du Serviteur parvient à se poser « comme quelque chose qui est pour soi ». Non parce qu'elle fait de la chose travaillée son œuvre, mais en détruisant « l'essence étrangère devant laquelle (elle) a tremblé » (*Phäno.* II, 156, tr. p. 165). Au négatif extérieur et menaçant qu'elle rencontrait « dans l'élément de la permanence », la conscience substitue sa propre négativité. Ainsi, la conscience découvre que, dans la « crainte absolue », c'était la néantité *du fini* qu'elle avait éprouvé, et non d'elle-même comme finie.

travail – paradoxalement, en apparence – est la préfiguration de l'attitude *théorique*. Le tort, répétons-le, serait d'interpréter comme une victoire du Cogito fini ce qui n'est qu'une monstration de la faiblesse de la nature finie, de sa nullité intrinsèque. Un artefact, disait Aristote, est un être qui, à l'opposé de l'être naturel, n'a pas son principe en lui-même, mais « dans celui qui fait ». Or, dans le travail, la production des artefacts aux dépens de la nature, nous révèle la précarité de l'« être naturel » : investi par la « technè », il n'est pas détruit (le bois demeure présent dans le lit), mais il n'a plus son principe en lui-même, et son être propre a disparu.

Quel enseignement tirera donc le Serviteur de cette opération ? Il découvrira que la négativité est bien autre chose que cette nihilisation effrayante, dont la crainte absolue lui avait donné le sentiment (*rien ne vaut la peine*). À la ressemblance de l'acte de travail, qui désamorce l'étrangeté sans anéantir l'altérité, la négativité est aussi ce qui supprime, par principe, toute hostilité de l'Autre : *rien ne vaut la peine d'être redouté*. Tel est maintenant l'autre aspect, éminemment positif, de l'annulation de la finitude. Et, dès lors, en regard d'un acte aussi instructif, que valent ces jeux de prince que sont consommer, détruire, vaincre même ? Le Serviteur, en travaillant, apprend aussi ce qu'est la véritable puissance – celle du conquérant magnanime, celle qui se manifeste dans la « théôria », qui laisse à l'objet son « indépendance » ou dans l'État, qui laisse à ses sujets une marge de jeu : faire semblant de *laisser comme il est* ce qu'on vient de maîtriser. S'abstenir d'intervenir sur ce dont je suis le principe. Nous avons vu que c'était là, pour Hegel, l'acte d'authentification suprême de la souveraineté. C'est cet acte, aussi, qui devra couronner la « formation ».

> « L'Esprit intérieur, en soi certain... *n'a plus besoin de former la nature* et de la rendre spirituelle pour fixer le divin et rendre l'unité extérieurement intuitionnable : comme la pensée libre pense l'extériorité, *elle peut la laisser comme elle est* (*kan er es lassen wie es ist*) » [1].

Rien d'étonnant donc si le travail, *pendant qu'il s'effectue*, doit être l'apprentissage de cette abstention, que pourra *se permettre* la puissance. « Dans le travail est posée la différence du désir et de la jouissance ; celle-ci est réfrénée, ajournée, elle devient idéelle... » ; le travail est désir réfréné, *le travail forme* ». Ainsi le second sens du mot *Bildung* (*dressage* de l'homme) est le complément du premier (*mise en forme* de la matière). Si le travail est ce qui supprime intelligemment,

1. *Phäno.* II, S. 531, tr. II, p. 217-218.

idéellement, l'immédiateté, le travailleur, astreint à s'abstenir, à se retenir de consommer, est voué à une conduite qui n'est que la réplique de son opération formatrice. De même que le travail ne fait qu'expliciter ce qu'indiquait confusément la crainte absolue (la dissolution de la finitude), de même le servage ne fera que dire en clair le sens du travail. Admirons ici le chevauchement des systèmes de redondance : chaque épisode fournit au suivant son scénario, chacun répercute le précédent. La néantisation trop théâtrale de la finitude (*crainte absolue*) est glosée par la neutralisation de l'altérité (*travail*) qui, à son tour, est analysée par la répression de l'égoïsme (*servage*). À chacun de ces relais, l'abstinence commente un peu mieux le néant de la finitude (qui fut dévoilé une fois pour toutes) et s'incorpore un peu plus au (futur) sujet universel. Chaque frustration acceptée rappelle au Serviteur que l'*ego* n'est rien, et fait passer cette conviction dans sa vie. Elle est donc un pas de plus vers sa « libération », vers ce moment où, devenu citoyen, il ne saurait se donner d'autre idéal que de *vivre en abstinent parmi des abstinents.*

L'émancipation du Serviteur, ce ne pourra être que le règne de l'Universel, où chacun est certain que l'autre est, au même titre que lui, un renonciateur-né – où chacun fait du sacrifice sa vocation de tout instant. Étant bien entendu qu'il ne s'agit pas de n'importe quelle forme de sacrifice, mais du « sacrifice effectivement réel », du seul qui soit agréable à l'Universel : celui qui s'accomplit sans éclat, dans la monotonie du quotidien – celui qui témoigne simplement de la perfection du dressage, et n'atteste surtout pas magnanimité ou grandeur d'âme. À l'opposé, par exemple, du sacrifice religieux archaïque ou du sacrifice païen. Le païen pouvait bien aller jusqu'à l'extrême du dépouillement, abandonner au dieu récoltes et troupeaux : ce n'était jamais que renoncer « à une possession immédiate et à une existence naturelle ». La négativité ne trouve donc pas son compte en ce gaspillage : ce qui s'y affirme plutôt, c'est la résistance du fini, le prix que l'homme lui accorde et, partant, le sentiment qu'il garde de sa valeur. Comme toute conduite prodigue, cette dilapidation est au moins suspecte. Qu'il sacrifie au dieu, à son prochain ou pour la beauté du geste, le prodigue sacrifie mal : il montre qu'il a la force du détachement, qu'il est assez puissant pour exercer son bon plaisir à son détriment. Bien différente de cette démonstration inquiétante est la vie sacrifiée du civilisé, du chrétien, la vie de petites privations des petites gens (se réfréner, ne pas convoiter, supporter, se taire, attendre...). Le sacrifice, alors, n'est plus un potlatch fanfaron ; c'est la vie même, devenue pénitence ininterrompue, renonciation à la puissance comme force. Alors que, dans le sacrifice des religions naïves,

> « la profondeur de l'âme n'est pas encore présente, et la négativité ne peut se manifester dans un procès intérieur. Le sacrifice, ici, ne consiste pas en une *conversion* (*Umkehrung*) de l'esprit, du cœur et des penchants naturels, qui serait propre à briser ceux-ci » [1].

On comprend donc assez bien qu'il arrive à la « conscience », au cours de cette éducation, d'être avant tout sensible au prix dont elle doit payer l'entrée dans l'Universel. On comprend que la « conscience malheureuse », telle qu'elle est décrite au sortir de la férule cléricale, terrorisée, « vraiment dépouillée de son moi », n'aperçoive pas encore le bénéfice de l'opération qu'elle a subie, à savoir « qu'elle s'est aussi démise de sa condition malheureuse » [2]. « Sa jouissance reste la douleur, et l'être supprimé de cette douleur dans sa signification positive reste un au-delà » : en-deçà, elle continue de vivre dans la crainte. Pourquoi ? Est-ce parce que le traitement fut trop rude ? Non. C'est que le trauma est encore si proche que la renonciation à l'égoïsme, pour sincère qu'elle soit, ne s'est pas encore inversée en naissance d'une « volonté universelle ». « Que son malheur est l'inverse », on le lui dit ; mais comment le reconnaîtrait-elle ?

> « ... comme elle entend toujours demeurer ce qu'elle est sur le mode de son existence positive, le sentiment qu'elle ressent est celui de la crainte. Comme l'existence et la conscience propres, internes, sont vécues comme néant et que la conscience-de-soi, située du côté de l'Universel, en même temps les maudit, le résultat est le repentir, la souffrance au sujet de soi » [3].

Parce qu'elle ne se déprend pas du point de vue de « l'existence positive », la conscience pratique le renoncement sans en deviner l'avantage. Autrement dit, elle n'est pas encore une conscience chrétienne adulte, car

> « selon la conception vraiment chrétienne, le renoncement n'est que le moment de la médiation, *le point de passage* à travers lequel la simple nature, le sensible et le fini se dépouillent de ce qu'ils ont d'inadéquat pour laisser l'Esprit accéder à une liberté plus haute et à la réconciliation avec soi-même » [4].

1. *Ph. Geschichte* XI, 327, tr. p. 191.
2. *Phäno.* II, s. 156, tr. I, p. 165.
3. *Ph. Religion* XV, 244. Cf. XV, 141.
4. *Aesth.* XIII, S. 107-8, tr. II, p. 223.

Ces lignes ont de quoi rendre perplexe. Car enfin, pourquoi est-il si naïf de s'attarder dans la crainte ? de rester aveugle à l'« inversion » qui se serait opérée ? et sur quoi de positif est fondée la sérénité qu'apporterait « la liberté plus haute » ? On serait tenté de penser qu'ici la mystification idéaliste est admirablement mise à découvert : en échange de ses souffrances, c'est la jouissance de l'« universel » qu'on offre à la conscience malheureuse – beau présent... Toutefois, prenons garde de railler si vite, car ce présent, après tout, n'est pas si dérisoire. À la fin de la dialectique du Maître et du Serviteur, il apparaît que la conscience servile a fini par gagner une sécurité radicale contre l'aveu de son impuissance (*Ohnmacht*) ontologique et la pratique qui l'a complété. « La conscience servile, commente Hyppolite..., en formant l'objet, se crée maintenant son propre être-pour-soi, devant lequel elle ne tremble plus »[1]. Ce n'est pas un marché de dupe que conclut la conscience mortifiée, et la vie dans l'Universel qui s'ouvre devant elle n'est pas un leurre. Dans la société « vraiment chrétienne » à laquelle elle accède, tous ont éprouvé la crainte absolue et en ont tiré la leçon : le mode de coexistence qu'ils ont aménagé exclut donc au maximum les « craintes particulières ». Et, de ce point de vue, l'Universel n'est pas une mystification, puisqu'il désigne le monde où sera conjurée *la peur de la peur*. S'il en était ainsi, le récit hégélien ne serait pas une « justification » effrontée des divers types d'exploitation de l'homme. Il dirait bel et bien en quoi consista le procès de civilisation, c'est-à-dire le parti que les « souffrants », effectivement, surent tirer de leur détresse : l'aménagement d'un règne politique où l'homme, en principe, n'ait plus rien à redouter de l'homme.

Objectera-t-on que cette interprétation utilitariste n'est pas celle de Hegel ? Mais il reste que bien des textes « fonctionnent » mieux à la lumière de cette interprétation. Tous ceux, notamment, qui présentant la souffrance non comme un *moyen* pédagogique (lequel serait encore séparé du « happy end » qu'il prépare), mais comme la *seule figure appropriée* de la mutation de l'homme en « sujet universel ». On peut reconnaître ici l'originalité de la téléologie hégélienne : la souffrance n'est plus, comme en eschatologie banale, la condition – épisodique, contingente – du parfait bonheur ; elle en est le « négatif » photographique. L'*Erziehung* n'est pas comme un tunnel au bout duquel poindra la lumière ; elle est, à chaque station, à chaque pas, la constitution du but, de sorte qu'aucune mortification n'est à comprendre

1. *Phäno.*, tr. I, p. 165. Note d'Hyppolite.

comme « un mauvais moment à passer». C'est peut-être à travers les outrances exégétiques de la *Philosophie de la Religion* que ce thème apparaît le plus clairement. Ainsi, en revenant sur la parole de Schiller qui clôt la *Phénoménologie* (« Du calice de ce royaume des esprits – Écume vers Dieu son infinité »), Hegel écrit :

> « La douleur qu'éprouve le fini dans cette suppression de soi ne meurtrit pas (*schmerzt nicht*), puisqu'il se transforme par là même en un moment dans le procès du divin 'Pourquoi devrait-il nous tourmenter, ce tourment qui accroît notre plaisir ? » [1].

Dans le « procès du divin », la pire scission n'est le signe d'aucun « préjudice (*Eintrag*) » – non parce qu'elle ne serait qu'apparence vite dissipée, mais parce qu'elle est, d'emblée et *comme telle*, normalisée. Comment comprendre ce court-circuit téléologique, cette coïncidence de principe entre maladie et santé, souffrance et bonheur ? Ce n'est certainement pas un mécanisme de consolation qui est évoqué : il n'y a consolation que relativement à un mal avoué comme mal – et ce qu'il s'agit de comprendre, c'est l'irréalisation du Mal. *Qui* est en mesure d'irréaliser le Mal ? Non pas celui qui s'y résigne, ou qui cherche à l'éviter, ou qui entend le « justifier » – mais celui qui *s'y adapte* – en sujet politique, et non en solitaire – pour avoir compris que ce Mal était formateur de sujets qui apprennent à se faire souffrir (se sacrifier, s'abstenir). À partir de là, le court-circuit est possible : le mal que *nous* avons souffert, le mal que *nous* nous infligeons, *c'est* notre sécurité. Et cette garantie d'un bonheur entendu comme sécurité, il est difficile au lecteur de Hegel de la dissocier de l'accès à l'Universel – et de ne pas trouver exemplaire la fin de l'histoire de Job :

> « Cette soumission aux décrets de Dieu est le dernier mot. D'un côté, il y a l'exigence du bonheur pour le juste ; mais, de l'autre côté, l'insatisfaction même doit s'effacer. Ce désistement, cette reconnaissance de la puissance de Dieu rend à Job sa fortune et son bonheur d'antan ; le rétablissement de son bonheur suit cette reconnaisance. Toutefois, le fini ne doit pas revendiquer de la puissance divine ce bonheur comme un droit » [2].

Reportez-vous maintenant à l'éloge de l'agriculture, dans la *Philosophie du Droit* : avec l'agriculture, prennent fin la cueillette et les pérégrinations de peuplades errantes ; vivre n'est plus voyager ; « *bei ich* » prend enfin un sens ; l'État peut naître, et avec lui l'Histoire...

1. *Enzyklo.* § 428, Zus. X, 279.
2. *Ph. Religion* XVI, 67.

Bref, la civilisation l'emporte sur l'assouvissement au jour le jour du désir.

> « La vie du sauvage qui cherche sa subsistance en errant est ramenée à la *tranquillité* du droit privé et à la *sécurité* de la satisfaction des besoins... La garantie, l'affermissement, la stabilité de la satisfaction des besoins... Tout ce par quoi ces institutions se recommandent en premier lieu ne sont que des formes de l'Universel, des formations en lesquelles s'affirment la rationalité, la fin dernière absolue... ».

Outre l'ordre et la stabilité, par quoi encore l'universel se recommande-t-il ? Hegel mentionne l'avènement de la propriété privée, « la restriction de la vie sexuelle au mariage », « la prévoyance de l'avenir ». Respect de l'ordre, régulation du désir, épargne : on aura reconnu les vertus qui monnayent l'abstinence à laquelle fut entraîné le Serviteur, et dont la diffusion garantit au propriétaire qu'il n'a rien à redouter pour son bien, que le besoin de chacun peut être satisfait sans crainte à l'intérieur de la société civile. Le sentiment d'appartenir à l'universel est-il dissociable de cet apaisement ? Et cet apaisement, de la grande soumission qui va de soi pour ceux qui ont reconnu à tout jamais la néantité du fini ? C'est d'un *Soi* historiquement et sociologiquement très déterminé que le « travail » tel que le pense Hegel est dit être « *Selbst*tätigkeit ». Ce n'est pas n'importe quel *type* d'« homme » qui, par la vertu du travail, est « confirmé comme être générique conscient », pour parler le langage du jeune Marx. Le discours socialiste qui se référa à Hegel ne prêta guère attention à ce *marquage* préalable. Or cette absence d'intérêt ne trahit-elle pas qu'il risque bien d'avoir hérité de Hegel l'idéal de *normalité* qui était le sien, et que lui aussi, par conséquent, ne demande qu'à coopérer à la formation de « l'homme de troupeau » ? Et l'on pourrait dès lors se demander si, en faisant de la dialectique du Maître et du Serviteur le modèle d'une révolution libératrice, on ne prolonge pas en fait le sourd travail de la « moralisation ». S'il en était ainsi, le rejet de l'« idéalisme hégélien » ne serait nullement incompatible avec une allégeance profonde à Hegel, et avec un hommage involontaire à son génie.

Gérard LEBRUN
Université d'Aix en Provence

HEGEL AVEC LACAN

Pour évoquer un monde enfin libéré de toute hypocrisie, où l'on est forcé de regarder les choses en face, on cite volontiers en exemple le petit garçon du conte d'Andersen qui constate avec une innocence désarmante la nudité impériale. Mais ce que l'on passe alors sous silence, ce sont les conséquences d'un tel geste de libération, catastrophiques pour son environnement, pour le réseau intersubjectif dans lequel il s'inscrit. Celui qui dit tout haut que l'empereur n'a pas sur lui le moindre vêtement n'a que l'intention de se débarrasser d'une hypocrisie et de faux-semblants inutiles. Or, une fois qu'il l'a fait, il s'aperçoit soudain – mais trop tard – qu'il a obtenu bien plus que ce à quoi il s'attendait, que la communauté même dont il était membre s'est désintégrée. C'est sans doute pourquoi, avec le temps, on a cessé de valoriser ce geste enfantin pour l'envisager plutôt comme l'attitude typique du bavard innocent qui, en laissant maladroitement échapper ce qui a dû être tu pour que le réseau intersubjectif existant demeure consistant, déclenche, à son insu et sans l'avoir voulu, la catastrophe. Le petit chef-d'œuvre de Ring Lardner, *Who dealt ?* (*Qui a fait la donne ?*), raconte l'histoire d'un tel bavard. L'intrigue n'a en soi rien de particulier : deux couples amis – la narratrice et son mari Tom, et Helen et Arthur – passent une soirée à jouer au bridge. La narratrice, tout récemment mariée à Tom, ne sait rien du traumatisme qu'il a subi : des années auparavant, Helen et lui ont été passionnément amoureux, puis ils ont rompu, à cause d'un malentendu insignifiant. Brisée, misérable, Helen a épousé son fidèle ami Arthur, tandis que Tom s'efforçait d'échapper au désespoir en écrivant des poèmes qui racontaient en la voilant l'histoire de son amour perdu. La narratrice a découvert dans les papiers de Tom ce témoignage de ses efforts poétiques. Inconsciente de leur impact sur son entourage, elle les récite au cours de la partie de bridge pour distraire la compagnie. L'histoire se termine au moment précis où s'annonce la catastrophe, c'est-à-dire quand la narratrice se rend compte qu'elle est en train de dire quelque chose de terrible... (L'interprétation paranoïaque du récit voudrait bien évidemment que la narratrice ait joué exprès la bavarde innocente qui détruit la vie de ses compagnons afin de se venger de ce que son mari n'éprouve pas pour elle un amour véritable).

Rien de spécial, donc. L'effet de l'histoire repose exclusivement sur sa perspective narrative. Elle est toute entière écrite comme le monologue de la narratrice, tandis que son bavardage confus accompagne la partie de bridge – nous sommes strictement limités à ce qu'elle dit et voit. Lardner aurait pu facilement écrire la même histoire racontée par un autre protagoniste, par exemple le mari, Tom, tremblant d'angoisse à la vue de sa babillante épouse approchant le « gouffre du danger». Il a eu la sagesse de préférer le point de vue de la personne qui, à son insu, agit comme la cause de la catastrophe. Au lieu de présenter directement cette catastrophe, il l'évoque « hors champ » (pour le dire en termes cinématographiques), c'est-à-dire telle qu'elle se reflète sur le visage de sa cause. C'est en quoi consiste sa maîtrise narrative : bien que strictement limités au point de vue de l'innocent bavard, nous – lecteurs – occupons en même temps la position de l'« homme qui en savait trop» hitchcockien, de celui qui sait que les paroles du bavard s'inscrivent dans un cadre où elles impliquent la catastrophe. Notre horreur est strictement codépendante du fait que notre perspective est radicalement limitée à celle de l'ignorante qui, jusqu'à la toute fin, n'a aucun pressentiment de l'effet de ses paroles. C'est ce qu'entend Lacan quand il affirme que le sujet du signifiant est constitutivement divisé. Le sujet parlant est divisé entre l'ignorance de son expérience imaginaire (la narratrice imagine qu'elle ne tient que de légers propos de table) et le poids que prennent ses paroles dans le champ de l'Autre, c'est-à-dire la façon dont elles affectent le réseau intersubjectif – la « vérité» d'un bavardage innocent peut parfaitement être une catastrophe intersubjective. Ce qu'indique Lacan, c'est simplement que ces deux niveaux ne coïncident jamais complètement : le vide qui les sépare est constitutif. Le sujet, par définition, ne peut maîtriser l'effet de son discours puisque c'est l'Autre qui en a la charge.

Cette limitation au point de vue de la narratrice comme celui de la cause de la catastrophe implique la structure de la double réflexion en miroir. Notre regard n'est pas borné à la façon dont ses paroles se reflètent dans les yeux de ceux qu'elles affectent, mais bien plus radicalement, il s'étend à la façon dont l'effet – c'est-à-dire le reflet – de ses paroles sur l'environnement se reflète sur elle en retour. Et cette double réflexion produit un point symbolique dont la nature est purement virtuelle : ce n'est ni ce que je vois dans l'immédiat (la « réalité » elle-même) ni la façon dont les autres me voient (l'image « réelle » inversée de la réalité) mais la façon dont je vois les autres me voir. Si l'on n'ajoute pas ce troisième point, purement virtuel, de l'idéal du moi, il est tout-à-fait impossible de comprendre comment la représentation inversée de notre monde « normal » peut fonctionner comme un refus ironique de l'inversion propre à notre monde « normal » lui-même, c'est-à-dire comment la description d'un monde étrange, opposé au nôtre, peut faire surgir une étrangeté radicale de notre monde « normal ». La clé de l'efficacité du récit de Lardner est qu'au moyen de cette double réflexion en miroir, nous – ses lecteurs – sommes mis dans la position du moi idéal de la narratrice : nous sommes en mesure de situer son bavardage infatué dans son contexte intersubjectif, et donc de relever ses effets catastrophiques. En termes hégéliens : nous, les lecteurs, sommes ses « en soi ou pour nous ».

Le théâtre hystérique de Hegel

C'est la structure de cette double réflexion en miroir qui nous permet de dire avec Lacan que Hegel est « le plus sublime des hystériques ». La forme élémentaire de l'hystérie, l'hystérie par excellence, est l'hystérie dite « de conversion » (*Konversionhysterie*), où le sujet « donne corps » à l'impasse qui est la sienne, au noyau dur qu'il est incapable de traduire dans des mots, au moyen d'un symptôme hystérique, d'une anormalité d'une part de ses fonctions corporelles (il commence à tousser sans raison physique apparente ; il répète compulsivement un geste ; son bras, sa jambe se tétanisent sans qu'on puisse y déceler le moindre problème médical ; etc.). C'est dans ce sens précis que l'on parle de conversion hystérique : le noyau traumatique non formulé est « converti » en un symptôme physique, c'est-à-dire que le contenu psychique qui ne peut pas se signifier dans le langage courant se fait entendre, sous une forme distordue, dans le « langage du corps ». Avec cette brève description, on peut déjà deviner où se trouve le lien avec Hegel : une conversion semblable est ce qui définit les « figures de conscience » dans la *Phénoménologie de l'esprit*. « Suzeraineté et esclavage », « conscience malheureuse », « loi du cœur », « liberté absolue » ne sont pas de simples positions théoriques, ce qu'elles nomment est toujours aussi une sorte de « dramatisation existentielle » d'une position théorique qui produit un certain surplus. Et cette « dramatisation » permet de faire le lien avec la position théorique, car elle met en relief ses présupposés implicites. En effet, en « dramatisant » sa position, le sujet rend manifeste ce qui en elle reste non dit, ce qui doit être tu pour que cette position reste consistante. Autrement dit, la « dramatisation » reflète les conditions d'une position théorique qui échappent au sujet qui prend cette position. La « figure de conscience » implique une sorte de théâtre hystérique. On peut d'ores et déjà voir comment la logique de cette dramatisation subvertit le rapport idéaliste classique entre la notion théorique et son exemplification. Loin de réduire l'exemplification à une illustration imparfaite de l'Idée, la mise-en-scène produit des « exemples » qui, paradoxalement, subvertissent l'Idée même qu'ils exemplifient – ou bien, comme l'aurait dit Hegel, l'imperfection de l'exemple en regard de l'Idée est un index de l'imperfection propre à l'Idée elle-même.

Nous sommes ici, littéralement, en présence d'une « conversion » : figuration (*acting out*) d'une impasse théorique, en même temps qu'inversion, rendue au mieux par l'une des figures rhétoriques constantes de Hegel. Lorsque par exemple, il traite de la position ascétique, il dit que l'ascète convertit le déni du corps en un déni incarné. Ici, il faut se garder de prendre cette inversion pour un simple reflet en miroir qui renverrait les éléments dans les limites de la même configuration. Le point essentiel est que la conversion hégélienne est « médiatisée » par une impossibilité – puisque l'ascète est incapable de dénier le corps (ce qui signifierait tout simplement la mort), la seule chose qu'il lui reste à faire est d'incarner le déni même, c'est-à-dire d'organiser la vie de son corps comme un vivant désaveu, une renonciation incarnée. Sa propre pratique subvertit dès lors la position théorique qui veut que la vie terrestre du corps soit inutile et impuissante. Il ne s'occupe que de son corps, ne cesse d'inventer de nouveaux moyens de le mortifier et de le pacifier, au lieu de lui témoigner une indifférence distante. Le passage d'une « figure de conscience » à une autre a lieu quand le sujet prend conscience de ce vide qui sépare son « énoncé » (sa position théorique) de sa position d'énonciation et assume en conséquence, comme sa nouvelle position théorique explicite, *ce qu'auparavant il mettait en scène à son insu.* Chaque « figure de conscience » met en scène pour ainsi dire d'avance ce qui deviendra la nouvelle position théorique. Et qu'est-ce que l'hystérie ? – sinon la mise-en-scène corporelle de la même figure rhétorique mobilisée dans toute la *Phénoménologie*. Selon Lacan, l'expérience fondamentale de l'homme en tant qu'être de langage est que son désir est empêché, constitutivement insatisfait – il « ne sait pas ce qu'il veut vraiment ». Et ce qu'accomplit la conversion hystérique est précisément une inversion de cet empêchement : avec elle, le désir empêché se convertit en désir d'empêchement. Le désir insatisfait se convertit en désir d'insatisfaction, c'est-à-dire en désir de garder le désir « ouvert ». Le fait que je ne sache pas ce que je veux vraiment, c'est-à-dire que je ne sache pas que désirer, se convertit en un désir de ne pas savoir, en un désir d'ignorance. C'est en quoi consiste le paradoxe fondamental du désir de l'hystérique : *ce qu'il désire par-dessus tout est que son désir même reste insatisfait, caché, autrement dit vivant comme désir*. Lacan en fait une brillante démonstration à propos du rêve dit « de la belle bouchère ». Pour lancer un défi à Freud, à sa théorie du rêve comme réalisation d'un désir, elle lui rapporte un songe où le souhait n'est pas accompli. La solution de cette énigme est bien sûr que son vrai désir était précisément que son trop complaisant mari, pour une fois, ne satisfasse pas son caprice, laissant ainsi son désir ouvert et vivant. Cette conversion confirme la nature « réflexive » du désir : le désir est toujours aussi un désir du désir lui-même, un désir de désirer ou de ne pas désirer quelque chose.

Le « sacrifice du sacrifice »

Cette inversion réflexive (pour Hegel, cette « négation de la négation ») détermine également la notion freudienne essentielle de *Versagung*. Approchons-la par la notion idéologique courante de l'homme divisé entre son travail et sa femme. Nous en avons une excellente illustration avec *Rhapsodie* (Charles Vidor, 1954), mélodrame qui raconte l'histoire d'une riche jeune fille (Elizabeth Taylor) qui balance entre ses deux amours : un violoniste arrogant et un pianiste trop sensible. Elle quitte le violoniste quand il lui fait savoir que c'est sa carrière de virtuose qui compte avant tout pour lui et qu'elle devra se soumettre aux exigences qu'elle impose. Elle méprise le pianiste qu'elle a ensuite épousé pour se venger et le pousse au bord de la dépression, précisément parce qu'il néglige sa carrière à cause de son aveugle dévotion pour elle. Elle ne revient à lui que lorsqu'il lui a démontré qu'il est capable de vivre sans elle (son premier concert est un grand succès, bien qu'elle lui ait annoncé juste avant qu'elle le quittait pour de bon). C'est donc là « ce que veut une femme » (dans sa logique fantasmatique) : ni un homme qui tienne plus à son travail qu'à elle, ni un homme qui néglige son travail à cause d'elle, mais un homme pour qui elle compte le plus, plus que son travail, mais qui cependant est prêt à la sacrifier pour ses obligations professionnelles. Si pauvrement mélodramatique qu'il paraisse, un tel acte de renoncement est éminemment moderne : il implique une division entre le devoir (la responsabilité envers un métier) et le Bien suprême (la femme aimée) – qui définit le sujet moderne. C'est-à-dire que le renoncement opéré par le pianiste a la structure de ce que Freud appelle la *Versagung*. Comme l'indique Lacan, cette *Versagung* n'est pas une simple « frustration » mais une abjuration qui annonce une dimension tragique bien plus dévastatrice que l'*ατη* antique.

La tragédie antique en effet, a lieu sur fond de Destin, elle se produit sous la forme d'une « malédiction familiale », c'est-à-dire d'une dette symbolique qui, après une infraction initiale à la loi, se transmet de génération en génération. Œdipe, Etéocle et Polynice, Antigone, etc. ne sont rien d'autre que des chaînons dans la chaîne de la malédiction familiale des Labdacides. Ce Destin opère inconsciemment, comme une force aveugle, impulsive : le seul moyen pour les individus de préserver leur dignité est d'assumer sans réserve la place qui leur est assignée dans cette succession. Nous sommes ici en présence de la dimension de l'« aliénation » du sujet dans le signifiant : sans avoir commis aucune faute et sans le savoir, le sujet a contracté une dette qui pèse sur lui et dessine son Destin. Existe-t-il en vérité quelque chose de plus horrible ? La réponse de Lacan est : oui, la tragédie du sujet moderne, de l'homme des « temps nouveaux ». Son présupposé est le principe chrétien du monde : l'issue finale de son accomplissement est que la machinerie obscure, « souterraine », aveugle du Destin antique est dévoilée, déterrée, portée au grand jour.

Ce que Lacan a ici à l'esprit est que le christianisme est la religion de la Révélation. Comme l'indique Hegel, c'est en vain que l'on cherche dans le contenu révélé par le Christ des éléments nouveaux, qui ne soient pas déjà contenus dans la tradition religieuse antérieure – la seule chose « révélée » est en dernier ressort la nécessité de la révélation elle-même. Toute religion prétend révéler à l'humanité la vérité divine. Cependant, seul le christianisme répudie l'idée de quelque Vérité transcendante qui serait à révéler – en lui, la vérité révélée coïncide avec l'acte de révélation. On serait tenté de concevoir ironiquement la révélation chrétienne comme la première formulation de la maxime freudienne *Wo es war, soll ich werden* – là où c'était (Dieu-le-Père, qui appartenait encore au réel), je (le Christ) dois advenir… En un sens, Dieu aura été : il doit se révéler pour devenir Dieu. Hegel est par conséquent justifié à dire que paradoxalement, ce qui expire sur la croix n'est pas une incarnation éphémère, transitoire de Dieu, mais le dieu d'au-delà lui-même, c'est-à-dire la notion de dieu en tant qu'entité inaccessible, transcendante, non révélée – autrement dit le dieu qui appartient au réel, le dieu antique. Dans le christianisme, Dieu cesse d'être une entité transcendante qui s'incarne dans une figure humaine finie, il devient le nom de ce mouvement d'incarnation-révélation lui-même : son existence est purement « performative », un effet de sa propre Révélation dans le monde.

Dès lors, c'est-à-dire une fois le Destin transformé en un monde révélé, la possibilité est ouverte au sujet de prendre une distance « réfléchie » avec le Destin, de refuser la place qui lui est assignée sur la carte du Destin. Et selon Lacan, c'est en dernier ressort ce que désigne la *Versagung* freudienne : par elle, le sujet renonce au mandat symbolique pour lequel il était prêt à tout risquer. C'est en quoi consiste la culpabilité constitutive, fondamentale qu'attestent les symptômes névrotiques, qui appartiennent à l'être même de ce que nous appelons l'« homme moderne ». Le fait que finalement, il n'y ait aucun agent aux yeux de qui il puisse être coupable pèse sur lui comme une culpabilité décuplée. La « mort de Dieu » – autre nom de ce retrait du Destin – fait notre culpabilité absolue. Ce qu'affirme ici Lacan paraît évident, résonne comme un lieu commun philosophique : par la distance réflexive prise avec le contenu substantiel, le sujet moderne se dégage des contraintes du destin. Contrairement à l'individu traditionnel, totalement déterminé par le cycle aveugle du destin, il « réfléchit », met en lumière les présupposés implicites qui dessinent à son insu les contours de sa vie – motif que font varier tous les tenants de la modernité jusqu'à Habermas. Cependant, cette évidence est profondément trompeuse : ce que Lacan rend visible, c'est un renoncement radical, redoublé, autoréférent, avec lequel émerge la dimension de la subjectivité. Le premier niveau est le pacte symbolique : le sujet identifie le noyau de son être à un trait symbolique auquel il est prêt à soumettre sa vie entière, pour lequel il est prêt à tout sacrifier. C'est l'aliénation au mandat symbolique. Le second niveau consiste dans le sacrifice de ce sacrifice même : au sens le plus radical, le sujet rompt son engagement, il renonce à l'alliance symbolique qui faisait le noyau même de son être – et l'abîme, le vide où il se trouve alors est ce qu'on appelle la « subjectivité des temps modernes ». Ce vide ne s'ouvre que dans la mesure où le sujet a d'abord soumis toute la richesse de son être à l'obligation symbolique qu'affecte la *Versagung*. Autrement dit, sa « trahison » ne compte que dans la mesure où il renonce à l'objet de son amour le plus profond, de sa dévotion la plus totale. Sinon, son acte de sacrifice n'est pas le « sacrifice du sacrifice », mais rétablit simplement la domination des plaisirs « pathologiques » auxquels il n'était pas prêt à renoncer, qu'il n'était pas prêt à sacrifier pour remplir son obligation symbolique.

Les monstrueux procès staliniens sont l'exemple le plus probant de ce sacrifice. L'accusé s'y trouve dans un vide absolu, puisqu'il est forcé d'authentifier sa dévotion à la Cause communiste en confessant sa trahison. En ce sens, on pourrait dire que cet accusé qui avoue avoir trahi la Cause communiste est le sujet cartésien dans toute sa pureté : à l'ère de la modernité, sa vérité vient au jour, réduite à ce qui en est l'essentiel. Il faut dire que la thèse de Lacan est ici très précise : le sujet cartésien, ce vide sans substance du pur *cogito*, se constitue d'une si épouvantable « trahison ». En effet, c'est la métaphore paternelle, le Nom-du-père qui détermine la place du sujet dans le réseau symbolique. Par conséquent, la forme la plus élémentaire de la *Versagung* est la « trahison du père » – une rétractation du pacte symbolique, de l'alliance la plus fondamentale qui nous lie au Nom-du-père. Le sujet de la psychanalyse, comme le dit Lacan, est bien le sujet cartésien.

La Versagung, *la castration, l'aliénation*

Le terme psychanalytique qui désigne cette *Versagung*, la perte de la Chose, est bien évidemment celui de « castration symbolique ». Cependant, afin d'éviter les malentendus qui font florès même chez les auteurs qui se disent lacaniens, il est essentiel de garder à l'esprit la structure « autoréflexive » plus haut décrite. La « castration » est toujours un « renoncement au renoncement », c'est-à-dire la réflexion sur soi d'un renoncement, jamais un simple renoncement à quelque chose. On trouve la définition la plus succincte de la castration dans le séminaire de Lacan sur *le Transfert*, vers la fin de son interprétation de la trilogie claudélienne des Coûfontaine : « La castration, c'est, en somme, fabriqué comme ça – on soustrait à quelqu'un son désir et, en échange, c'est lui qu'on donne à quelqu'un d'autre – dans l'occasion, à l'ordre social »[1]. Quelques lignes plus bas, il en donne une autre formulation : « On retire au sujet son désir et, en échange, on l'envoie sur le marché, où il passe dans l'encan général »[2]. Et au bas de la même page, il le formule une troisième fois, de manière plus générale : « Les effets sur l'homme du fait qu'il devient sujet de la loi ne se résument pas à ceci, que tout ce qui est du cœur de soi lui est retiré, et que lui-même soit donné en échange au train-train de la trame qui noue entre elles les générations »[3].

Il faudrait interpréter l'enchaînement de ces trois formulations comme une triade hégélienne. Ce qui change, de la première à la

1. Jacques LACAN, *le Séminaire*, livre VIII, *le Transfert*, Paris, Seuil, 1991, p. 380.
2. *Ibid.*
3. *Ibid.*, p. 380-381.

deuxième formulation, c'est la nature de l'ordre auquel le sujet est livré : de l'ordre social en général, suggérant l'édifice complexe des relations de domination et d'interdépendance, on passe au marché, ce grand niveleur dans lequel toutes les différences de statut social sont effacées. Par contre, la nature de ce qui est retiré au sujet reste la même : son désir. Dans la troisième formulation, on revient à la première quant à la nature de l'ordre auquel le sujet est livré : la trame des générations, c'est-à-dire le réseau complexe des interdépendances, tandis que ce qu'on soustrait au sujet change radicalement – ce n'est plus son désir, mais « tout ce qui est du cœur de soi », l'objet *a*. Le contraste de cette troisième formulation avec les deux premières tient à ce que, ici, le désir, loin d'être soustrait au sujet par l'acte d'échange, est plutôt « gagné » : ce n'est que pour autant que « tout ce qui est au cœur de soi » m'est retiré que je me constitue dans ma capacité de sujet désirant.

La première chose qui saute aux yeux est l'asymétrie d'un tel échange, c'est-à-dire, comme le dit Lacan, « la curieuse conjugaison d'un moins qui ne se redouble pas d'un plus » [1]. Autrement dit, si l'on définit la « castration » comme un acte d'échange, on s'attendrait à ce que le sujet obtienne quelque chose en échange de son renoncement (progrès culturel, reconnaissance symbolique, biens matériels...). Or, tout ce qu'il gagne en contrepartie de ce curieux acte d'échange, c'est une perte supplémentaire. En remerciement de son offrande de « tout », du sacrifice qu'il fait du noyau de son être, de l'objet qui est en lui, de ce qui est « en lui plus que lui », le sujet se voit transformé en objet, devient un objet d'échange. Une telle formulation, qui définit l'objet du sacrifice comme objet *a*, objet dans le sujet, trésor caché, *agalma* qui confère au sujet sa dignité, éclaire un peu le sens où la castration, après tout, est un acte d'échange, d'échange d'un objet pour un autre – en échange de l'objet perdu, cause du désir, le sujet lui-même devient objet.

On peut également définir ce renversement au moyen de la distinction entre le génitif subjectif et le génitif objectif, comme un renversement du désir de l'Autre au sens de ce que l'Autre désire, en désir de l'Autre au sens du désir pour l'Autre, c'est-à-dire de l'Autre comme objet du désir [2]. L'énigme propre du statut même du sujet du désir est le fameux *Che vuoi ?* – que veut l'Autre de moi ? Que voit-il en moi qui cause son désir ? Quel est cet X, cet objet-trésor qui fait de moi un objet du désir de l'Autre ? La seule façon pour moi de sortir de

1. *Ibid.*, p. 381.
2. *Ibid.*, p. 314-315.

cette impasse est de m'offrir à l'Autre comme objet de son désir. Comme l'affirme Lacan, dans l'amour, le sujet « donne ce qu'il n'a pas », l'objet *a*, le trésor caché qui est « ce qui est en lui plus que lui ». De cette façon, simultanément, je « retourne mon amour » à l'Autre, c'est-à-dire que je définis mon désir comme désir pour l'Autre – j'en fais l'objet de mon désir pour éviter l'abîme de son désir. C'est par définition ce que le psychanalyste ne doit pas faire. Il lui faut à tout prix laisser ouvert l'abîme du *Che vuoi ?*, il ne doit jamais rendre l'amour (de transfert) à l'analysant. Ainsi l'ambiguïté des génitifs subjectif et objectif nous permet-elle de produire l'antinomie du savoir et de l'être qui appartient en propre à la notion de transfert. Dans le transfert, le psychanalyste fonctionne comme sujet supposé savoir, il est censé connaître la vérité du désir de l'analysant ; cependant, il est simultanément l'objet du désir de l'analysant, l'incarnation de l'objet *a*, celui qui possède ce « je ne sais quoi » qui déclenche l'amour de transfert. Bien qu'en 1961, Lacan ne disposât pas encore de la notion de « sujet supposé savoir », il était déjà en mesure de proposer les termes de cette antinomie : « C'est à la place même où nous sommes supposés savoir que nous sommes appelés à être, et à n'être rien de plus, rien d'autre, que la présence réelle, et justement en tant qu'elle est inconsciente »[1]. La seule façon pour le psychanalyste d'atteindre le mystère du désir de l'Autre (analysant) est d'occuper – provisoirement, le temps du transfert – la place de l'objet *a*, d'incarner l'objet cause du désir. Autrement dit, le chemin de la vérité du désir de l'Autre passe par l'illusion transférentielle où l'analyste incarne l'objet du désir de l'Autre.

À cet égard, la position du pervers est étrangement proche de celle du psychanalyste : seule une ligne fine, presque invisible, les sépare. Ce n'est pas par hasard si le niveau supérieur du mathème lacanien du discours de l'analyste reproduit la formule de la perversion (*a* -> $). À cause de sa passivité, le psychanalyste fonctionne comme objet *a* pour l'analysant, comme la trame de son fantasme, comme l'écran vierge sur lequel projeter ses fantasmes. C'est aussi pourquoi la formule de la perversion est l'envers de celle du fantasme ($ <> *a*). Le fantasme dernier du pervers est d'être le parfait serviteur du fantasme de l'autre (son partenaire), de s'offrir comme instrument de la volonté de jouissance de l'autre (comme Don Juan par exemple, qui séduit les femmes en réalisant un à un le fantasme particulier de chacune d'elles. Lacan avait tout à fait raison d'affirmer que Don Juan est un mythe

1. *Ibid.*, p. 315.

féminin). Toute la différence entre le pervers et le psychanalyste repose sur une certaine limite invisible, sur un certain « rien » qui les sépare : *le pervers consolide le fantasme du sujet, tandis que le psychanalyste l'incite à le « traverser »,* à prendre avec lui un minimum de distance, en rendant visible le vide (le manque de l'Autre) recouvert par le scénario fantasmatique.

On voit maintenant pourquoi la castration est symbolique : par elle, le sujet échange son être (un objet) pour une place dans l'échange symbolique, pour un signifiant qui le représente. Conçue de cette manière, la castration est strictement homologue à l'aliénation – non seulement au sens lacanien d'aliénation dans l'ordre symbolique, mais aussi au sens marxiste de l'aliénation propre au statut du prolétaire. Un prolétaire est privé du noyau même de son être, de sa production, de la plus-value qui en résulte (on sait que Lacan a modelé le terme de plus-de-jouir, surplus de jouissance, sur la plus-value de Marx), et en échange, il obtient quoi ? – d'être lui-même réduit à la force de travail, à un objet-marchandise échangeable que l'on peut mettre sur le marché. À qui connaît le structuralisme, il n'est pas difficile de découvrir l'homologie entre ce paradoxe de la « castration » et la formule élémentaire de transformation des mythes que propose Claude Lévi-Strauss : les deux agents-sujets n'échangent pas seulement un objet, l'un d'entre eux est lui-même échangé, c'est-à-dire qu'il passe du statut de sujet à celui d'objet. Dans l'acte de la « castration », le sujet offre tout à l'Autre, et en échange, il est lui-même échangé-offert. En termes hégéliens, c'est comme si l'échange, par une sorte de « réflexion-en-soi », rendait échangeable le sujet même de l'échange. C'est le cas du prolétaire : le prolétaire désigne le moment de « réflexion-en-soi » de la société de marché, le moment où le sujet de l'échange met sur le marché non seulement un objet (son produit-marchandise) mais lui-même comme marchandise. L'analyse dialectique considère une telle inversion réflexive comme la conséquence nécessaire de l'universalisation de la fonction-échange : dès que l'échange des marchandises devient universel et prédominant, la force de travail elle-même apparaît sur le marché comme une marchandise. Un exemple encore plus fondamental de cette inversion du sujet en objet d'échange est bien entendu le statut des femmes dans l'ordre symbolique (patriarcal) : selon Lévi-Strauss, le fait qu'elles soient réduites à des objets d'échange entre les hommes (à l'un des trois types d'« objets » qui s'échangent : les femmes, les mots, les biens matériels) appartient en propre à la notion d'ordre symbolique. Si l'on se souvient que pour un être humain, « devenir un objet d'échange » implique la structure de la *Versagung* plus haut décrite, où en échange du sacrifice de son être, le sujet est réduit à un objet d'échange, la thèse lacanienne selon laquelle la femme incarne la castration apparaît sous un jour nouveau : que la femme soit réduite à un objet d'échange veut dire que la femme – pas l'homme – est le sujet dans toute sa pureté, c'est-à-dire le *cogito* cartésien en tant que vide, vidé par la *Versagung*. Autrement dit, les hommes possèdent et échangent des objets, alors que seules les femmes désignent le point où l'échange (c'est-à-dire la relation extérieure entre le sujet et l'objet d'échange) est « réfléchi en lui-même », mené au point de son autoréférence, en sorte que le sujet de l'échange, pour ainsi dire, « s'échange lui-même » et devient l'objet de l'échange. C'est en quoi la femme est le « symptôme de l'homme », de l'homme en tant que sujet cartésien : elle désigne le « retour » de ce qu'il a « refoulé », c'est-à-dire qu'elle incarne ce que le sujet mâle cartésien, celui qui tente sans cesse de se saisir lui-même, est appelé à « refouler », nommément la *Versagung* qui est l'envers caché de sa liberté.

La conclusion à tirer de cette homologie entre la matrice hégélienne de la « négation de la négation » et la notion lacanienne de castration, n'est-elle pas que le savoir absolu de Hegel implique un geste de *Versagung* et comme tel annonce, paradoxalement, la conception lacanienne de la fin de la cure ?

Slavoj ZIZEK
Chercheur, Lubljana (Slovénie)

LA LOI DANS L'ŒIL
(NOTES SUR HEGEL ET LE JUDAÏSME)

Hegel a commis un texte intitulé « l'esprit du judaïsme » en introduction d'un texte plus long sur *L'Esprit du christianisme et son destin,* en guise d'avant-propos préparant le propos ou de montage avant le surmontement. Malgré le titre, il y est beaucoup question du défaut d'esprit judaïque, la manière dont le judaïsme manque l'esprit, le rate ou le croise sans le rencontrer. Abraham – père du peuple – donne l'envoi du destin juif sous forme de ruptures et de ficelages, de séparations et de ligatures. Il renonce à l'amour en ligotant son fils pour le bûcher et il renonce à lui-même en renonçant au monde – tirant le trait sans franchissement possible de la déchirure absolue, l'opposition vicieuse où tout se morfond dans la douleur et l'isolat. En même temps qu'Abraham tend l'oreille aux voix de l'Infini, il devient sourd à tous les chants du monde, toutes les interpellations du cœur et le murmure de la beauté. Abraham a divisé le corps de son fils par des renfoncements de cordes, il a coupé les flux du sang et les liens de l'amour, il a sectionné sa progéniture dans l'organe le plus fécond – l'opérateur des passes génitales et du dépassement généreux. En conséquence, le peuple juif ne sait plus subsister que dans cette même solitude, et de son destin ne peut sortir qu'un holocauste lancinant proportionnel à la puissance infinie qu'il s'est mise à dos.

Une fois définis la formule ou le chiffre, l'histoire n'est plus rien qu'une triste redondance – le développement extensif et exténuant des périples n'officiant que comme courbe ou portrait de la fonction. La tradition rapporte qu'Abraham enfant renverse les idoles dans la boutique de son père Tèrah, mais il les renverse pour les relever aussitôt, il reprend à son compte leur passivité et en affecte son propre caractère. Bien qu'il s'oppose aux statues mortes, la forme de l'inanimé est conservée dans cette opposition ; il brise toutes les figures de pierre mais c'est pour réapparaître lui-même dans un être figé, opaque et sec. L'invention du Dieu vivant et infini se double d'une négligence des finités mondaines, la foi dans l'UN-Créateur libère un mépris de la nature et des créations éparses. Le juif devient par là un être vide, une coquille ou un creuset dans lequel ne retentissent que les échos du Maître sous les espèces de l'ordre et du rite, le commandement intraitable et impératif. Hélas, l'humain est un être conscient et c'est pourquoi même dans cette soumission extrême, le croyant demeure coupable ; il ne peut pas atteindre à cette innocence pure que Kleist savait réservée aux êtres sans conscience ou munis d'une conscience infinie – les pantins et les dieux.

Aux antipodes de cette piété ouvrière – bien que lui succédant et l'accomplissant – Jésus vient restaurer l'ordre du cœur. Par-delà le pacte et l'élection, il enseigne les impacts de l'amour, l'universalité du royaume de l'amour. L'alliance abrahamique prenait effet sur un infanticide possible, ordonné par Yahvé. L'événement christique, lui, commence sur un enfantement miraculeux et une divinisation du filial. C'est-à-dire l'apothéose du rapport au lieu du non-rapport judaïque – l'infini, le fini et leur médiation rétablis dans le même triangle, sains et saufs hors le climat polaire et les pôles en scission du judaïsme [1].

1. Certes, le Christ également finit dans l'immolation et le martyre. Seulement, c'est au terme du périple et quand toute la bonne nouvelle a déjà été dite. Les délais de la Rédemption appartiennent désormais au calcul, au temps objectif que nécessitent la circulation du message et l'unanime reconnaissance de sa validité. *Eli, Eli, Lama sabachtani* ? – voilà le dernier rébus du Fils, un début de formule en forme de Verbe ou de mot *croisé*. Chiasme de l'Ancien et du Nouveau – carrefour avec le 22e des psaumes attribués au Roi David :

« Eli, Eli, pourquoi m'as-tu abandonné, loin de mon salut
et des paroles de mon rugissement ?
Elohaï, je crie de jour, tu ne réponds pas ;
la nuit pas de silence en moi ! » (*Ps*. 22, 2-3).

En ce sens, plutôt qu'une supplication ultime et dépressive, une apostrophe bouleversante au plus sourd des Pères en signe avoué qui entérinerait la séparation et l'abîme juifs, c'est un mot d'ordre adressé à l'humanité actuelle et ses progénitures, une exhortation à lire d'un peu plus près et un psaume plus loin :

« Chant. De David.
IHVH est mon pâtre, je ne manque de rien.
Au gazon des oasis, il me fait reposer ;
il me dirige sur les eaux du repos.
Il restaure mon être et me mène aux rondes de justice,
à cause de son nom.
Oui, je vais aussi au val dombremort,
mais je ne frémis pas du mal, oui, tu es avec moi ;
ton sceptre, ta houlette me réconfortent.
Tu ranges en face de moi une table devant mes oppresseurs ;
tu parfumes ma tête d'huile, ma coupe est pleine.
Le bien, le chérissement me poursuivent tous les jours de ma vie ;

Hegel dégage sentencieusement la belle différence du christianisme par rapport au judaïsme, notamment la manière dont Jésus résout les impasses du double étagement, toutes les césures butées opposant chacun à sa conscience et la conscience à elle-même. Les juifs auraient déplacé tout l'Esprit dans l'inaccessible, ils auraient mis tout l'essentiel sous scellé afin de le dépêcher en Dieu – dans une instance transcendante, invisible et retirée. Reste pour eux la vanité d'être et la conscience de cette vanité, le tout comme un grand mal que tempère seule la plus stricte obéissance, la passivité pharisienne ou le sacrifice de l'âme. « Aux commandements qui exigeaient un simple culte du Seigneur, une servitude immédiate, une obéissance sans joie, sans plaisir ni amour, bref, aux commandements du service de Dieu, Jésus opposa ce qui leur est exactement contraire, une pulsion, voire même, un besoin de l'homme »[1]. Paradoxalement et malgré son mépris du monde, le judaïsme se confine dans une intervention obsessionnelle sur la sphère des objets et des corps. Sans doute afin de bloquer le mouvement profane de la nature – saisir le tournoiement du monde à tout moment parce que tous les moments sont impurs. Assaillir, ligoter, interrompre encore et remanier l'empirie entière – triturer l'ordre des choses jusqu'à ce qu'il se conforme à la volonté divine – Ordre des ordres.

La prescription juive a toujours la forme d'un arrêt ou d'une suspension : il y a toujours un cela qu'il faut faire avant le ceci ; toujours un segment dur à insérer dans l'élément mou de la pulsion. Le bégaiement de Moïse, par exemple, témoigne d'une obstruction dans la voix, une digue coupant les débits du parler. Comme si à l'intérieur de la bouche c'étaient des lettres mortes qu'il faut d'abord casser entre les dents avant de pouvoir les recracher morceau par morceau. Là encore, Jésus fait révolution, lui qui place « au-dessus de la pureté ou l'impureté d'un objet, la pureté ou l'impureté du cœur »[2].

Les juifs sont précisément ceux qui manquent de cœur, de battement et d'autonomie, tétanisés dans un infarctus perpétuel – le cœur à l'arrêt et la sensibilité sous arrestation. Hegel recrute dans la puissance symbolique des anecdotes pour appuyer davantage l'insatiable séche-

J'habite la maison de IHVH à longueurs de jours » (*Ps*. 23).

Préfiguration des Temps Accomplis dont Jésus ébruite l'imminence, nonobstant le fait qu'il s'éclipse à leur orée pour laisser aux soins de l'histoire la trame du dernier couplet. Sur les longueurs diurnes et propices de celui *qui habite en Dieu*, ne demeure plus la moindre trace des *nuits torturées sans silence*.

1. HEGEL, in « *L'Esprit du christianisme et son destin* » (désormais : *E.C.*), p. 70.

2. *E.C.*, p. 72.

resse du judaïsme : « Si aucune forme n'était offerte à la sensibilité, il fallait du moins donner à la méditation, à l'adoration d'un objet invisible une direction et une délimitation renfermant cet objet – Moïse les leur donna sous la forme du Saint des Saints du Tabernacle, et ultérieurement du Temple. Pompée fut saisi par la surprise quand il s'approcha du lieu le plus intérieur du Temple, au centre de l'adoration et, en lui, à la racine de l'esprit national, avec l'espoir de reconnaître l'âme vive de ce peuple exceptionnel en son centre et d'apercevoir un être offert à sa méditation, quelque chose qui fût plein de sens pour être proposé à son respect, et lorsqu'entrant dans le secret devant le spectacle ultime il se sentit mystifié et trouva ce qu'il cherchait dans un espace vide » [1].

Pompée violeur s'étonne d'emmancher un couloir déserté, un simple trou – rien ne venant s'offrir à son imagination conquérante. Le secret apparaît comme une sécrétion consommée. Le cœur juif est hors de ses gonds, aliéné et dépossédé, consumé comme tous les sacrifices dans la grande oblation. Plutôt qu'un foyer d'aspirations, il n'est lui-même que «*poussières et cendres*» nourrissant la besace du Grand Aspirateur. Le juif expulse son «propre» dans l'extériorité, au dehors. Il ne tient pas son équilibre de lui-même – tout comme Moïse obligé de *tenir* son discours à distance, dans la bouche d'Aaron – mais

1. *E.C.*, p. 57. Le néant ou le vide sont plastiques par essence. Il convient de noter que de cette plasticité Hegel use (abuse ?) en l'étirant en divers sens ou en lui donnant des consistances bien divergentes – selon les besoins de la cause. Tous les vides ne se valent pas, il en est de bons et de mauvais. Mauvais, le vide du Saint des Saints tel qu'il apparaît à Pompée est le signe de la stérilité mortifère du judaïsme, de son immobilisme irrémédiable. Mieux eût valu qu'il fût rempli de quelque « idole » – et si les Juifs ne pouvant désigner un tel remplissement que par ce terme péjoratif, ce n'est qu'à raison de leur impuissance à saisir l'immanence de l'infini au fini, « dans l'intuition de l'amour et dans la jouissance de la beauté » (*E.C.*, p. 57). Par contre, quand, au terme des Croisades, « la Chrétienté a trouvé le tombeau vide » (*Leçons sur la philosophie de l'histoire*, trad. Gibelin, Paris, Vrin, 1970, p. 303), il s'agit d'un vide roboratif, créatif, dialectique. Les Croisés y apprennent ceci : combien étions-nous encore idolâtres, nous qui pensions trouver « quelque chose » dans le Sépulcre, et que la terre était d'une autre espèce en Terre promise qu'en Europe ; l'union du temporel et de l'Éternel n'est au bout d'aucun voyage spatialement configuré, mais dans l'esprit de chacun : « Au Saint Sépulcre, l'Orient a pris de l'Occident un congé définitif, et appréhendé son principe de l'infinie liberté subjective » (*id.*, p. 304). C'est encore, dans la *Phénoménologie de l'Esprit*, un « bon » vide qui attend la conscience derrière le « rideau » qu'elle avait tendu entre l'Intérieur vrai des choses ou suprasensible et le phénomène : quand il s'avère que « derrière le rideau qui doit recouvrir l'Intérieur, il n'y a rien à voir » (*Phgie*, I, p. 140), sauf ce que nous y avons mis nous-même, c'est la mobilité de la « conscience de soi » qui succède à l'opposition statique du sujet et de l'objet qui caractérisait l'étape de la « conscience ».

se maintient à l'aide d'un bâton rigide, alternativement miraculeux et punitif.

Sans cet appui, sans ce *droit*, le juif s'effondre à terre, révélant son essence instable – virevolte ou illusion – que l'histoire se donne pour mission de pourfendre à raison d'une violence qui a toujours raison [1]. En somme, le juif ne *tient pas en place*, il est une fugue et une éternelle aspiration. C'est un être déjà tombé, depuis toujours. Déjà la tombe ou déjà jadis – *toujours-déjà-jamais*. Une éternelle trace comme complément d'objet au présent ubiquitaire de Yahvè – le tétragramme contractant les trois formes – présente, passée et future – du verbe *être*.

Au pain et au vin, au repos et à la fermentation patiente des substances, le juif oppose les galettes cassantes et l'assoiffement désertique – le fade, l'azyme et le sec. Insensible aux goûts *relevés*, il s'efforce plutôt de séparer les aliments pour les configurer dans la grille complexe des interdits. Sans doute le judaïsme est-il tout entier sur le modèle de la *Matza*, la tranche plate et tassée, la plus pauvre des

1. On comprend la fécondité du postulat sartrien qui prononce la mutuelle co-implication du juif et de l'antisémite dans une logique de l'échange où l'essence de chacun est déléguée dans son contraire. L'archétype du juif ne serait qu'hideur floue sans les déterminations concrètes que lui procure la geste antijuive. Inversement, le travail orienté et néantisant de l'antisémitisme n'est rien sans le *brouillard eidétique* juif que son épaisseur invite à *couper au couteau*. La vitesse acquise de ce tourbillon induit des effets stroboscopiques qui dressent pour chacun des partenaires un semblant d'immobilité où se repaît leur croyance en une substance propre. À l'antisémite de Sartre qui invente son juif, il est – hélas ! – des juifs qui rétorquent dans l'invention paranoïaque et perpétuelle de « leur antisémite ». En ce sens, on peut dire du pogrom, par exemple, qu'il est un galop au travers du simulacre ou une « *traversée des apparences* ». La destruction consommée et le massacre une fois abouti, il sera toujours temps de conjecturer sur le bénéfice de l'acte. L'énergie réelle mobilisée, l'investissement psycho-physique de l'entreprise induira toujours quelque *genèse de sens*, fût-ce le sens d'être ou *conatus* dont la persévérance affirmative – quoi qu'on en dise de béatifiant – ne laisse pas d'emprunter les détours du négatif *pur et dur*. Les convictions éternistes du judaïsme sont à la conception hégélienne de l'histoire ce que l'en-soi séparé représente au regard de l'Absolu-sujet. En (se) faisant le juif, l'histoire assume également de faire son œuvre propre, dans la mesure de ce qu'elle déploie d'adversité à l'endroit de ceux qui lui refusent sa part. La violence meurtrière du pogrom canalise la force d'excès autour de l'histoire se machinant. On peut supposer que les partisans du Progrès ont besoin de s'inventer un degré zéro historique à seul dessein d'objectiver l'amplitude de leur promotion. Les juifs assurent cette fonction de point mort ou d'étoile fixe – alternativement jalousés et méprisés, étant donné le caractère maniaco-dépressif attaché au sentiment d'être de plain-pied dans la Grande Histoire. L'éternité est tantôt modèle parfait et divin d'un temps mobile et dégradé, tantôt au contraire c'est le temps considéré comme principe réel et vivant de sa réplique humaine trop humaine, figée, exsangue et abstraite ; aristotélicien ou borgésien – c'est selon…

synthèses alimentaires – réduite au durcissement de la pâte que constellent les pointillés du charbon. La faim judaïque – consacrée poétiquement pour « la terre et les pierres » – s'inscrit tout entière contre le raffinement du goût et perpétue l'horrible amertume du sable. En vérité, le juif ne consomme que la manne – le flocon légendaire, invariable et blanc ; en attendant quelque jour impossible de goûter au miracle ; en attendant le miracle de goûter à quelque chose... un impossible jour.

Même la libération, même la sortie d'Égypte n'aura été qu'une cavale anarchique – sur-le-champ récupérée et réinvestie. Immédiatement gâchée au profit d'une soumission plus profonde. Rien n'a changé du point de vue de la liberté : simplement un destin supplante un bagne ; le calvaire du peuple – jusqu'ici à l'état de situation particulière – devient processus général ; non plus le malheur comme objet ou donnée pour la conscience, mais la conscience tout entière saisie par le malheur ; la conscience comme lieu-tenant du malheur ou *ghetto*. La libération n'a pas pris, elle a échoué et dérape dans une servitude autre. Du reste, elle ne pouvait que ça, échouer, si – comme l'affirme Hegel – rien ne lui correspond dans l'esprit du peuple que la joie maligne d'une victoire passive et les titillations d'un imaginaire impressionné [1].

L'intériorité juive, c'est l'Égypte : l'*a priori* de l'asservissement et du renoncement. Hegel n'aime pas cette épopée en forme de safari métaphysique. Hormis les effets spéciaux, l'exode hébreu relève de la *massenpsychologie* – agissement tribal, émeute ou avalanche. Le juif n'effectue rien d'autre que le passage, il avance à la manière d'un désert sur un autre désert. Infime frottement des pierres comme une

1. Cf. Hegel, in *E.C.*, p. 55 : « Lorsque Moïse, qui s'était enthousiasmé dans sa solitude pour la libération de son peuple, se rendit auprès des anciens Israélites pour leur parler de son projet, sa vocation divine ne trouva pas sa légitimation dans une haine de leur cœur pour l'oppression, pas plus que dans une aspiration à l'air de la liberté, mais dans quelques artifices que Moïse proposa à leur admiration et qui furent par la suite aussi bien imités par les magiciens égyptiens... De grandes choses sont réalisées pour les Juifs, mais ils n'entreprennnent aucune action héroïque ; pour eux, l'Égypte souffre des plaies les plus diverses et de la misère, ils se mettent en route dans une lamentation universelle, chassés par les malheureux égyptiens (*Ex.* 12, 33-34), tandis qu'ils ne connaissent eux-mêmes que la joie maligne du lâche dont l'ennemi est jeté au sol par un autre que lui ». Le passage cité est précédé d'un avertissement où Hegel invite le lecteur complice à baisser la garde de la raison et à adopter – si possible – la posture de l'empathie, pour cela qu'à l'instar des « événements précédents, il ne saurait être question ici de savoir comment nous pourrions comprendre à l'aide de notre entendement l'événement de la libération des Israélites ». Hegel poursuit : « Mais, c'est de la manière dont cet événement était présent dans l'imagination et dans la mémoire des Juifs que leur esprit a agi lors de cette libération » (p. 55).

lamentation qui parcourt les joints du mur. Et tout ça si près des cendres et des cailloux, définitivement *couché* – comme les lettres le long de la ligne, comme l'animal domestiqué aux ordres de son maître.

Posturalement aussi, le juif assume cette bassesse à raison inverse de la verticalité transcendante. Voûté et recourbé, il mime sa constitution en repli – par ailleurs signifiée au plan vestimentaire en l'objet d'une calotte risible qui lui casque la tête. L'allure générale est celle d'une coiffure ou une coupe, mais qui écrase la disposition des cheveux plutôt que d'y pourvoir dans le souci esthétique. Une coupure donc, instituée par le port obligatoire de ce tissu ; une anti-parure qui équivaut une séparation. La calotte est dite signifier la présence du Très-haut par-dessus l'humain, mais la forme de l'objet qualifie le juif comme rondeur-ovale tombant qui réaffirme la roue et le destin, entérine la rechute et fantasme le retour.

Les juifs sont un *mandala* pour les autres peuples, leur tournoiement offert en objet de méditation pour les non-juifs aux prises avec les ébranlements de l'histoire et le Vrai comme délire. Ils ne sont pas l'îlot éternel en exception du temporel ou juxtaposé à lui [1], mais l'inerte passivement charrié par le mouvant – comme une *rose parmi les épines* et qui enregistre dans sa chair les percussions ahanantes mais fécondes de l'Absolu se crucifiant. Chaque plaie dans le peuple juif est une frappe sur coque, un gong surprenant et rustre, sans autre beauté que relativement – comme index de la puissance admirable des peuples dans le cheminement rationnel.

Soit, l'essentiel du procès hégélien est une accusation de pétrification. Les juifs sont des pierres dont l'enveloppe se renfonce jusque dans le cœur, des êtres au cœur de pierre ou sans cœur du tout, chichement munis d'une âme-azyme et du degré de liberté le plus faible qu'on puisse concevoir. L'existence juive telle que la conçoit Hegel a pu inspirer à M. Bernard Bourgeois des formules aussi plates que celle-ci : « En un mot, Abraham ou le judaïsme, c'est au fond la

1. Je fais allusion à la conception de Franz Rosenzweig dans *L'Étoile de la rédemption* pour qui le vrai s'expose selon « les deux modes – tous les deux nécessaires et seuls nécessaires – du judaïsme et du christianisme : celui du judaïsme, inséparable de la structure d'un peuple éternel, extérieur à l'histoire, participant d'ores et déjà à l'éternité, mais limité dans son particularisme ; celui du christianisme dans son universalisme missionnaire, présent à l'Histoire et aux nations historiques, mais toujours en route, certain cependant des deux termes éternels de cette route : incarnation et parousie » (Lévinas dans un article consacré à la philosophie de Franz Rosenzweig in : *À l'heure des Nations*, p. 179).

rechute dans la bestialité »[1] – sur quoi on peut faire jouer l'argument de Levi-Strauss définissant le barbare par le fait de croire à la barbarie. Animalité et enfantillage seraient les deux déterminations de l'esclavage absolu. Ethnie sacrifiée de Dieu, peuple serviteur auquel Hegel fait la leçon notamment par le recours au christianisme qui rédime les opposés en les conjuguant comme sujet et prédicat – l'*homme-Dieu* supplantant l'infinie séparation judaïque entre l'un et l'autre ; la *vie infinie* ramenant sous un seul concept les fiefs prétendûment inconciliables de l'essentialité et du néant juifs.

Voilà en gros le tableau – bien plus confus mais pas plus noir que celui de Hegel – d'un peuple bizarre et miséreux, récoltant la tempête de ses propres semailles au gré d'un mauvais vent aussi implacable que le destin qu'il climatise. Toutefois, il y a sous ce commentaire – ou avant lui – un présupposé fallacieux qui est une méconnaissance du judaïsme « Pour Hegel, ..., le juif est dans la loi et lui obéit simplement »[2]. Hegel se figure un juif taiseux, écrasé sous un Livre ou une Loi qui occupent tout l'espace et le temps de parole. C'est pourquoi le discours du philosophe est doublement instancié dans son rapport au *silence juif* et au *verbe divin* – palliatif du premier et concurrent du second. Hegel ne comprend pas ou ne *voit* pas que c'est tout le contraire, que c'est le juif qui *fait la loi* en l'interrogeant et en la commentant – à l'instar des philosophes qui, selon Whitehead, ne font de la philosophie que dans la mesure où ils interrogent, annotent et relancent le corpus platonicien. En sorte que c'est la Loi qui se fait silencieuse sous l'interminable trafic des commentaires et des leçons. La mort de la lettre sert de prétexte aux voix vives qui lui assurent une résurrection infinie[3]. Au demeurant, le cadavérique n'est pas ce à quoi

1. Bernard Bourgeois, dans un ouvrage intitulé *Hegel à Francfort ou Judaïsme, Christianisme, Hégélianisme*, Paris, Vrin, 1970 – cité par Lévinas dans *Difficile liberté*, p. 330.

2. Cf. Massimo CACCIARI, *Icônes de la Loi*, Christian Bourgois, 1990, p. 35.

3. On trouve dans un passage du Talmud (Traité Sanhédrin) spéculant sur les mauvais usages de la Thora un enseignement de Rabbi Nathan : « C'est quiconque ne fait pas attention à la Michna [qui a méprisé la Thora] ». Lévinas en propose le commentaire suivant : « La Michna, c'est la tradition de la loi orale s'ajoutant au Sinaï et à la Thora écrite. Mais c'est aussi le non-écrit avec tous ses possibles, c'est l'au-delà du verset éveillant le verset. La Michna, c'est déjà l'exégèse s'éveillant dans l'écrit et posant la 'problématique' future de la Guemara. C'est la Thora où le temps et la vie spirituelle à travers le temps ont explicité ou prêté vie nouvelle à la lettre, ce qui rend possible, mais aussi impossible, une vraie transmission. C'est la Thora s'enrichissant de son rayonnement même à travers le temps » (*À l'heure des nations*, p. 78-79).

le judaïsme se plie ou ce dans quoi il est enfermé ; c'est même l'inverse : « À travers le désert, raconte un midrash, les israélites sortant d'Égypte portaient les restes de Joseph dans une arche à côté de l'arche de Celui qui vit éternellement. Les passants s'étonnaient. Que signifient dans ce désert ces deux arches ? On leur a répondu : 'Celle-ci est le cercueil d'un mort et celle-là l'arche de Celui qui vit éternellement'. Alors les passants, comme les hommes d'aujourd'hui, comme Toynbee, demandent : 'Qu'a donc à faire le cercueil d'un mort à côté de l'arche de Celui qui vit éternellement ?'. Et voici la réponse : 'Celui qui repose dans l'arche du mort a accompli tout ce qui est écrit sur les Tables reposant dans l'arche de Celui qui vit éternellement'. Vous avez compris ce que cela signifie ? Le Dieu vivant ne peut être parmi ce peuple libre dans le désert que si la momie de celui qui a obéi rigoureusement marche à ses côtés »[1]. La mort n'est pas un fardeau que le judaïsme porte tel quel sur les épaules. Si le cadavre de Joseph est épaulé, soutenu et transmis, c'est pour sauver ce qu'il y a d'immortel par-delà la mort, pousser la beauté de la vie plus loin que l'effondrement de celui qui la portait. C'est toujours une affaire de zombies, de morts-vivants : mais tandis qu'Hegel croit débusquer la mort jusque dans l'apparence de vie, c'est plutôt la vie qui est redonnée à la mort apparente. Plutôt que de pétrifier ceux qui marchent et de bloquer le mouvement dans une forme arrêtée, le judaïsme porte le mouvement jusque dans les momies, l'extase de la liberté jusque dans les pierres de la Loi.

Parce que tout passe par la Loi, parce que tous les détours sont encore des tournures de la loi, Hegel a cru pouvoir déduire que le juif avait dépéri dans ces dédales, qu'il s'était complètement aliéné dans l'extériorité et fossilisé à même des propos sans vie. Mais en vérité, la Loi exclut aussi peu l'intériorité qu'elle ne promulgue le destin malheureux d'une conscience. Sans dehors, ni dedans, elle ne subsiste qu'au milieu, là où quelque chose se passe et repasse, s'impasse pour se relancer. C'est pourquoi le regard hégélien semble ici manquer son objet, lui qui n'observe qu'une triste épreuve – un mouvement inabouti qu'il faut encore poursuivre, une déchirure qu'il faut à tout prix repriser et suturer. En somme, une alliance archaïque susceptible d'une seule bonne nouvelle : son retrait devant ce qui vient la *renouveler ou l'accomplir.* Moyennant quoi elle se conserve en tant que stade antérieur et moment dépassé. C'est-à-dire, comme fossile, comme stèle ou comme pierre… tombale.

1. LÉVINAS, « L'arche et la momie », in : *Difficile liberté*, p. 84-85.

Il est temps d'interrompre ce roulement de la paraphrase que seuls quelques écarts ou des clins d'yeux ont indiqué ci et là comme *ce dont il faut prendre distance*. Comme ce qui impose le pas-de-côté bien qu'on feigne d'en suivre la trace – pas à pas. Brièvement, il faut interroger ce dispositif qui joue l'âme et le cœur contre le juif et ses tables, le pasteur de l'amour contre le berger sanglant.

Le recours aux nuances de l'âme est une bêtise aussi grande que l'apparat légaliste imputé aux Israélites. Au demeurant, l'intériorité est par principe inaccessible, ce que Hegel, ailleurs, transcrira dans l'ordre du langage comme l'échappée toujours reconduite de l'immédiat au profit de l'appréhension véritable dans l'universel – ce dernier arc-bouté aux signaux du logos – ses intervalles et sa ponctuation en éclipses. Aussi bien l'intériorité de Jésus n'est-elle rien d'autre que l'objet d'un postulat hissé sur l'expédient de la *colonne absente* – c'est-à-dire l'obélisque de l'Esprit comme Ruse nécessaire, cahin-caha seulement apparent qui attife la belle tumescence du Savoir Absolu [1]. Inversement, les juifs sont discrétionnairement ratatinés jusqu'au médiocre paradigme du fétiche et de l'agitation rituelle. Par hypothèse réductibles aux seuls démêlés du légalisme heureux avec le malheur de la conscience – banqueroute sur les âmes par suite d'une prétendue stérilité abrahamique – déchirement et séparation, erre ou *destin*. Hegel reproche aux juifs la positivité de leur croyance, mais il est précisément le premier qui les gobe – entendons, qui les vide de leur opération ou événement d'intériorité. Cette vacuité se soutient d'un vide précédent et logiquement premier : une lacune judaïque dans le savoir encyclopédique de Hegel – sa tache aveugle ou son moment myope. Et pour impérative qu'il se figure l'incarnation du savoir absolu, il ne peut que déplacer ce vide, l'installer dans l'objet qu'il appréhende et lui en faire reproche.

Disjonction vicieuse distribuant les opérations du voir et du savoir, assignant au judaïsme les requisits de visibilités positives, l'impératif de la pièce à conviction, et laissant au christianisme le bénéfice de l'abstraction noétique qui n'est rien qu'une confiance dans l'objet.

Voir donc plutôt que savoir… – du moins pour ce qui concerne ce vieux peuple triste comme les pierres que seule la myopie d'un aigle

1. C'est l'opérateur hégélien du coup double dans l'immanence. Le sensé revient sur le non-sens, il le reprise aux frais d'un pli imperceptible et *rusé*. L'axe évolutif de l'Absolu-Sujet rédime instantanément la répétition de la violence. Capital sur Chaos dédommageant les horribles percées du négatif – comme la lumière du jour entrouvre déjà l'épaisse poussière qui flotte sur le champ de bataille.

put confondre avec les vivaces aiglons qu'on porte sur l'aile [1]. Plusieurs éléments composent une affinité d'essence entre le juif et le minéral, entre le judaïque et le pierreux. Outre la sécheresse, la crispation ou la raideur qu'Hegel se targue de prédiquer quand il s'agit des juifs, outre cet usage douteux de la métaphore qui figure l'exode juif comme un trot de rocs ou une excursion de stèles. On commencera par souligner la répétition de l'élément minéral, l'impact réel des briques ou des pierres dans la détermination de la condition esclave comme dans l'affranchissement réalisé dans l'ouïe collective de la Loi. Les dix paroles sont grimées sur des tablettes, des tables de pierre souvent représentées en forme d'ogives, comme si la Loi d'Elohîm refermait d'emblée l'horizon qu'elle promettait d'ouvrir, comme si les fenêtres de la liberté naissaient déjà murées, combles, flanquées d'une obstruction autrement fatale que celle – toute relative – de la caverne doxique.

Et précisément, c'est lors du « *don de Thora* » au pied du Sinaï que les hébreux en vinrent à trahir la puissance séparée infinie du dieu invisible dans une folle orgie de libations autour d'un aurifère veau païen. L'épisode, connu sous l'appellation « *du veau d'or* », se dit en hébreu « *Heth Ha-egel* » : le péché du veau : la conversion au veau, au/à Egel. À l'instar d'Antigone dont le drame subjectif vient appuyer le passage historico-politique de la Grèce vers l'Unification de l'Empire par Alexandre, les femmes du peuple se voient dépareillées de leurs bijoux et ornements, leurs grâce et beauté s'abîmant sur le brasier tribal pour la constitution du bovin collectif [2]. Voilà le moment

1. « Il [Moïse] compara la manière dont Dieu guida les Juifs par son intermédiaire à la façon d'agir de l'aigle qui veut habituer ses petits à voler : il bat constamment des ailes au-dessus du nid, les prend sur ses ailes et les transporte de cette manière. Mais les Juifs n'accomplirent pas cette belle image et ces petits-là ne sont pas devenus des aigles ; dans leur rapport à leur Dieu, ils donnent plutôt l'image d'un aigle qui par méprise couverait des pierres, imiterait devant elles son vol et les emporterait dans les nuages en les portant sur ses ailes : leur poids les empêcha cependant toujours de parvenir à voler et leur chaleur empruntée ne les éleva jamais jusqu'à la flamme de la vie » (*E.C.*, p. 63). Notons que c'est à cause de leur poids que Hegel se figure les pierres inaptes à l'envol. Il ne semble pas envisager le cas de pierres broyées, réduites en miettes et fragments. Or depuis les idoles qu'Abraham renverse dans la boutique de Terah son père jusqu'aux tables brisées de la Loi, le judaïsme ne cesse de fissurer les blocs et de circoncire les entités. À la révélation de la Thora écrite s'ajoute une transmission de la loi orale, contemporaine de – voire antérieure à – l'événement sinaïque. Les joutes verbales entre docteurs sont comparées à des heurts ou des frottements de sabres, les étincelles libérées valant comme une tierce personne née dans l'élément ou la part du feu.

2. « Aâron leur dit : décrochez les boucles d'or des oreilles de vos femmes, de vos fils, de vos filles, faites-les venir à moi » (*Ex.*, 32, 2).

le plus hégélien du peuple juif – où la nature et le peuple signent leur réconciliation sous les espèces du veau et de l'art des orfèvres qui reconnaissent l'infinie sainteté de la foi dans la finitude et la finition de l'idole précieuse.

« Le peuple voit que Moshè tarde à descendre de la montagne » (*Exode*, 32,1) – le peuple d'Israel, pour l'occasion très philosophe, distingue entre les retards de Moïse et la patience du concept, il ne confond pas les scansions évolutives de l'Absolu et le retentissement vocatif du nom propre. Moïse apparaît trop peu pressé de descendre du haut de la montagne, c'est-à-dire – pour autant qu'on puisse exhumer les concepts de leur fable – qu'il tarde à se *séparer de la séparation*, contribuant à figer l'antinomie de l'essence et de l'inessentiel – tout l'infini s'interposant entre la parole de Dieu et la bouche de Moïse et toute une montagne séparant ce dernier des Hébreux. Fantoche d'un triste Absolu et porte-voix d'une mauvaise Infinité, Moïse fomente le plus misérable des destins, perpétue cette tragédie honteuse et sans beauté qui « déterminera tous les états ultérieurs du peuple juif, jusqu'à l'état misérable, abject et sordide où il se trouve aujourd'hui »[1]. Les membres des tribus sont tout en bas, au pied du Sinaï (le mont de la haine) où Moïse s'exténue à recueillir la lettre de la Loi. Situation divisée : le prophète s'élève tandis que le peuple bivouaque dans la crainte et le frisson, n'ayant même pas le cran d'écouter en direct ce qu'on a à lui dire : « Ils disent à Moshè : 'Parle, toi, avec nous et nous entendrons. Qu'Elohîm ne parle pas avec nous, pour que nous ne mourions pas'». (*Ex*. 20,19). Mais cette délégation n'est-elle pas encore au détriment du peuple, simplement représenté en vue d'un régime plus dur – sorti de cellule pour pénétrer une servitude plus tenace et plus entière ?

Un docteur du Talmud lui-même semble corroborer l'hypothèse. En effet, du verset « Et ils s'arrêtèrent au pied de la montagne », Rav Abdimi bar Hama bar Hassa a dit : « Cela nous apprend que le Saint, béni soit-il, a incliné au-dessus d'eux la montagne en forme de baquet renversé et qu'il leur dit : si vous acceptez la Thora, tant mieux ; sinon, ce sera ici votre tombeau »[2]. C'est un peu le discours implicitement tenu par le Maître hégélien à son esclave au terme de l'affrontement : tu te mets à mon service ou je te tue ; tu cèdes sur ton désir de désir et tu te contentes de satisfaire les miens, ça vaudra toujours mieux que d'y passer. L'aubaine pour les kojéviens qui n'ont aucun mal à y retrouver la clé du Système – à la distorsion près, c'est-

1. *E.C.*, p. 64.
2. *Quatre lectures talmudiques*, p. 80-81.

à-dire l'addition toute juive d'une coalition d'adversaires respectivement minéral et divin : au lieu d'une lutte à mort des consciences humaines pour la reconnaissance, on a un semblant de confrontation entre un peuple plus ou moins conscient et une montagne – aux ordres d'Elohîm – prête à l'enterrer.

On est en droit de se poser des questions : on a vu mieux que ça comme initiation à la vie libre. D'un affranchissement hagard et tribal, d'une liberté seulement négative, ça passe tout de suite au superlatif de la servitude : le face à face du peuple avec un monstre de pierre – histoire de lui mettre sous le nez l'essence de sa vocation. Ou bien, pas de vocation du tout – juste un grand fossile dans le désert.

Rien pour surprendre ceux qui savent que le réel est rationnel et vice versa : une conscience de soi ne saurait éclore au terme d'histoires fantastiques et de sortilèges fabuleux – moyennant quoi les juifs s'entendent à boiter de ce côté-là, n'ayant eu pour consciences adverses que les briques des pyramides et l'infinité abstraite – double malentendu sur la cible, soit trop basse, soit trop haute, sous-humaine ou surhumaine. À moins d'approcher différemment le dire talmudique – c'est-à-dire l'approcher tout court, le penser digne d'approche [1]. L'alternative entre la tora et la mort n'est pas forcément une version tronquée et stérile de la dialectique maître-esclave [2]. Dans un commentaire sur la question, Lévinas suggère qu'elle a peut-être « un autre sens encore que celui que l'on peut prêter à une vérité imposée par la violence : la Tora elle-même est exposée au danger parce que l'être par lui-même n'est que violence et que rien ne peut s'exposer davantage à cette violence que la loi de la Tora qui lui dit *non* ».

L'alternative ne porterait pas *hic et nunc* sur l'assentiment à la Loi ou la mort comme châtiment pour n'y avoir pas consenti, mais – sous une forme condensée – elle énoncerait la possibilité de rompre l'obtusité de l'être en tant que non-sens et désolation du Même : « Si vous n'acceptez pas la Tora vous ne partirez pas d'ici, de ce lieu de désolation et de mort, de ce désert qui désole toutes les splendeurs de la terre, vous ne pourrez pas commencer l'histoire, briser le bloc de l'être qui se suffit stupidement… vous ne conjurerez pas la fatalité cohérente comme le déterminisme des événements » [3].

1. Au lieu d'en resservir le brodé pittoresque comme un morceau de choix pour touristes supposés en jouir.

2. Celle-ci, du reste, s'avérait elle-même incomplète dans la mesure où le maître régressait au stade du conatus ou de la boulimie, tandis que l'esclave s'appropriait une liberté besogneuse dans la transformation des matières inertes.

3. *QLT*, p. 85-86.

Cela étant, revenons aux réalités de l'histoire : Moïse se fait attendre comme une dame du monde, persuadé qu'au-dessous, on prend son mal en patience en galant peuple – respectueux et soumis. Mais le peuple en a fini depuis longtemps avec les courtoisies vieillottes, et si l'objet d'amour ne donne pas de nouvelles, il n'y a qu'à élire un nouvel objet. Mieux que ça, pour être sûr qu'il ne prendra pas trop ses aises, on le fabrique soi-même et le plus vite possible – comme une idéalisation ou un fantasme.

Les traces mnésiques remportées de la nuit d'Égypte inspirent aux Hébreux l'image d'un ruminant doré qu'ils s'empressent de fignoler : enfin, une trêve – on peut rêver un peu et en plein jour. Le verdict est sans équivoques : les *honnêtes hommes* du peuple sont déjà beaucoup plus loin que la promotion solitaire et alpestre du prophète. Déjà philosophes, ils ont dialectisé l'ensemble et – au vertige ascensionnel de Moïse, frôlant la mort – ils opposent l'amour commun de la vie, la communauté amoureuse et vivante. Au transcendant d'ascension, purement abstrait, ils ont trouvé la parade dans une immanence sensationnelle et un nouveau sens de la terre : « Ils se lèvent tôt, le lendemain. Ils font monter des montées, avancent des pacifications. Le peuple s'assoit pour manger, ils boivent et se lèvent pour rire » (*Ex.*, 32, 6). De quoi ne plus s'y retrouver dans ce qui distingue les sémites des peuples pourvus de l'*esprit de beauté*, ceux-là aussi se mettant à boire, à rire, à festoyer – ... précoces dyonisies.

Cet épisode ne sera jamais qu'un péché sévèrement puni, une tache d'eau pure sur les huiles d'onction ou un trou d'air dans la calotte rituelle. Voilà ce que peuvent encore répliquer les émules du jeune Hegel, les universitaires de Francfort. Tenant tout entier en quelques versets, l'événement ne saurait jamais servir que de contre-exemple et d'humiliation mémorée, encore un peu d'affliction pour les champions du malheur, une mesure supplémentaire dans les ailes plombées du peuple le plus lourd et le plus laid, subsistant dans cette haine dont il est pétri comme dans une pâte qui ne lève pas, une terre brûlée ou une mer morte que jamais rien n'irrigue ni ne *relève*.

C'est là une pensée du texte restreinte au seul calcul des signes. Un simple dénombrement, une statistique des pondérations littérales équivalant un embargo sur l'esprit. Pourtant, l'épisode est riche en conséquences – à commencer par les 3000 hommes passés au fil de l'épée pour n'avoir pas rejoint le camp du Dieu-Un [1].

1. « Moshè se tient à la porte du camp et dit : 'qui est pour IHVH, à moi'. Tous les Benei Levi s'ajoutent à lui. Il leur dit : 'ainsi dit IHVH adonaï, l'Elohim d'Israël : mettez chacun l'épée à la cuisse. Passez et retournez de porte en porte

Par ailleurs, la colère ou l'indignation de Moïse – le texte parle de sa *narine brûlante* – lui inspira ce lancer zutiste suite auquel les tables de la Loi volèrent en éclats, libérant échardes et poussières de langue, rompant les angles des lettres carrées ou coupant leurs droites. Comme la *shevirath-hakélim* dont parle la cabale Lourianique – accident ou brisure des vases provoquant la dissémination des étincelles divines dont les actes des justes sont le patient rafistolage.

Ou encore à l'instar du paradis de Novalis, éparpillé sur toute la surface terrestre afin que la vérité soit un grouillement d'ici-bas plutôt qu'une lubie supralunaire et un parc à légendes. Ce n'est plus le peuple qui attend au pied de la montagne, mais la Loi qui gît aux pieds nus du peuple. Non seulement se produit là un renversement spectaculaire des rôles et de la hiérarchie, mais encore il faut dire de ce renversement qu'il donne son ton à la Loi, lui façonne une modalité ou disons qu'il inaugure et théâtralise *l'anti-pétrification* de la loi. Une sorte de courbe qui passe par tous les points du renouvellement libre, une ligne de vie qui porte en elle la rigueur des mots et le meurtre des choses sans jamais s'y réduire.

Parce qu'enfin, il en retournait de quelque optimisme hâtif ou d'un militantisme suspect à figurer le peuple d'Israël subitement transi d'intuitions dyonisiaques, nourri d'hellénisme ou en*grecé*. En vérité, ce devenir-grec a ses raisons que le grec ne connaît pas. Si les Israélites fêtent de la sorte, c'est dû aux séquelles dont l'époque antérieure les a marqués – un esprit servile et dominé. Effectivement, il est dans la nature de l'esclave de se plaindre, de désirer tout le temps se plaindre ; or, pour assurer à la plainte sa pérennité, il n'y a pas de meilleure solution que de se donner un interlocuteur majestueux et bouché, un maître bien sûr – mais démuni du pouvoir d'écouter et des facultés de répondre.

Le problème avec Moïse, c'est qu'il traîne trop, il tarde à livrer le joug promis ; un midrash rapporte qu'il passe ses nuits à étudier et à commenter ce que le Saint, béni soit-Il, lui dicte le jour. D'emblée il assume, il négocie avec la Loi avant de la porter ou de se porter garant pour elle. C'est beaucoup demander au peuple, c'est trop demander du premier coup. Aussi Moïse vient-il faire démonstration de ce qu'est une Loi vivante – une Loi qui porte la trangression en elle plutôt que de s'en détourner simplement : une Loi qui tient le coup et n'a pas peur d'en prendre. Moïse est exaspéré devant ce veau si lourd, si plein et si

dans le camp. Tuez, l'homme son frère, l'homme son compagnon, l'homme son prochain'. Les Benei Levi font selon la parole de Moshè. Il tombe du peuple, en ce jour, trois mille hommes environ » (*Ex.*, 32, 26-28).

égal. Il en éprouve des remords et de l'irritation. Pas question de leur vendre du solide, eux qui en sont déjà si friands ; avant tout, prévenir toutes les confusions de genre et les assimilations douteuses – dissiper les malentendus possibles sur une Loi d'airain sculptée dans des blocs de pierre. Ne reste qu'à la leur mettre aux pieds, la Loi, si fort qu'elle se brise en morceaux – comme des armes qu'on rend une fois pour toutes parce qu'on a cessé de croire à la guerre. On ne pourra pas dire de la Loi qu'elle est simplement tombée du ciel – du moins pas sans avoir entraîné dans cette chute tout un entrelacs de violences diverses, des paroles données et reprises, des oppositions immédiates qui – mystérieusement ou par ruse – fomentent la réconciliation à plus long terme.

Ca commence avec Yahvé qui n'en peut plus de son peuple, la narine brûlante au point d'avoir des velléités de génocide, ensuite c'est Moïse priant le Yahvé en question de bien vouloir garder la tête froide et de lui remettre les tables comme prévu, enfin c'est Moïse qui ne se tient plus et pulvérise la Loi qu'il vient de se procurer à grand peine. Depuis Moïse qui traîne jusqu'à Moïse qui casse – en passant par le Divin qui retire sa mise et le peuple qui trahit, c'est une série de fautes impardonnables et tout de même pardonnées. Chaque fois un péché capital qui devrait précipiter l'histoire, l'annuler ou la finir, mais chaque fois un geste plus ou moins négocié qui vient relancer l'espace de parole et le temps du récit. En définitive, il est toujours question de passer au-dessus de ce qui se donnait pour indépassable. Judaïsme passe-montagne. Voire passe-muraille.

Il en va ainsi, par exemple, des lettres de la Loi, dont la mort semble définitivement arrêtée – et auxquelles la tradition orale vient redonner la vie et le souffle [1]. Peut-être Hegel – oui, sans doute Hegel –n'avait-il pas accès directement à ce revers plus intime et moins connu du judaïsme. Comme si au moment de leur rupture au sol, parmi tous les fragments de pierre, un seul était venu heurter le penseur dans le blanc de l'œil. Comme s'il lui fut interdit de voir cet événement lors duquel la Loi surchauffe comme un thermomètre et

1. « Que Moïse ait parlé face à face avec Dieu signifie que disciple et maître se penchèrent, tous les deux, sur la même leçon talmudique, disent les Sages » (LÉVINAS, *Difficile liberté*, p. 49). Voilà encore une parole de pharisien pour conjurer le schème de la séparation transcendante absolue. L'au-loin de Yahvé sous l'espèce d'un mauvais infini se mue en dialogue d'immanence – c'est-à-dire l'infini en acte des lectures inventives ainsi que tout ce qu'elles débloquent d'opposition critique en se posant.

fait sauter les pierres carrées de son inscription à la manière du mercure contenu [1].

Le juif n'est pas tant sous la férule et l'œil de la Loi qu'Hegel veut bien le dire. On aura donc soumis ce dernier à cette loi mosaïque qu'il exècre – une optique contre une autre, *œil pour œil.* Reste à savoir quelle est cette loi dont la pupille d'Hegel subit les poussières, où et dans quel système cette loi légifère. On a suggéré que c'est un éclat du Décalogue, des poussières de la loi juive elle-même. Ce n'est pas si absurde dès qu'on s'avise que dans ce texte sur *l'esprit du judaïsme*, Hegel parle des juifs avec la même rude sévérité que *Yahvé* dans *Son* propre Livre – ce qui met le philosophe dans une position déjà occupée, à une place déjà prise par un autre avec relativement de succès, si l'on en croit ce beau récit où le Seigneur et une dénommée Marie manigancent la plus Immaculée des Conceptions, se faisant Père et mère respectivement d'un être aussi divin qu'humain, simultanément et totalement les deux.

À moins que ce ne soit la loi de son propre système que Hegel *garde à l'œil* – celui-ci ne pouvant tolérer que tant de *dépassement* ait déjà eu lieu avec le judaïsme, que tant de dialectique lui fût d'ores et déjà infuse. Les yeux de Hegel ne sauraient voir que la rupture de la Loi est contemporaine de sa confection, ou plutôt que le judaïsme l'avait déjà vu. Ou encore – comme il est dit dans le talmud – que *trangresser la loi équivaut parfois à l'accomplir vraiment.*

Appendice en guise de conclusion

On glose beaucoup de nos jours sur l'essence judaïque de toute errance et de toute question, on se plait dans l'exploitation diasporique de textualités en abîme et leurs égarements lumineux – l'ambulation piétonne des nomades en essaim illustratif des randonnées herméneutiques ou comme si les exodes et les marches forcées établissaient l'éternel retour des marges. Une sorte d'anti-*sèman*tisme adorateur des Hébreux précisément en raison de leur indéfinition, leur exception de toute entéléchie ou effectuation de finalité. Rien de véritablement neuf dans cet heideggerianisme seulement indexé de frissons nouveaux – l'itinéraire désertique plutôt que les chemins de forêt, le ressassement têtu plus que le ressourcement à ras d'Éclaircies. C'est la dure loi du jour et de son goût : La pensée est en mal d'affects. Elle coproduit de

1. À ce propos, on notera que les première et seconde versions du Décalogue ne sont pas strictement identiques. Dieu lui-même ne supporterait pas de voir se pétrifier sa loi. Et c'est très bien ainsi.

nouvelles ambiances. Refait son intérieur ou révèle des extériorités inédites – tout ça pour faire tourner son affaire accusée de ne se retourner que sur soi, irriguer les eaux du Même où les philosophes semblaient baigner sans qu'eux-mêmes ou le fleuve ne donnent le moindre signe d'altération. L'opération était simple : C'est le berceau qu'on réinventait en morgue ou en bercail – la *grécité,* initialement génitrice, du coup convoquée pour la cérémonie funèbre de la philosophie – soit qu'on annonçât l'entrée de celle-ci dans le circuit des biens culturels, la circulation massive, médiatisée et marchande du tout-spectacle. Hegel, pour son compte, vivait une époque d'abondance philosophique et n'avait pas besoin de l'affect judaïque pour innover dans la pensée. Une recollection systématique et raisonnée des Figures dominantes de l'Esprit – dans ses modalités tant politiques que philosophiques ou esthétiques – fit largement office d'événement.

Pour autant, il ne s'est pas peu préoccupé du judaïsme et de sa place dans la série des moments de l'Absolu en devenir – notamment dans les développements sur la *conscience malheureuse* où le judaïsme est abordé comme radicalité de la déchirure, dramaturgie exacerbée de la *contradiction* – c'est-à-dire comme mise en avant et haut-lever du concept majeur de toute la pensée dialectique.

Disons qu'on aura voulu proposer ici que le judaïsme à son tour ne s'est pas peu préoccupé d'Hegel – et de ce que ce dernier lui objecte de griefs archaïsants.

Soit, il paraît qu'Hegel a toujours raison et surtout de ceux qui argumentent contre lui. D'accord, quelque chose dans Hegel aura eu raison ici aussi. En fin de compte, c'est la *réconciliation* qui l'emporte. À *peu de choses* près... – *quelques passages.*

Daniel FRANCO
Chercheur, Bruxelles

Bibliographie des ouvrages cités ou consultés.

CACCIARI M., *Icônes de la Loi,* Christian Bourgois, 1990.

DERRIDA J., *Glas*, Denoël/Gonthier, 1981.

HEGEL G.W.F., *L'esprit du christianisme et son destin*, Presses Pocket, 1992, trad. ; *Phénoménologie de l'Esprit*, trad. J. Hyppolite, Aubier Montaigne, 1941 ; *Leçons sur la Philosophie de l'Histoire,* trad. Gibelin, Vrin, 1970.

HYPPOLITE J., *Genèse et structure de la Phénoménologie de l'Esprit de Hegel* , Aubier Montaigne, 1946.

KLEIST H. von, *Sur le théâtre de marionnettes*, trad. J. Oudin, Mille et une nuits, 1993.

LEVINAS E., *Difficile liberté*, Biblio/essais 1984 ; *Quatre lectures talmudiques*, Minuit, 1968 ; *À l'heure des nations*, Minuit, 1988 ; *De Dieu qui vient à l'idée*, Vrin, 1986.

LEVY B., *Le logos et la lettre*, Verdier, 1988.

OUAKNIN M.A., *Le livre brûlé*, Lieu Commun, 1986 ; *Concerto pour quatre consonnes sans voyelles,* Balland, 1991.

SIBONY D., *La juive*, Grasset, 1983.

SARTRE / KANT / HEGEL

DE LA CONTRARIÉTÉ À LA CONTRADICTION, QUELQUES ITINÉRAIRES DU NÉGATIF

L'Être et le Néant, son titre même le fait pressentir, ne peut demeurer indifférent à la dialectique par laquelle Hegel inaugure la *Science de la Logique* – celle, précisément, de l'être et du néant. Sartre s'emploie à la critiquer dans le passage intitulé « La conception dialectique du néant » [1]. La critique sartrienne comporte deux pans. Le premier concerne l'ambiguïté de la notion de « dépassement » dialectique. La dialectique hégélienne a pour présupposé fondamental que les moments abstraits ou unilatéraux ont pour destin de se dépasser vers la concrétude ou la totalité. C'est ainsi que l'« être » doit se dépasser en « néant », le « néant » en « devenir », etc., jusqu'à ce que la Logique de l'Être dans son entier se dépasse en Logique de l'Essence, et celle-ci enfin en Logique du Concept. C'est le défaut de l'« entendement » que de figer ce mouvement d'auto-dépassement en le réduisant à des déterminations abstraites, coupées les unes des autres. Mais, questionne alors Sartre, si, en ce qui concerne par exemple les rapports de l'Être et de l'Essence, c'est intérieurement et foncièrement que celle-ci est la vérité de celui-là, comment se peut-il que cette vérité puisse se perdre au point qu'il soit possible d'isoler un moment d'« être » pur et purement abstrait, qui ne garderait pas la moindre « trace » de la médiation essentielle dont il est issu ? Le fait que Hegel ne réponde pas à cette question condamne la dialectique à osciller entre deux acceptions du dépassement : soit il vient à l'entendement du dehors (du « pour-nous philosophe »), l'arrachant à son aliénation; soit il est intérieur, « en-soi toujours déjà là », et la raison dialectique n'est autre que l'entendement lui-même ou l'entendement déjà au-delà de lui-même ou encore la raison dialectique dans un devenir étranger à soi.

1. *L'Être et le Néant*, Paris, Gallimard, collection Tel, p. 46 et sq.

Soit « mouvement externe par lequel cet être est entraîné », soit « jaillissement du plus profond de l'être considéré » [1].

Nous nous attacherons ici plus longuement au second pan de la critique sartrienne de la dialectique, qui porte non plus sur le mouvement dialectique dans son intégralité, sur le dépassement qui l'anime, mais sur le rapport spécifique de l'être et du néant, à savoir des deux premières catégories de la Logique de l'Être [2]. Selon Sartre, Hegel comprendrait l'être et le néant comme des contraires, alors qu'en vérité ils sont des contradictoires.

Sartre fait ici appel à la définition traditionnelle des notions de contrariété et de contradiction. Celle-ci implique, entre les termes qui se contredisent, une nécessaire alternative, ou une exclusion sans faille : si l'un, alors non-l'autre. Ce qui signifie aussi bien que la contradiction, comme rapport consistant de *deux* termes, est impossible, que la contradiction s'annule d'elle-même et se réduit au principe de *non*-contradiction, dont le corrélat est l'adage classique : « ce qui se contredit n'est rien ». La relation des contraires est plus lâche que celle des contradictoires. Au plan strictement logique, si deux contraires ne peuvent être vrais en même temps, ils peuvent par contre être tous les deux faux. Il y a donc une sorte de *coexistence* minimale des contraires, qui consiste en la possibilité de leur fausseté simultanée. Sur un plan plus intuitif, on parle de « contrariété » à propos de propriétés qui représentent le maximum de différence à l'intérieur d'un même genre : par exemple le doux et l'amer, ou le chaud et le froid, etc. La différence de la contradiction et de la contrariété est dès lors que cette dernière se caractérise par une certaine simultanéité de ses termes, ou, ce qui revient au même, par leur appartenance à une certaine communauté, dont ils sont les extrêmes les plus distendus, mais qu'ils ne rompent pas ; la contradiction, elle, se définit par l'exclusive, donc par la non-appartenance des termes à un champ commun, ou, ce qui revient au même, par l'impossibilité de prendre sur eux un point de vue simultané ou englobant [3].

1. *EN*, p. 49.

2. Nous reviendrons cependant, dans nos conclusions, au premier aspect de l'exposé sartrien.

3. Cf. G. LEBRUN, *La patience du Concept*, Paris, Gallimard, p. 268 : « En la contradiction, l'opposition est absolue, 'l'opposé est la négation sans réserve du posé'. En la contrariété, les deux termes, extrêmes d'un même genre, ne se nient pas entièrement l'un l'autre : le point et l'intervalle sont tous deux quelque chose de *spatial*, l'Un et le Multiple quelque chose de *numérique*. En allant de l'un à l'autre, je ne vais plus d'une thèse à une antithèse, et j'aurai, si je sais m'y prendre, le droit

Pour pouvoir opposer l'être au néant comme la « thèse » à l'« antithèse », ainsi que le fait Hegel, il faut précisément adopter par rapport à eux ce type de point de vue englobant, ou supposer entre eux une « contemporanéité logique » [1] : le « à la fois » sans lequel il ne pourrait y avoir aucune « synthèse », aucune « conservation-dépassement », puisqu'on ne pourrait être présent à un terme qu'à avoir perdu l'autre corps et biens. Mais, objecte Sartre, « le non-être [ou néant] n'est pas le contraire de l'être, il est son contradictoire » [2].

Cette objection soulève d'emblée un paradoxe, auquel il faudra revenir : Sartre impute à Hegel de n'avoir pas saisi comme contradictoires les moments inauguraux de la *Science de la Logique,* d'avoir atténué ou mitigé leur relation en faisant d'elle une contrariété. Mais c'est pourtant un centre névralgique explicite de cette *Science de la Logique* que l'articulation par laquelle Hegel, dans l'Essence, radicalise toute contrariété ou « opposition » au point de la faire monter jusqu'à la « contradiction » [3], c'est un motif constant de la dialectique que de railler « la tendresse commune pour les choses, qui prend soin seulement qu'elles ne se contredisent pas » [4]. Ce qui ne signifie certes pas d'emblée l'impertinence de la critique sartrienne, mais suggère peut-être que Sartre aurait pu se pencher sur le passage où Hegel réfléchit pour son compte ces termes de contrariété et de contradiction qu'il l'accuse d'avoir mélangés à mauvais escient, et ainsi s'apercevoir qu'il ne faisait qu'anticiper ce que la Logique de l'Essence allait dire de la logique de l'Être.

Quand Hegel pense la contradiction, en un sens qu'il prétend original, c'est dans une grande mesure contre la doctrine kantienne de l'opposition réelle, telle qu'elle trouva son développement dès l'écrit pré-critique *Essai pour introduire en philosophie le concept de grandeur négative,* et perdura dans tout le système critique. De l'expression de « grandeur négative », on conclut parfois trop hâtivement que le propos de Kant esquisse ce que Hegel appellera négativité, ou, aussi bien, contradiction. G. Lebrun a montré qu'il n'en est rien, et que la pensée kantienne constitue en quelque sorte l'apogée de la conception classique des rapports de la contrariété et de la contradiction.

de dire que le sujet est à la fois un et multiple, tout et partie, etc., sans transgresser le principe de contradiction » (la citation interne est de Hamelin).

1. *EN*, p. 49.
2. *Ibid.*
3. *Science de la Logique*, trad. P.-J. Labarrière et G. Jarczyk, Paris, Aubier, II, p. 69 et sq.
4. *Ibid.*, p. 57.

1. *Les grandeurs négatives chez Kant*

La doctrine de l'opposition réelle, par laquelle Kant entend établir la réalité des conflits physiques, contre Leibniz qui en fait une imagination de la finitude, résorbée en vérité dans l'orchestration supérieure de l'univers, cette doctrine revient à une sorte de science des contraires – elle n'indique pas quelque pressentiment de ce que sera la « contradiction » dialectique, arrachée enfin à son destin de n'être rien de positivement pensable, et de ne valoir que comme interdit. Science des contraires, avec les deux caractéristiques de la contrariété que rappelle *L'Être et le Néant* : les contraires sont contemporains, ils appartiennent à un même genre d'être. Simultanéité des opposés : « La force motrice d'un corps d'un côté et un effort égal du même corps dans une direction opposée ne sont pas contradictoires, et comme prédicats, sont possibles *en même temps* dans un corps »[1] ; appartenance des opposés à un champ commun : tous deux sont des forces (ou bien, dans le cas de l'avoir et de la dette, des quantités, ou, dans le cas du plaisir et de la douleur, des affects). C'est là la structure *logique* de la contrariété. Dans son effectivité *physique*, elle signifie, plus qu'une simultanéité de termes polaires, un *produit* réel, une solution de compromis ou une synthèse concrète aménageant leur extrémisme au profit de ce qui peut apparaître comme l'hommage rendu à leur sphère d'appartenance commune : l'eau à 45° dans la baignoire en affirmation synthétique triomphante du froid et du chaud, le navire fendant les flots en hommage à la densité marine supportant le vide armaturé de sa coque au regard des opposés (contraires) que constituent d'un côté la flottaison des choses et de l'autre l'engloutissement par la surface mouvante des flots de tout ce qui brave leur virginité intangible.

Les contraires, Kant l'a précisé, ne sont pas des contradictoires, le principe de non-contradiction est donc intact et non-transgressé. Son champ d'application est simplement restreint : il est condition nécessaire de toute pensabilité logique, mais non condition suffisante de la pensée spécifiquement physique. Le propos de *L'Essai* est bien de donner une consistance réelle aux conflits physiques et à leurs produits (même au cas où les opposés sont égaux, et ce produit en conséquence égal à zéro, par exemple le corps en repos du fait de deux forces motrices en direction contraire, ce zéro est *quelque chose*). Mais cela ne met pas en doute le fait que la contradiction, elle, est parfaitement improductive, ne pouvant donner lieu qu'à un « rien » bien plus nul

1. *Essai pour introduire en philosophie le concept de grandeur négative*, in : *Œuvres philosophiques I*, Pléiade, p. 266.

que le zéro physique. Si ce dernier est *nihil privativum repraesentibile,* « manque » pensable et calculable (le bateau a perdu autant de vitesse du fait de ce vent contraire, le gel tardif a contré dans telle proportion le potentiel de fructification de telle floraison d'amandiers, etc.), le rien de la contradiction, lui, est impensable, et il n'y a rien à en dire : il est *nihil negativum irrepraesentabile,* il fait exploser les conditions logiques de toute pensabilité.

Mais est-il si aisé de faire la différence entre le zéro physique, produit de facteurs contraires réellement opposés, et l'impensable néant de la contradiction ? Pour que fonctionne la relation des contraires, ou encore l'opposition réelle, des conditions restrictives doivent être rassemblées : il nous faut la présence antagonique de deux *êtres positifs ou physiques.* Ainsi qu'une bougie soit soufflée, nous avons bien opposition réelle, ou grandeur négative. Qu'elle s'éteigne d'elle-même, par simple manque intérieur de combustible, alors, d'après Kant [1], par défaut d'« adversaire », nous ne sommes pas en présence d'une grandeur négative. Mais la bougie *en elle-même*, et avec elle *tout* phénomène physique, n'est-elle pas le résultat d'une « cristallisation » de lois antagonistes dont l'équilibre précaire se nourrit de la modération *de fait* des effets opposés ? Il a fallu que déjà un équilibre se noue entre forces opposées pour que la bougie puisse être produite et programmée capable de remplir sa fonction de luminescence tremblante pour telle durée, comme pour que le navire tienne les flots non-déchaînés, ou pour que l'amandier ait poussé selon une espérance « normale » de production dans telle conjoncture éco-géographique à l'exception de catastrophes naturelles. Bref, pas besoin d'opposition extérieurement réalisée pour que l'opposition soit à l'avance intériorisée comme la texture même de tout être, et toute détermination, pour être ce qu'elle est, porte en son cœur son propre non-être (l'extinction pour la bougie, le naufrage possible pour le bateau, etc.). Si l'opposition, pour avoir consistance ou réalité, ne doit donc pas répondre à des critères aussi étroitement réificateurs que ne le sont ceux de Kant (deux adversaires effectifs physiquement assignables), inversement, il est loin d'être sûr que le principe de (non)-contradiction ne soit qu'un principe de logique, cantonné aux éthers de la pure pensée. La contradiction et l'interdit porté sur elle ne sont-ils pas, bien plus que des abstractions, étroitement intriqués à la pragmatique humaine, aux dimensions les plus concrètes de l'existence ? Ne s'agit-il pas avec le principe de non-contradiction de la formalisation

1. *Ibid.*, II, 193.

théorique de l'intolérance radicale d'une certaine pratique face à la transgression de ses règles ? Intolérance de la société marchande, par exemple, à l'encontre de ce qui lui semblerait comme une fraude ou une manière de gruger autrui, un dol : acheter un pot censément neuf et fendu néanmoins, vendre un kilo de graines et n'en livrer que 800 grammes, etc. Conflit d'intérêts entre particuliers, qui ne donne pas *rien,* (un pot fendu et 800 gr. de graines) mais dont les effets sont assimilés, pour les besoins de la cause, c'est-à-dire du marché, à un « néant » marchand. Ainsi naîtrait le principe de (non)-contradiction [1].

1. « La vérité ne naquit pas d'abord... Au marché, on fit l'expérience de la tromperie. On mentit avant de dire vrai parce qu'il s'agissait seulement de voiler quelques natures neuves et singulières dont on ne savait pas au juste le degré de réalité. Une riposte spontanée mit au jour aussitôt les premières vérités. Elles ne portaient pas encore le nom de Vérité, promis à tant de gloire : c'étaient simplement des précautions particulières contre les trompeurs... On convint que le vase ne devait pas être en même temps intact et fêlé... Quelque prévôt des marchands conclut l'affaire : jusque là le commerce et le vrai exigeaient que les hommes tombassent d'accord sur certains principes, d'abord aussi nombreux, aussi particuliers que les contrats : ce prévôt s'avisa de les réduire. D'un bout à l'autre de la halle où les marchands s'étaient groupés selon les affinités de leur négoce et dans la plus complète ignorance de coutumes qui régissaient les commerces voisins, un héraut apporta la confusion et l'émoi en publiant que tous les principes particuliers devaient être abandonnés au profit de cette maxime générale : 'Une chose ne peut pas être elle-même et autre chose qu'elle-même en même temps et sous le même rapport' » *(Légende de la Vérité*, in : CONTAT et RYBALKA, *Écrits de Sartre*, Paris, Gallimard, 1970, p. 532-535). Kojève développe dans un sens similaire la seconde phrase de l'aphorisme d'Anaximandre « ... Car les choses doivent expier et être jugées pour leur Injustice, selon l'ordre du temps ». Ici aussi, il est question de la portée ontologique intérieure de l'opposition, et pas de sa positivité physique. Anaximandre eut conscience qu'il n'était pas question, au niveau de ce qui nous est donné de l'Illimité, Apeiron, que les multiples étants qui en proviennent, – et y retournent comme le sens même de leur transition passagère, de leur transitorialité au niveau de notre royaume fini – qu'il n'était pas question donc, qu'ils puissent ne serait-ce qu'apparaître sans le faire en conformité à la loi de leur limite – c'est-à-dire de toute limite – : à savoir de ne pouvoir être limités que par *différence essentielle avec ce dont ils sont la négation déterminée*, tout tiers exclu, donc en lutte ouverte 'selon l'ordre du temps' quant à l'empiétement mutuel à laquelle les contradictoires (-contraires) par paires allées se livrent. « Couple d'Opposés (le Chaud et le froid) qui s'annulent réciproquement *tôt ou tard* par suite de la Loi de 'Justice' universelle que l'on appellera plus tard Principes de la Contradiction et du Tiers exclu » (*Histoire de la philosophie païenne*, t. 1, p. 343). Dans cette perspective semblablement le principe de contradiction *logique* est extrait de considérations *physiques* et de la norme d'identité à laquelle tout étant répond en ce qu'il n'est ce qu'il est que par *opposition essentielle* à ce qu'il *se fait n'être pas* pour *être ce qu'il « prétend » être* – la « prétention à valoir » de telle ou telle manière étant décisive quant à la légitimité d'une imputation dialectique à la genèse de toute existence : rapports de forces toujours tendus entre les existences dont l'infraction à cette

On le pressent, par ces questions adressées à la pertinence de la nette distinction de la contrariété positive et physique, et de la contradiction logique, qui annule aussitôt son propre néant en ne se formulant que sous forme d'un interdit à ne pas transgresser (non-contradiction), on se rapproche déjà de la dialectique hégélienne, qui prétend arracher la contradiction à son séculaire destin d'inconsistance, et la penser positivement.

2. *Généalogie du refus sartrien de l'effectivité de la contradiction hégélienne*

D'un point de vue sartrien, c'est précisément cette volonté de rendre effective la contradiction sans plus la condamner à un pur effet d'évanouissement qui la réduit à n'être qu'une contrariété. Si l'être (physiquement déterminé) n'est qu'en tant que traversé dans son être de son propre néant, si inversement le néant (censément logique) est susceptible d'une généalogie à partir de l'être, alors ces deux termes dits exclusifs ne peuvent être pensés qu'en fonction de leur communauté relationnelle. Ce qui sous-tend le refus opposé par Sartre à la contradiction ainsi entendue, c'est qu'une telle communauté semble contrevenir à son intuition fondamentale, celle de la contingence, qui requiert que l'être, ou l'En-soi, et le néant, ou le Pour-soi, soient asymétriques et incommensurables. S'il y a contingence, c'est parce que l'être qui est son néant d'être (le Pour-soi) n'est nulle part attendu ou pré-intégré dans l'être qui n'est qu'être (ou En-soi) ; que, « de trop pour l'éternité », il est une improbable et futile excroissance de transparence flottant à la surface de l'opaque massivité de celui-ci. C'est dans cette perspective qu'à l'apparente réversibilité qui anime chez Hegel les rapports de l'être et du néant, Sartre préfère l'antique couperet de la sentence parménidienne : l'être est, le néant n'est pas : « En un mot, ce qu'il faut rappeler ici contre Hegel, c'est que l'être *est* et que le néant *n'est pas* »[1]. Et que pour ne pas être, le néant doit toujours être néant d'un être préalable qu'il nie ; que le néant donc est postérieur à l'être.

Par ce refus d'une aune commune à l'être et au néant, Sartre semble donc plus proche de Kant que de Hegel ; Kant, tout aussi farouchement attaché que Sartre à la formule parménidienne, puisque, dans la *Critique de la raison pure,* en suite du reste à *L'Essai,* qui comme on l'a vu n'admettait de grandeur « négative » que dans le

nécessité relationnelle sera l'Injustice sanctionnée par l'ordre du temps, c'est-à-dire le débordement ou prise à contre-pied de la présomption hégémonique de l'injuste.

1. *EN*, p. 50.

cadre de l'opposition de deux êtres positivement et physiquement étants, il scande : « La réalité est quelque chose, la négation rien »[1]. C'est ainsi que G. Lebrun a pu écrire, à propos de Kant et de la façon dont il pose le problème du néant : « Problématique qui n'est pas sans évoquer celle de Sartre au début de *L'Être et le Néant* : étant donné que le néant n'est pas, d'où vient que nous puissions porter des jugements négatifs et qu'il y ait des négatités dans l'être ? 'Ce néant intra-mondain, l'être-en-soi ne saurait le produire : la notion d'être comme pleine positivité ne contient pas le néant comme une de ses structures. De là la question : si le néant ne peut être conçu ni en dehors ni à partir de l'être, et si, d'autre part, étant non-être, il ne peut tirer de soi la force nécessaire pour se néantiser, *d'où vient le néant* ?' »[2].

Il convient, pour faire l'épreuve de cette apparente affinité de Sartre avec Kant (et contre Hegel), d'approfondir la position kantienne de la problématique du néant.

3. *Le Néant et l'*Idéal transcendantal *de Kant*

Au revers de l'opposition réelle, et de ses effets-de-négatif, il y a l'*Ens realissimum,* c'est-à-dire la postulation d'une région d'être où aucun négatif n'a cours : Dieu aussi bien, l'absolument réel, le réel de tout réel, qui est aussi *omnitudo realitatis,* l'ensemble préjudiciel de toutes les réalités. Certes, cet être n'est pas dogmatiquement accessible, et on ne peut plus doctement disserter sur ses arcanes et ses propriétés. Aucun autre prédicat que « le plus réel » ne lui conviendrait, par lequel on spécifierait davantage le type d'être qui revient à sa réalité absolue (perfection, toute-puissance, bonté etc.) : car, la détermination étant négation (adage spinoziste que Kant ne conteste pas), le déterminer serait absurdement introduire le négatif dans son être, qui n'est que positivité. Telle est bien la nouveauté de la démarche critique par rapport aux dogmatismes qu'elle dénonce : vidant Dieu de toutes les déterminations qui en faisaient la chair métaphysique, elle interdit à la créature finie de projeter ses propres paramètres sur Lui, de croire pouvoir jouer sur les deux tableaux, de se penser à la fois finie et en prise sur l'infini – qu'elle atteigne celui-ci par connaissance du troisième genre, par pénétration des motifs supérieurs de l'harmonie divine, ou par les multiples preuves scolastiques de l'existence de Dieu. C'est pourquoi Dieu « n'est plus qu'une Idée de la raison », et c'est

1. *Critique de la Raison pure*, trad. Delamarre et Marty, in : *Œuvres philosophiques*, *I*, Pléiade, p. 1010, III, 232.
2. *Kant et la fin de la métaphysique*, p. 195.

pourquoi aussi la doctrine de l'opposition réelle garde toute sa force : le *Realissimum,* positivité première en droit, est second en fait, puisque nous n'y avons aucun accès, et si le néant « en vérité » n'a pas d'être, il n'empêche qu'il a pour nous une indépassable et primordiale consistance, que nous ne pouvons plus dénoncer comme illusion imaginative, puisque le point de vue de survol qui autorisait les dogmatismes à ainsi procéder est désormais interdit. C'est de fait que nous « déterminons », donc nions, donc postulons « l'idéal transcendantal » comme ensemble de tous les possibles assemblés dans « l'idée d'un tout de la réalité » [1].

N'empêche – duplicité de toute la « dialectique transcendantale » – que ce « ne que » dont s'assortit l'Idée [2] ne contredit nullement l'obligation inextinguible où nous sommes d'y faire recours, ou l'impossibilité de la congédier. Il nous *faut* présupposer, à partir de notre expérience tissée de négatif, une sorte de « réservoir transcendantal » ou d'exhaustion première où toutes les déterminations sont originairement et positivement rassemblées, *omnitudo realitatis* [3] qui doit être en même temps, en tant que rassemblée, Idéal individué, ou « Dieu ». Sans quoi en effet notre manière de cerner les déterminations risquerait de se dissiper en inanité.

Nos procédures de détermination sont négatives (*omnis determinatio negatio*). Pour nous, déterminer un sujet revient à le cerner par un processus d'exclusion et d'élimination : la définition du sujet visé s'obtient en retranchant de lui une multiplicité de prédicats possibles, jusqu'à ce que le prédicat qui lui convient en propre ou sa détermination soit atteinte. Or, cette soustraction ou restriction n'a de chances d'aboutir que si les prédicats originellement *font réseau,* de telle façon que le jugement « S est non-ceci » renvoie à une qualité positive de S, et ne se disperse pas dans une infinité d'autres jugements écartant encore et encore de lui tel et tel prédicat (S est non-ceci, et

1. « Personne ne peut penser une négation de manière déterminée sans avoir pour fondement l'affirmation opposée. L'aveugle-né ne peut se faire la moindre représentation de l'obscurité, parce qu'il n'en a aucune de la lumière ; le sauvage ne peut se faire une représentation de la misère parce qu'il ne connaît pas l'opulence. L'ignorant n'a aucune notion de son ignorance, parce qu'il n'en a aucune de la science, etc. Tous les concepts des négations sont donc dérivés, et les réalités contiennent les *data* et, pour ainsi dire, la matière ou le contenu transcendantal de la possibilité et de la détermination complète de toutes choses » (*Critique de la Raison pure*, p. 1198, III, 387). Sur cette considération se bâtira la néantisation existentielle en tant que créatrice de la totalité synthétique qui la motive à déterminer par négation.

2. *Ibid.*, p. 1037, III, 254.

3. *Ibid.*, p. 1198, III, 388.

aussi non-cela, et encore non-cela, sans que l'on sache jamais rien de positif sur S). Pour éviter ce « mauvais infini » (pour anticiper un terme hégélien), ce ne-rien-dire qui consisterait à dire : le savant est non-éléphant, non-carré, non-sucré, etc. (sans savoir par là quoi que ce soit du savant lui-même), il faut avoir placé nos raisonnements déterminants sous l'égide d'une totalité organisée (Dieu), telle que ces raisonnements peuvent se mouvoir dans des « sphères » de cohérence, et se faire *syllogismes disjonctifs,* qui, par l'intermédiaire de l'opérateur du jugement indéfini, écartant tel prédicat, poseront de ce fait même tel autre, qui convient positivement au sujet. La majeure de ce syllogisme est affirmative (S est ou A ou B ou C) ; la mineure est négative (or S est non-B et non-C) ; la conclusion est positive : donc S est A. Il faut insister sur la façon dont Kant ici comprend le « négatif » ; la négation n'est pas mise en œuvre par un jugement négatif mais par un jugement indéfini ; la différence de ces deux types de jugement consistant en ce que le premier fait porter la négation sur la copule (S n'est pas B), et le second sur le prédicat (S est non-B). On pressent le sens de ce que le « est » soit libre de négation : c'est ainsi qu'il peut être le genre commun aux termes disjoints, selon le sens de la « contrariété », ou encore la « sphère » à laquelle appartiennent les opposés. C'est quand le « est » lui-même est affecté de négation, donc dans le jugement négatif, qu'il devient inapte à être une instance rassembleuse d'opposés, et qu'alors la négation pourrait bien ne jamais conduire à détermination, se perdant dans l'ineptie rapsodique du n'importe quoi. Pour reprendre un exemple de Kant quant au fonctionnement de la disjonction : l'âme est ou mortelle ou non-mortelle : selon que la seconde proposition est vraie – or elle est non-mortelle (en elle le tout précède la partie, et en tant que cette totalité elle est simple, donc indécomposable, ne peut donc dépérir en rien de soi, donc pareille à soi en tout temps, immortelle) alors l'âme appartiendra à la sphère des immortels *parmi le genre des vivants.* Pour en savoir plus sur l'immortalité de l'âme, c'est-à-dire envisager un nouveau problème, il faudra disjoindre à nouveau (toujours de façon exclusive) parmi les vivants immortels successivement tous les prédicats possibles et leur contraire : angelots, chérubins, séraphins et non-angelots, non-chérubins et non-séraphins, etc., et forcer une nouvelle détermination du phénomène visé. Il suffit dès lors de passer en revue le couple des opposés prédicatifs les plus généraux pour de proche en proche cerner par disjonction la détermination poursuivie : homme cultivé ou non cultivé, si homme cultivé : artiste ou non artiste, si non artiste : critique ou non-critique, si non critique : philosophe ou écrivain ou savant, si savant : savant de la nature ou non, si non : savant des sciences humaines ou non, – si oui, c'est fini, on possède la détermination complète, si non, parapsychologue ou mage ou homéopathe, etc. [1].

4. *Sartre est-il kantien sur la question du néant ?*

Revenons à Sartre à partir de cette élucidation de la position kantienne de la question du néant. L'attachement à la formule de Parménide a-t-il de part et d'autre le même sens ? Chez les deux auteurs certes, il y a incommensurabilité de l'être et du néant, et postériorité du néant eu égard à l'être. Mais chez Kant cette incommensurabilité est synonyme de l'insigne infériorité du néant par rapport à l'être, et cette postériorité indique vers le statut strictement instrumental et provisoire du négatif, intermédiaire fugitif permettant, à travers le syllogisme disjonctif et le jugement indéfini, de passer, par limitation, de la positivité des prédicats possibles tels qu'ils sont postulés préexister et coexister dans une totalité originaire toute-positive, à la positivité de la détermination du sujet finalement cerné

1. Ici je suis la leçon de B. Longuenesse faisant du jugement disjonctif chez Kant une *organisation* des connaissances établie par deux jugements précédents (catégorique et hypothétique), en dépendant donc, mais les fondant tout deux par sa fonction totalisante d'emboîtement en genres et espèces : « Comme le confirme l'*Idéal transcendantal* dans la *Critique de la raison pure*, le jugement disjonctif est la forme même de l'universelle subordination des genres et des espèces vers laquelle tend toute connaissance. Dans ces conditions, il ne pourra avoir, pour l'inscription des objets sous les synthèses discursives, le même rôle que les deux autres formes du jugement : un jugement disjonctif suppose des concepts déjà formés, inscrits dans le champ constitué et unifié d'une connaissance. Il a un rôle essentiel pour penser la totalisation des connaissances constituées ou possibles, mais en revanche ne peut jouer le rôle que l'on peut attendre des jugements catégoriques et hypothétiques : être l'activité même par laquelle le sensible est inscrit sous les formes discursives. Ou plus exactement il ajoute, dans la formation même des jugements catégoriques et hypothétiques, la perspective de leur totalisation possible, qui ne pourra venir qu'en second lieu » (*Kant et le pouvoir de juger*, Paris, P.U.F., p. 127). Mais il doit être clair que pour que cette présentation ait un sens il faut entendre ce fonctionnement disjonctif au niveau du monde effectif qui est le nôtre et le résultat de l'entrecroisement réciproque des « substances réelles » existantes en ce qu'elles se présentent en une totalité organisée de genres et d'espèces dans le cadre de la sphère communautaire du « tout de la réalité ». « La communauté des substances ne peut être pensée comme communauté de relations internes entre concepts, mais comme communauté de *relations extérieures* (de causalité réciproque) entre choses données dans l'espace et le temps. La forme logique de l'universelle subordination des genres et espèces ne peut être obtenue que par réflexion sensiblement conditionnée, et jamais achevée, de ce *totum realitatis* qu'est le tout des substances en relation d'universelle interaction » (*ibid.*, p. 446).

par la conscience finie. Au moins deux dimensions de la pensée kantienne, d'ailleurs liées entre elles, sont irrecevables pour Sartre. 1) D'un point de vue kantien, ce qui se contredit n'est rien, mais le rien lui-même n'est pas contradictoire de l'être – et tel est bien, contre Hegel qui en ferait des contraires, le réquisit de Sartre : être et néant sont des contradictoires ; mais chez Kant le néant n'a pas assez de consistance pour entrer en contradiction avec l'être, et la contrariété n'est jamais rompue : dans le monde physique et phénoménal, elle est contrariété de positifs homogènes (par exemple deux forces), la distribution adéquate des relations contraires selon des sphères d'homogénéité étant supérieurement garantie au niveau nouménal par l'*omnitudo realitatis*, où toutes les déterminations possibles coexistent selon une positivité sans faille. 2) On l'a vu, le motif de l'opposition de Sartre à la dialectique, et à la synthèse par laquelle, selon lui, elle aplanit toujours déjà l'hétérogénéité de la thèse et de l'antithèse, ce motif est l'intuition de la contingence – motif par excellence athée, puisqu'il revient à rejeter tout fondement intégrateur de l'existence humaine. On conçoit donc que l'enveloppement de toute réalité par l'*Ens realissimum,* revers de la doctrine des grandeurs négatives, ne soit pas aux yeux de Sartre mieux apte que la synthèse hégélienne à rendre compte des rapports de l'être et du néant ; ce rapport devrait être d'une hétérogénéité telle que chacun des termes précarise l'autre sans pourtant par là en faire le même que lui ou le destiner à quelque réconciliation.

5. *Critique sartrienne du* jugement *négatif*

Et de fait la réserve de Sartre à l'endroit de la conception kantienne du néant est explicite : elle se condense dans la critique qu'il adresse à la façon étroitement judicative dont Kant comprend la négation. Le négatif chez Kant n'a de place que dans le jugement, instrument de triage découpant progressivement, sur fond d'une totalité préexistante, la définition de la détermination poursuivie. « Veut-on que l'esprit possède en soi le *non* comme forme de triage et de séparation ? Mais en ce cas, c'est jusqu'au moindre soupçon de négativité qu'on ôte à la négation. Si l'on admet que la catégorie du non, catégorie existant *en fait* dans l'esprit, procédé positif et concret pour brasser et systématiser nos connaissances, est déclenchée soudain par la présence en nous de certains jugements affirmatifs et qu'elle vient soudain marquer de son sceau certaines pensées qui résultent de ces jugements, on aura soigneusement dépouillé, par ces considérations, la négation de toute fonction négative. Car la négation est refus d'existence. Par elle, un être (ou une manière d'être) est posé puis rejeté au néant. Si la négation est catégorie, si elle n'est qu'un tampon indifféremment posé sur certains jugements, où prendra-t-on qu'elle puisse néantir un être, le faire soudain surgir et le nommer pour le rejeter au non-être ? »[1]. Autrement dit, si la négation est une catégorie, ou un simple opérateur du jugement, la question reste entière de savoir quel en est le déclencheur, par quelle motivation elle pourrait se trouver mobilisée au vu de telle détermination plutôt que de telle autre pour exercer son travail de sélection.

Cette question ne se peut résoudre selon Sartre que si la négation-catégorie est sous-tendue par la « tête chercheuse » d'une conscience s'attendant dans le néant du futur à partir de ce qu'elle en a anticipé de vide à remplir (premier décrochage néantisant par rapport au tout de l'être : l'attendre à partir de ce qu'il n'est pas), tous les prédicats possibles appartenant au champ n'étant passés en revue que pour être reversés dans le « fond » et creuser la confirmation de l'absence du possible recherché. Par quoi la pensée sartrienne est sans doute, on le verra, plus proche de la dialectique qu'elle ne le croit.

Soit en effet le congédiement de l'*Ens realissimum.* Sommes-nous alors condamnés à cette inanité dispersive que redoutait Kant (sans la totalité préalable que trient et départagent syllogisme disjonctif et jugement indéfini, rien ne nous assure que nous ne divaguons pas et qu'en écartant tel et tel prédicat nous nous rapprochions effectivement de la détermination visée), ou encore à cette dérive assumée par Deleuze comme conséquence de la disparition de l'Être originaire : la disjonction *inclusive,* c'est-à-dire la disjonction que plus aucune cohérence supérieure ne somme de prendre parti exclusivement pour un de ses termes, et qui, solécisme placé sous la seule autorité de Baphomet, prince des illusions, déploie sans entrave son propre arbitraire (« Il est minuit. La pluie fouette les vitres. Il n'était pas minuit. Il ne pleuvait pas »[2]) ?

1. *EN*, p. 45.

2. *L'Anti-Oedipe*, p. 92. C'est aussi la formule « ravageuse » de Bartleby : « Je préférerais ne pas », neutralisation radicale de toute alternative signifiante. « La formule est ravageuse parce qu'elle élimine aussi impitoyablement le préférable que n'importe quel non-préféré. Elle abolit le terme sur lequel elle porte, et qu'elle récuse, mais aussi l'autre terme qu'elle semblait préférer, et qui devient impossible. En fait, elle les rend indistincts : elle creuse une zone d'indiscernabilité, d'indétermination, qui ne cesse de croître entre des activités non-préférées et une activité préférable. Toute particularité, toute référence est abolie… *Je préférerais rien plutôt que quelque chose* : non pas une volonté de néant, mais la croissance d'un néant de volonté. Bartleby a gagné le droit de survivre c'est-à-dire de se tenir immobile et

Le pari hégélien est qu'il est possible d'échapper à l'alternative : soit un être supérieurement enveloppant et tout positif, soit le chaos, la déréliction d'un négatif arbitrairement divagant ; et ce en mettant en œuvre un espace d'« appartenance » des termes qui ne soit précisément autre que leur relation négative elle-même ; aussi bien, en faisant « monter » toute contrariété à la contradiction [1].

debout face à un mur aveugle. Pure passivité patiente... Être en tant qu'être, et rien de plus » (DELEUZE, *Critique et Clinique*, « Bartleby ou la formule », p. 92). Cet indécidable qui consiste au fond à dire ceci : « Je préfère n'avoir aucun préférable » est la négation de ce qu'on verra être le sens de la contradiction hégélienne : définition de tout terme par son autre déterminé, donc de tout préférable par un non-préférable et de tout non-préférable par un préférable ; c'est une telle stérilité indécidable que Hegel stigmatisera dans le jugement indéfini, auquel il contestera la fécondité que lui reconnaît Kant : le jugement indéfini, pour Hegel, sera le lien d'une négation et de n'importe quoi, c'est-à-dire aussi bien un non-lien.

1. Montée dialectique à la contradiction ou revendication deleuzienne de la disjonction inclusive, cohérence enveloppante de la négativité ou dérive entièrement affirmative, soumise à nulle instance unifiante : tentons de préciser cette alternative. La position deleuzienne va de pair avec l'assomption d'un inconscient, et il faut se souvenir de la remarque de Freud indiquant que la contradiction n'existe pas au niveau de l'inconscient, les tropes rhétoriques assurant le coulé de toute image dans une autre ; également, à titre de dérive sans cohérence unifiante, en-deçà ou au-delà de tout *Ens realissimum,* la classification borgesienne qui a motivé l'écriture des *Mots et des Choses* de Foucault : « Ce texte cite 'une certaine encyclopédie chinoise' où il est écrit que 'les animaux se divisent en : a) appartenant à l'Empereur, b) embaumés, c) apprivoisés, d) cochons de lait, e) sirènes, f) fabuleux, g) chiens en liberté, h) inclus dans la présente classification, g) chiens en liberté, h) inclus dans la présente classification, i) qui s'agitent comme des fous, k) dessinés avec un pinceau très fin en poils de chameau, l) *et cætera*, m) qui viennent de casser la cruche, n) qui de loin semblent des mouches » ('Préface'). « Impossibilité nue de penser *cela* » précise Foucault... cependant à y réfléchir par delà le rire on s'aperçoit qu'il y a quand même une sphère communautaire mobilisée qui permet *pour chaque élément de l'ensemble* d'y associer peu ou prou un animal, même le « et cætera » contraint à rester dans la lignée d'énumération à composante animale... Ce sont les sphères d'appartenance « pertinentes » utilisées dans ce genre de taxinomies qui sont en fait prises queue par-dessus tête, mêlant dans le même panier si l'on peut dire animaux « possédés » (appartenant à l'Empereur), animaux « conservés » (embaumés), animaux « humanisés » (apprivoisés), animaux « spécifiques » (cochons de lait), animaux « mythologiques » (sirènes), animaux « légendaires » (fabuleux), animaux servant d'exemples aux « paradoxes des ensembles » (inclus dans la présente classification), les animaux « modèles » pour artistes (les animaux dessinés avec un pinceau très fin), animaux « gesticulants » (qui s'agitent comme des fous), les animaux « coupables de désastres ménagers » (qui ont cassé la cruche), les animaux « illusoires » ou « simulacres d'autres animaux » (qui de loin semblent des mouches). Chaque élément de la classification ayant pu constituer en lui-même le nom d'un ensemble, et chaque ensemble être ainsi constitué par le jugement disjonctif entre lui-même et son autre, par exemple le jugement disjonctif entre « l'ensemble des animaux de l'empereur » et tous ceux qui

6. *La montée dialectique de toute détermination à la contradiction*

Pour tenir ce pari, il faut accepter de poser une question radicale : la postériorité du néant par rapport à l'être est-elle chose si assurée ? Si nous nous mettons en quête de telle détermination de l'être, ou de l'être

ne lui appartiennent pas – les animaux en général constituant une sphère commune d'appartenance pour les deux sous-ensembles *contraires* l'un de l'autre, mais aussi bien *contradictoires* s'ils sont appréhendés par l'Empereur au regard de son projet exprès d'assurer une exploitation intensive de parcs naturels afin d'empêcher la disparition d'espèces naturelles : il y aura la totalité du territoire sur lequel s'étend son autorité comme fond qu'il se fait ne pas être en n'étant pas tous les animaux qui entreront dans la périphérie de ses propriétés foncières.

Deleuze produit une critique de l'idée de négation ou de néant, qu'on peut dire être elle-même négative, et une affirmation positive de ce qu'il lui substitue. Mais le néant qui est à l'œuvre dans sa critique pourrait bien annuler celle-ci, et puisque son affirmation ne se soutient que de la contradiction où se trouve par rapport à elle la thèse adverse, la première s'évanouissant l'affirmation s'évanouit derechef... si l'on est un dialecticien, et non un deleuzien qui ne veut que « creuser l'écart », « faire la différence », et qui croit pouvoir s'opposer à la dialectique sans que la dialectique ne s'oppose à lui, de même que l'éclair s'arrache du ciel obscur sans que le mouvement soit réciproque.

La part négative de la critique deleuzienne s'en prend à la fois au dogmatisme classique des rationalistes et à la position dialectique de Leibniz et de Hegel sous le grief commun pour les deux ensembles considérés de finalement inscrire le négatif à l'intérieur d'une sphère d'appartenance légitimante et rédemptrice de sa part maléfique. Soit pour le premier ensemble l'Être, l'Un, le Bien, Dieu, au regard desquels le négatif ne sera jamais que la dégradation de l'instance totale mise au sommet de l'enveloppement de toutes ses déchéances humaines et mondaines, soit pour le second ensemble, chez Hegel la Contradiction elle-même comme mode de relation interne ou immanente du Positif et du Négatif, de l'Être et du Non-être, le « tout-grand » ou l'« opposition infinie » embrassant la totalité des termes qui s'opposent, résorbant par là le risque d'éclatement inhérent à l'opposition, alors que pour Leibniz il s'agit du « tout-petit » de l'inconscient réduisant tous les termes qui s'opposent à la proximité la plus affine de leur différence, exténuant aussi bien leur insuffisance mutuelle. Dans les deux dernières positions, le « tout » de la contradiction et le « tout » de l'infinitésimal reconstitue encore, aux yeux critiques de Deleuze, le principe d'une harmonie communautaire pré-établie. Mais c'est à l'égard de la dialectique hégélienne que Deleuze se montre le plus négatif, n'hésitant pas à recourir aux qualificatifs désobligeants et métaphores disqualifiantes pour soutenir son propos (« Combien grossières paraissent les oppositions... lourdes pesées, lourdes mesures approximatives » (*Différence et Répétition*, p. 262). Quand l'injure se substitue à l'argumentation, il faut se méfier de la pertinence du propos...). Leibniz, avec son assomption de l'inconscient ou des « petites perceptions » convient mieux à Deleuze, mais reste critiquable dans la mesure où il a finalement agencé les poussières monadiques au sein du « meilleur des mondes possibles », selon le principe d'une sélection par convergence des différentes monades vers le Mieux de l'organisation de cette pure multiplicité. Ce que Deleuze veut c'est un éclatement sans merci, une dispersion sans promesse d'unification. On en passe par là à la part positive de son argumentation, à la revendication soi-disant de telle détermination, n'est-ce pas parce que nous *ne* disposons *pas* de cette détermination ? Toute détermination est négation, certes, mais il faut entendre cette négation comme négation de négation, négation de la négation première en exorcisme de laquelle je me suis mis en quête de cette détermination. Non, il n'y a pas de totalité positive préalable où chaque détermination attend d'être retrouvée par l'esprit qui pourra faire taire la rumeur des prédicats inadéquats et la restituer à ceux qui font sa vérité. Au contraire : il y a d'abord le néant de cette détermination, c'est-à-dire mon ignorance quant à elle. Mais éprouver une lacune, c'est déjà être en train de tenter de la dépasser. Dès que je manque d'une détermination, je me projette dans la sphère totalisante des possibles éventuellement susceptibles de combler ce manque. Ainsi ce tout ne précède pas la négation, mais surgit en même temps qu'elle. Et je nie derechef ce tout en décidant du prédicat le plus adéquat, c'est-à-dire de celui qui a un « sens » au regard de la détermination visée, ce sens se décidant non plus par le parcours de tous les prédicats possibles, comme le veut, dit Hegel ironiquement, la « grandiose loi » kantienne

purement affirmative de la différence. Aristote laissait se perdre la différence ou l'*individu* en se contentant, en fait de différence, d'appréhender la « différence spécifique », c'est-à-dire la figure de la différence qui reste compatible avec l'identité du Concept qu'elle féconde et enrichit (les différences individuelles, « trop petites », enfermées dans leur ponctualité accidentelle, ne concernent pas l'identité du Concept ; et tout aussi peu les différences génériques, « trop grandes », incombinables et donc stériles) ; Hegel la perd tout autant sous l'autorité de la Contradiction qui enjoint à toute différence de se définir par le modèle polyvalent et identitaire du rapport à « son autre déterminé ». « Quand on lit la différence comme une opposition, on l'a déjà privée de son épaisseur propre où elle affirme sa positivité » (*Différence et répétition*, p. 263-64). La saisir comme « opposition » c'est se placer du point de vue de l'autre, la mesurer à ses relations et non à sa pure affirmativité, qui consisterait précisément à ne pas la mesurer, voire à accepter qu'elle n'ait pas de raison ; car si l'affirmation se réfléchit elle-même et se met en quête de ses raisons, elle ne peut sans doute éviter de rencontrer sa propre précarité « dialectique » : pourquoi en effet affirmer et ainsi s'affirmer si ce n'est que cette affirmation ne va pas de soi ? Deleuze pourtant va sans doute jusque-là, prônant, contre la différence maîtrisée (et par là même précaire, la maîtrise attestant de ce qu'il y a foncièrement indiscipline), une différence pure, ou une différence « en elle-même », qu'il appelle aussi singularité. « Quand nous interprétons les différences comme négatives et sous la catégorie de l'opposition, ne sommes-nous pas déjà du côté de celui qui écoute, et même qui a mal entendu, qui hésite entre plusieurs versions actuelles possibles, qui essaye de s'y 'reconnaître' en établissant des oppositions, le petit côté du langage, et non pas le côté de celui qui parle et qui assigne le sens ? N'avons-nous pas déjà trahi la nature du jeu du langage, c'est-à-dire le sens de cette combinatoire, de ces impératifs ou de ces coups de dés linguistiques, qui, tels les cris d'Artaud, ne peuvent être appréhendés que par celui qui parle dans l'exercice transcendant ? » (*ibid*).

de la détermination complète, mais dans le rapport négatif qui unit la détermination à *son* autre, ou, pour reprendre plus précisément la terminologie de la *Science de la Logique*, à sa « différence déterminée, essentielle » [1], c'est-à-dire à son contradictoire ; le « tout » n'advenant à son tour qu'à partir de la détermination et de la relation négative qui l'unit à son autre déterminé, en tant qu'ils le révèlent comme « fond » en se constituant comme « forme ».

Comment comprendre cette relation négative de la détermination à *son* autre, à partir de laquelle seulement cette détermination se détermine ? Soit Achab qui se fait Achab au fil de la quête de son Graal blanc. Achab qui n'est ni poisson ni muraille colorée, pas plus que capitaine de cavalerie, et qui devient cependant les deux premiers en se faisant ne pas les être *expressément, les portant donc en son cœur comme le sens répulsif de tout ce qu'il fait* [2], *en pourchassant incessamment l'inscription « incarnée » en lui sous forme de pilon de bois,* et Moby Dick qui n'est ni humain ni paroi crayeuse, pas plus que sauterelle, devient cependant les deux premiers en s'attaquant au Capitaine Achab et en présentant sa façade ruisselante à la fois comme arme, proie et piège de son attaque... Quand Moby Dick devient muraille de blancheur, Achab devient baleine. Ce qui conjure ici l'éparpillement inane du négatif (qui nous exposerait à formuler des propositions telles que « Achab n'est pas une sauterelle », « Achab n'est pas vert », ou, comme l'écrivait Queneau « Ainsi une motte de beurre, j' prends l' premier truc qui m' passe par l'idée, une motte de beurre par exemple, ça n'est ni un caravansérail, ni une fourchette, ni une falaise, ni un édredon » [3]), ce qui l'astreint à la cohérence, ce qui permet de dire (avec Queneau toujours) que « c' mode de ne pas être, c'est précisément son mode d'être », c'est la contradiction, c'est-à-dire l'invention de soi de chacun des termes à travers cela précisément qu'il se fait ne pas être. En ce sens, l'affrontement d'Achab avec Moby Dick trouve sa « communauté » non 1) dans l'élément marin commun aux deux, opposition traditionnelle du marin et de la mer, trop aisément réductible à la cargaison de baleines ramenée au port, mesurant *quantitativement* la victoire de l'un sur l'autre, ni 2) dans le fait de l'immémorial conflit de l'homme avec la bête soutenu cette fois par la communauté de la hiérarchie instituée de l'homme roi de l'univers,

1. *Science de la Logique*, II, p. 86.

2. Moby Dick et pas n'importe quelle autre baleine : « Pour moi, cette baleine blanche est cette muraille, tout près de moi. Parfois je crois qu'au-delà il n'y a rien, mais tant pis... »

3. R. QUENEAU, *Le chiendent*, p. 375.

hiérarchie fixée et établie selon les pôles inamovibles de l'intelligence et de la force brutale, mais 3) dans le fait pour Achab de se faire *ne pas être* Moby Dick, dès lors à travers l'exclusive communauté de l'invention par Achab du cétacé qu'il se fait ne pas être dans la lutte singulière entamée avec lui *à partir des marais de passivité intérieure dont son volontarisme guerrier est la négation,* sa tentation récusée à ne pas être le Capitaine qu'il ne cesse de tenter de se faire, s'y rapportant aussi bien comme à la paroi de blancheur à escalader en y plantant le piolet-harpon du combat final ; réciproquement la baleine, elle-même inhumaine, non-dialectique, dialectisée par l'intensité de blancheur qu'elle offre à Achab en lui permettant de s'y rapporter comme à la falaise calcaire dont elle expose la surface dans la parade propre du combat. Achab pouvant devenir le capitaine qu'il se fait être en arrachant de lui l'animal qui l'avait vaincu pour s'en faire l'adversaire éponyme dans le même mouvement où il fait advenir l'animal à l'élémentarité spatiale de sa luminosité en l'obligeant à s'arracher du clair-obscur de sa profondeur chtonienne de monstre marin par son exposition provocatrice : il est Achab-de-la-baleine tandis qu'elle est la baleine-de-la-paroi-sacrificielle-immaculée-d'Achab, Achab animalité de sa propre humanité comme le fond chaotique de sa dialecticité, Moby Dick humanité de sa propre animalité comme le fond dialectique de sa disposition agressive à l'encontre Achab.

7. *Du jugement indéfini au jugement négatif*

Que la négation, le tout, la détermination soient ainsi en dialectique les multiples dimensions d'une même ek-stase, cela n'est pas sans apporter de profonds remaniements à la théorie des jugements telle que la pensait Kant. Le jugement négatif, on s'en souvient, était minorisé en logique kantienne (ce jugement était considéré comme ne disant à proprement parler *rien* du sujet, le jugement indéfini seul ayant le privilège de pouvoir servir le processus de détermination, parce que la négation n'y entame pas *l'être*, et que dès lors le prédicat nié renvoie à un envers de positivité, en l'occurrence à la sphère où le prédicat adéquat doit être situé). En logique hégélienne, il devient la vérité de tout jugement : c'est en effet bien parce que « S n'est pas B » qu'il y a sens à les lier synthétiquement. Le jugement affirmatif n'est jamais que négation de cette négation. Cette dernière émerge du chaos, et y effectue la mise en ordre primordiale, en commençant à déterminer son sujet par ce qu'il n'est pas [1].

1. Les commentateurs attentifs de Kant ont relevé que déjà chez Kant au niveau de l'expérience critique (et non purement logique) le néant de l'espace et du

C'est, aux yeux de Hegel, quand le jugement entend se masquer sa teneur foncière de négativité, qu'il éclate en deux directions inverses et symétriques : *soit* il poussera l'affirmativité à ses limites, c'est-à-dire à l'identité tautologique, et plutôt que de dire « A est B » (ce qui, via l'altérité des termes, frôle trop flagramment le néant), et dira « A est A » et « B est B »[1], *soit* il ne considérera que la négation en elle-même, sans qu'elle soit négation *de rien de déterminé,* et c'est alors l'inepte déperdition de ce jugement indéfini auquel Kant avait indûment conféré quelque dignité. « Exemples de tels jugements : 'l'esprit n'est pas un éléphant', 'un lion n'est pas une table', etc. Propositions correctes, mais dénuées de sens, exactement comme les propositions identiques : 'un lion est un lion', 'l'esprit est l'esprit' »[2].

8. *Contradiction et contrariété chez Sartre*

Revenons à présent à la critique sartrienne de la dialectique. L'être est, le néant n'est pas, martelait Sartre, reprochant à Hegel d'avoir méconnu cette hétérogénéité essentielle ou cette « contradiction » irrémédiable au profit d'une soi-disant « contradiction » dialectique qui ne serait en vérité que « contrariété » puisqu'elle n'aurait de cesse de ramener les deux termes à une aune commune, en les infiltrant chacun de son autre. Hétérogénéité ou asymétrie de l'être et du néant qui implique la postériorité de celui-ci-par rapport à celui-là : « Non

temps précède la détermination, et cela en s'appuyant sur un passage des *Reflexionen* manuscrites de Kant recueillies dans les marges de ses ouvrages : « La réalité est être non pas logique (intellectuel) mais sensible. Si du point de vue logique (comme concept), la réalité précède nécessairement la négation, du point de vue ontologique autorisé par *l'Analytique Transcendantale*, le *rien* (les simples formes de l'espace et du temps dans lesquelles sont ordonnées les sensations) est premier par rapport à la *réalité* (le donné sensoriel susceptible d'être réfléchi par concepts) » (Béatrice LONGUENESSE, *op. cit.*, p. 352). Également Gérard LEBRUN : *Kant et la mort de la métaphysique*, p. 190 : « Il y a deux manières, dit Kant, de se représenter l'être et le non-être comme lumière et obscurité : ou bien l'obscurité n'est que la simple limitation de la lumière et les choses ne se différencient que par leur part d'ombre sur le fond de la réalité unique et première [conception de la métaphysique traditionnelle] – ou bien les choses ne se distinguent que par leur luminosité 'comme si elles étaient originairement tirées de l'obscurité' », la priorité du positif sur le négatif étant seulement logique et non reélle. Dans notre vécu réel, c'est l'obscurité qui est première, et notre pouvoir de détermination qui les illumine. Hegel, lui, supprimera toute priorité du positif, même seulement logique.

1. C. Perelman a montré que même la compacité des tautologies est inapte à étouffer l'altérité. Si je dis qu'« un sou est un sou », c'est parce que justement un sou est autre chose ou bien plus qu'un sou.

2. *Encyclopédie des sciences philosophiques*, § 173, trad. M. de Gandillac, Gallimard.

seulement l'être a sur le néant une préséance logique mais encore c'est de l'être que le néant tire concrètement son efficace. C'est ce que nous exprimons en disant que le *néant hante l'être*. Cela signifie que l'être n'a nul besoin de néant pour se concevoir et qu'on peut inspecter sa notion exhaustivement sans y trouver la moindre trace du néant. Mais au contraire le néant *qui n'est pas* ne saurait avoir une existence qu'empruntée : c'est de l'être qu'il prend son être ; son néant d'être ne se rencontre que dans les limites de l'être et la disparition totale de l'être ne serait pas l'avènement du règne du non-être, mais au contraire l'évanouissement concomitant du néant : il n'y a de non-être qu'à la surface de l'être »[1]. À propos de cette vision du rapport de l'être et du néant, on avait, avec G. Lebrun, posé la question : Sartre est-il un « dogmatique », au sens où Kant lui-même l'est encore, au sens où n'accorder au néant qu'un statut dérivé et non auto-suffisant est le « minimum de dogmatisme... qu'il faut accepter pour ne pas être hégélien »[2] ?

À quoi on a tenté de répondre d'un point de vue hégélien, en montrant que la « communauté » qui est en œuvre dans la contradiction dialectiquement entendue n'est pas exclusive de la différence des termes en présence, puisqu'elle ne consiste en rien d'autre que *la relation négative par laquelle chacun s'invente* ou, pour reprendre une expression récurrente dans la *Science de la Logique*, se « fait valoir » contre ce qu'il suppute être *son* autre.

En partant à présent de *L'Être et le Néant*, on pourrait remarquer inversement combien la « contradiction » que Sartre introduit entre être et néant, ou En-soi et Pour-soi, n'est pas exclusive d'une certaine communauté, ou est également en un sens, « contrariété ». Certes, En-soi et Pour-soi sont « deux régions d'être absolument tranchées »[3] ; cependant « il est évident que nous ne pourrons véritablement saisir le sens de l'un ou de l'autre que lorsque nous pourrons établir leur véritable rapport avec la notion de l'être en général »[4]. Autrement dit, au niveau le plus structurellement *ontologique*, En-soi et Pour-soi communiquent au moins en ceci que tous deux non seulement sont, mais sont de l'être, même si le premier est ce qu'il est, et si le second n'est pas ce qu'il est et est ce qu'il n'est pas. Cette communauté d'être de l'En-soi et du Pour-soi, notre *expérience* ne cesse de l'attester, qui ne nous donne pas accès à ces termes « abstraits » dans leur isolement,

1. *L'Être et le Néant*, p. 51.
2. G. LEBRUN, *Kant et la mort de la Métaphysique*, p. 199, note 47.
3. *EN*, p. 30.
4. *Ibid.*

mais nous met toujours en présence d'une « totalité synthétique dont la conscience et le phénomène ne sont que des moments » ou encore de « cette union spécifique de l'homme au monde que Heidegger nomme 'être-dans-le-monde' » [1]. Ainsi En-soi et Pour-soi seraient aussi des contraires, les extrêmes de la série continue ou de la concrétude indissolublement synthétique qu'est l'expérience. Enfin au niveau *métaphysique,* Sartre maintient la communauté relationnelle de l'être et du néant dans la mesure où ce dernier est l'être lui-même se faisant autre que soi pour cesser d'être un Soi sans présence à soi, et pouvoir se rapporter à soi et se fonder... échouant à se fonder dans son être, et ne parvenant à fonder que son néant d'être.

Tout comme dans la contradiction hégélienne, cette communauté des termes ne consiste qu'en une *relation de négation* : le Pour-soi, ou le néant d'être que l'En-soi s'est fait être en tentant de se fonder, n'est *rien* hors son rapport à l'être qu'il n'est pas et se définit exclusivement comme *n'étant pas* cet être : « c'est à partir de l'être qu'il n'est pas qu'un être peut *se faire annoncer* ce qu'il n'est pas » [2].

Sartre est-il finalement kantien ou hégélien dans son usage du négatif ? On pourrait soutenir qu'il a plutôt, entre les deux auteurs, aménagé une étrange synthèse. C'est comme s'il avait inventé un néant bifide, un néant à deux têtes – dialectique et critique. Une distinction récurrente dans *L'Être et le Néant,* manifestement utilisée opératoirement mais non élucidée thématiquement, est celle du « n'être pas » et du « ne pas être ». Le « n'être pas » semble correspondre à la « contradiction » telle que l'entend Hegel : ek-stase où se co-constituent l'être et le néant, chacun comme l'autre déterminé de l'autre qui se détermine lui-même dans le rapport à son autre ; le « ne pas être » semble correspondre au mouvement du jugement indéfini tel que l'entend Kant : le processus de détermination comme un parcours où se nient successivement « tous les prédicats possibles ».

C'est ainsi que la conscience se fait *n'être pas* le monde ou être *non-monde* ou *non-en-soi* en se faisant *ne pas être* telle ou telle région déterminée du monde. « Le Pour-soi *n'est pas* le monde, la spatialité, la permanence, la matière, bref l'en-soi en général, mais sa manière de ne-les-être-pas c'est d'avoir à ne pas être cette table, ce verre, cette chambre sur le fond total de négativité. Le *ceci* [la détermination] suppose donc une négation de la négation – mais une négation qui a à être la négation radicale qu'elle nie, qui ne cesse de s'y rattacher par un fil ontologique et qui reste prête à s'y fondre par surgissement d'un

1. *Ibid.*, p. 38.
2. *Ibid.*, p. 216.

autre ceci »[1]. Dans un seul et même mouvement la conscience produit une relation de négation *radicale* de l'en-soi, se posant comme tout de la négation en se faisant *n'être pas* le tout de l'être, ou étant exclusivement ce qui nie de soi être l'En-soi, et une relation de négation portant sur la mobilité transitoire de tout ce qu'elle se fait *ne pas être* au sein de la négation totale, et par laquelle elle se définit sous la modalité précise de ne pas être *telle ou telle* détermination selon le monnayage discrétionnaire qu'elle accomplit de sa « négation radicale ».

La négation radicale, le « n'être pas » ne bénéficie d'aucun substrat communautaire *en dehors de la relation néantisante* articulant *dans la séparation* les deux sphères d'être. Être et néant s'y co-constituent en divergeant l'un de l'autre. « Tout dévoilement d'un caractère positif de l'être est la contre-partie d'une détermination ontologique du Pour-soi dans son être comme négativité pure. Par exemple le dévoilement de la spatialité de l'être ne fait qu'un avec l'appréhension non-positionnelle du Pour-soi par lui-même comme inétendu »[2]. Que devient alors la revendication sartrienne de la postériorité du néant par rapport à l'être ? Elle vaut pour l'être de l'être, mais non pour son sens, pour son « dévoilement » ou son « il y a » : « 'Il y a' de l'être parce que je suis négation de l'être et de la spatialité, la quantité, l'ustensilité, la temporalité ne viennent à l'être que parce que je suis négation de l'être, elles n'ajoutent rien à l'être..., elles ne font que réaliser le 'il y a'. Dire qu'il y a de l'être n'est rien et pourtant c'est opérer une totale métamorphose puisqu'*il n'y a* d'être que pour un Pour-soi »[3]. Ce n'est pas l'être « brut » du Café qui peut imposer au néant d'être que je suis la perception de l'absence de Pierre car à ce titre il imposerait tout aussi bien l'absence de Wellington, Valéry ou Mallarmé, pas plus qu'il ne peut m'imposer la considération de Jules, Jacques ou Paul qui pourtant s'y trouvent bel et bien – bref, ce n'est pas un être préalable et vierge de tout néant qui me sollicite à prendre en considération l'ensemble des prédicats qui y sont liés, de façon que, pour décréter l'absence de Pierre, je devrais, à la manière kantienne, être passé par Jules et non-Jules, Jacques et non-Jacques, Paul et non-Paul, etc. Non, ce qui est en jeu, c'est le « il y a » du café, c'est-à-dire la façon dont je le révèle et en même temps me révèle à moi-même comme ne l'étant pas, et c'est cette négation radicale qui fait la cohérence de ma relation au café, et me dispense de la dispersion à travers « tous les prédicats » (tout comme la

1. *Ibid.*, p. 223.
2. *Ibid.*, p. 219.
3. *Ibid.*, p. 260.

relation, chez Hegel, des termes contradictoires à leur « différence déterminée, essentielle » permet de faire l'économie de cette « trivialité qui ne mène à rien » et qui consiste à devoir dire, par exemple, « de l'esprit qu'il est doux ou non-doux, vert ou non-vert »[1]) ; autrement dit encore, c'est le regard orienté par la détermination hypothétique ou interrogative, c'est-à-dire le néant projeté de la présence idéale de Pierre ou l'éventualité attendue de son apparition, qui constitue le problème *déterminant* à la fois Pierre dans la question ouverte que son anticipation idéale pose (quant à sa présence ou son absence) et le café comme le fond sonore et animé de cette éventualité. C'est en interrogeant la vision-Pierre sur fond du café où je m'attends à le trouver que je détermine le café comme fond d'être en relief duquel Pierre devrait apparaître. Mais pour appréhender le café comme fond encore faut-il l'avoir néantisé comme monde sur fond duquel une négation de la négation produira à son tour la forme Pierre comme détermination en attente de son éventuel remplissement. Le néant néantise l'être pour y faire surgir la détermination qui circonscrira de son néant de savoir l'attente susceptible de le combler ou non.

Si le « n'être pas » paraît ainsi affine avec ce que Hegel appelle « contradiction », le « ne pas être » dont il s'accompagne derechef, lui, garde quelque chose du processus déterminant kantien, et de la « contrariété » qui en est le régime de déploiement : il se produit à travers un parcours successif de diverses déterminations niées qui se situent à l'intérieur d'une totalité. C'est que la négation radicale ne s'apparaît que rarement à elle-même en toute pureté (c'est le cas dans des expériences telles que le vertige, l'angoisse ou la nausée) ; le plus souvent, nous sommes pris dans le tissu des menues attentes et compromis quotidiens, et le tout de la « contradiction » En-soi/Pour-soi ne se réalise qu'à travers la négation sans cesse recommencée de tel ou tel ceci qui se présente à moi dans l'expérience et sur fond de monde ; mon « n'être pas » n'est nulle part ailleurs que dans la façon dont je me fais « ne pas être » ceci, et encore ceci, et ceci encore, indéfiniment, au fil des déterminations rencontrées et niées.

Cependant le « fil ontologique » qui relie les deux négations, la négation radicale et la négation particulière, ou encore la « négation interne » et la « négation externe », ce fil évite qu'aucun des deux moments ne s'unilatéralise, et qu'on puisse dire que Sartre dans son usage du négatif est hégélien ou bien qu'il est kantien. Chacun de ces deux usages en effet rattrape et infléchit l'autre. La cohérence de la

1. *Science de la Logique, II*, p. 80.

négation radicale exclut que la négation particulière ou négation externe procède sur fond d'un être tout-positif préalable[1] : au contraire, le « fond » est constitué par la négation interne. Aussi bien tout contraire ne prend sens que par la contradiction dont il est l'application : contradiction du pour-soi et de l'en-soi se soutenant à l'être par ce qu'elle fait surgir comme déterminations contraires, et inversement : toute contradiction pose comme contraire ce en ébat avec quoi elle « tente une chance oiseuse », l'en-soi d'une part et ce qui s'en détermine sous forme de *ceci* particulier d'autre part.

9. *Conclusions dialectiques*

Dès lors la relation de Sartre à Hegel est elle-même dialectique : l'un est fait par l'autre dans le mouvement même par lequel ils se dépassent mutuellement. Sartre révélant – malgré qu'il en ait – la fine pointe de l'architectonique dialectique à travers les manques *qu'il pense* y déceler, et inversement sommé d'intérioriser cette dialectique pour l'opposer à son apparente absence chez Hegel alors que c'est du fait de l'avoir intériorisée qu'il a pu ainsi en déployer les composantes essentielles.

Reste que le procès que Sartre fait à Hegel sur base du premier enchaînement de la *Science de la Logique* est contestable à plus d'un titre.

1) Si l'être pour Sartre ne dépend en rien du néant *dans son être* (tel est le sens de la « postériorité » du néant par rapport à l'être), le « il y a » de l'être, lui, surgit bien par contre de l'ek-stase néantisante par laquelle le Pour-soi se lie à l'En-soi en s'en séparant. Mais ne devrait-ce pas être suffisant pour mettre Sartre en accord avec Hegel ? Car celui-ci n'a jamais prétendu non plus à « l'idéalisme absolu » tel que la pensée y régirait l'être même, tel, par exemple pour la *Phénoménologie de l'Esprit*, que le cours de l'Histoire devrait se conformer à la vérité qu'en a décrété le philosophe. C'est au contraire l'entendement qui est trop facilement porté à faire de ce qu'il pense une « chose » ou un « être », et tout l'effort de la dialectique est pour le

1. « Il n'y a, en dehors de l'en-soi, *rien*, sinon un reflet de ce rien qui est lui-même polarisé et défini par l'en-soi en tant qu'il est précisément le néant de *cet* en-soi, le rien individualisé qui n'est rien que parce qu'il *n'est pas* l'en-soi... le connaissant n'est absolument rien qu'une pure négation, il ne se trouve ni ne se récupère nulle part, il *n'est pas* ; la seule qualification qu'il puisse supporter, c'est qu'il *n'est pas*, précisément, tel objet fascinant... La présence du pour-soi à l'en-soi ne pouvant s'exprimer ni en termes de continuité ni en termes de discontinuité est pure *identité niée*... En ce sens nous pouvons appeler la connaissance : la pure solitude du connu » (*L'Être et le Néant*, p. 225-227).

dessiller, et lui faire comprendre qu'il n'a affaire qu'à de l'« apparaître », c'est-à-dire non pas à l'être même, mais à la façon dont il le révèle ou au « il y a» qu'il en produit : c'est exactement dans cette perspective que la *Logique de l'essence* est la vérité de la *Logique de l'être.* Vérité *en devenir* dès lors, mais ne devenant qu'*a posteriori* lorsque l'effectivité du développement logique ou historique a eu lieu, et selon une mise en perspective par les protagonistes eux-mêmes où chaque terme est l'invention de soi à partir de la situation qu'il dépasse.

2) Sartre reproche à Hegel de ne faire appel, dans la dialectique inaugurale de l'être et du néant, à l'être *pur* et au néant *pur* que pour pouvoir plus facilement, à la faveur de cette pureté ou de cette indétermination, conclure qu'ils « sont des abstractions vides et que l'une d'elles est aussi vide que l'autre », et que dès lors c'est à tort qu'on les distingue. Ce qui s'oublie, dans ce tour de magicien, qui tire le néant de l'être après l'y avoir infiltré, c'est, dit Sartre, que le vide est vide *de* quelque chose et que si l'être est vide *de* toute détermination autre que l'identité avec lui-même, le non-être, lui, est vide *d'être* ; qu'il y a donc asymétrie foncière du rapport de l'être et du néant, la différence demeurant que « l'être *est* et que le néant *n'est pas* »[1]. Mais tout se passe comme si Sartre sapait son propre argument, puisqu'il ajoute en note : « C'est d'autant plus étrange qu'il [Hegel] est le premier à avoir noté que 'toute négation est négation déterminée', c'est-à-dire porte sur un contenu »[2]. Ce qui est surtout étrange, c'est que Sartre ne fasse pas la différence entre d'une part la pensée d'entendement, qui est dans une bonne mesure celle que la *Logique de l'Être* s'emploie à restituer, et au niveau de laquelle nous sommes avec la dialectique initiale de l'Être et du Non-Être, et d'autre part la dialectique qui s'emploie à dissoudre cette pensée d'entendement (*Logique de l'Essence, Logique du Concept*). Car c'est l'entendement qui ignore combien toutes ses postures de pensée *sont déterminantes de ce qu'il pense,* c'est lui qui fait naïvement abstraction de la relation, c'est lui qui est susceptible d'ériger la plus pauvre et la plus étroite des déterminations en loi soi-disant universelle. La dialectique, à l'inverse, montre combien tout supposé immédiat est en vérité médié, combien toute abstraction est reconditionnée par ce dont elle s'arrache, combien le plus « pur » des universels peut n'être que la plus violente des particularités, bref, combien la relation toujours et partout est inextinguible. La critique de Sartre est celle que fera la logique de l'Essence et du Concept à la logique de l'Être pour son manque de réflexivité et de subjectivité.

1. *L'Être et le Néant*, p. 51.
2. *Ibid.*, p. 50, note 2.

3) Mais ici on retrouve le premier pan de la critique sartrienne, qu'on n'a fait que résumer brièvement en introduction de ce texte, et qui porte sur la notion hégélienne de dépassement. Comment est-il concevable, demande Sartre, si la médiation ou la relation sont la vérité de l'immédiat, ou l'essence la vérité de l'être, que toute trace de cette vérité puisse se perdre au point qu'un « entendement » puisse s'obnubiler sur des déterminations sauvagement abstraites et unilatérales, telles « être pur », « néant pur » ? Question qu'on peut fort bien retourner à Sartre : s'il est vrai que la liberté est l'être primordial de l'homme, d'où vient que *L'être et le néant* apparaisse surtout comme la dénonciation d'une omniprésente et obsédante aliénation [1] ? Si la liberté est susceptible d'authenticité, d'où vient qu'elle apparaisse le plus souvent engluée dans l'inauthentique ? Question à laquelle il répondra plus tard dans la *Critique de la raison dialectique,* et en un sens qu'on pourrait fort bien dire hégélien. Il faut, dit-il à partir du modèle de l'assimilation organique, *se faire inerte pour agir sur l'inerte* (c'est-à-dire pour le dépasser) – ce qui, dans la terminologie de *L'Être et le Néant*, se dirait sans doute : il faut se faire être ce qu'on n'est pas pour ne pas être ce qu'on est. Ainsi de la dialectique : elle se fait entendement pour lutter contre l'entendement, mieux, elle *est* entendement tout comme le Pour-soi *est* son corps ou sa facticité, et, tout comme le Pour-soi ne s'atteint pas comme liberté néantisante dans le refuge intime de quelque intériorité ou Substance-âme au-delà ou en-deçà de ce corps et de cette facticité, mais n'est rien d'autre que l'ébat avec eux, de même la dialectique n'est pas un ailleurs de l'entendement, mais n'est nulle part ailleurs que dans l'effectivité du parcours par lequel elle le (se) déstabilise dans ses hypostases figées et les dialectise.

4) Et quoi de différent, finalement, entre l'enveloppement de l'En-soi et du Pour-soi par le mouvement à travers lequel l'En-soi tente de se fonder, et y échoue, et l'Esprit hégélien, Synthèse de la synthèse qu'est la conscience et de l'anti-thèse qu'est son autre, se donnant la *relation* de la conscience et du monde pour se produire lui-même dans le devenir de soi, c'est-à-dire sortir de son immédiateté et tenter de se fonder en se médiatisant : se donnant donc la *relation* de la synthèse et de l'anti-thèse sans cesser de viser à en produire pour son

1. C'est une question que J. Hyppolite adressa à Sartre à l'occasion de la communication de Sartre à la *Société française de philosophie* : « *Connaissance et Conscience de soi* ». À l'affirmation sartrienne de ce qu'« il y ait, malgré tout, une constance plus grande du passage de l'immédiat à l'impur », Hyppolite objectait ceci : « il y aurait à établir dans quelles conditions et pourquoi se produit cette esquisse d'une nature » (*Bull. Soc. Phil.*, avril-juin 1948, p. 91).

compte la Synthèse. Ce mouvement de l'Esprit est, tout comme l'ébat du Pour-soi et de l'En-soi chez Sartre, fait de « ne pas être » et de « n'être pas ». L'Esprit ou le Soi n'est rien d'autre que la suite des relations nouées avec ce qu'il *n'est pas* (le monde) en se faisant *ne pas être* telle détermination relationnelle de la conscience avec ce monde, étant par là toujours négation déterminée de ce dont cette négation est la négation (la conscience malheureuse, par exemple, négation déterminée du scepticisme qu'elle se fait ne pas être comme modalité d'affirmation de soi en tant qu'elle n'est pas le tout de l'être).

Étrange procès, étrangement engagé de prime abord, puisque le chef d'accusation consistait en ce que Hegel n'aurait pas pris en considération la « contradiction »... laquelle est pourtant le centre nerveux de la dialectique. Pourquoi Sartre s'empêche-t-il de voir que ce que dans les dernières pages de *L'Être et le Néant,* il appelle la « liquidité de la pierre » ou la « noirceur du lait » est au plus proche de ces ténèbres cachées au cœur de la lumière, qui sont un des exemples par lesquels Hegel approche la « contradiction » [1] ? Et tout aussi étrange est le fait que Sartre se soit arrêté au premier moment de la *Logique de l'Être,* et n'ait pas exploré plus avant le mouvement dialectique de la *Logique*, car il aurait vu que c'est d'une dialectique analogue à la sienne qu'il s'agit en dernière instance au niveau de la dialectique du *Concept* (ou de la Notion) : le « Concept », comme le « projet » sartrien, est synthèse de l'être et de l'essence, c'est-à-dire de l'en-soi et du pour-soi, ou des déterminations mondaines et de la conscience préflexive qui s'y rapporte négativement à travers la liberté (à travers l'amour, la croyance ou l'Histoire, selon les étapes de son déploiement hégélien – mais à chaque fois dans la tentative, *motrice de la dialectique,* de produire la synthèse du Soi et de son Autre, tentative en un sens vaine – réussissant elle échoue, l'Autre ressurgissant incessamment selon le pan-tragisme de son destin –, ne cessant pourtant de se relancer jusqu'à s'atteindre, synthèse d'histoire et de savoir, de contingence et de nécessité, comme l'inchoatif jaillissement d'écume de son infinité [2]). Au reste il semble en quelque façon s'en être rendu compte en cours de route puisqu'il écrit dans une note : « La conscience est hégélienne » [3]... poursuivant cependant aussitôt par ces mots : « Mais c'est sa plus grande illusion ». C'est-à-dire réintroduisant son interprétation *doxique* (et commode) d'un Hegel, brandi comme repoussoir idéal de toute philosophie de la contingence ou de la

1. *Science de la Logique, II*, p. 76.
2. *Phénoménologie de l'Esprit,* trad. Hyppolite, p. 312-313.
3. *L'Être et le Néant*, p. 201.

finitude, ce Hegel qui aurait pensé le devenir dialectique de l'histoire dans la présomption que celle-ci doive avoir lieu *en vue de lui-même* penseur du Savoir absolu, ou en vue du Savoir absolu proféré à travers son porte-parole, lui-même, Hegel, *comme nécessité absolue !* [1]. Non, la conscience est sartrienne, et la plus grande illusion de Sartre, liée peut-être à sa modestie puisqu'il considère Hegel comme le plus grand philosophe de l'histoire moderne de la philosophie [2], est de croire que Hegel a pu ne pas s'en satisfaire.

Pierre VERSTRAETEN
Université Libre de Bruxelles.

1. « Cette scission de l'égal à soi-même, dont Hegel fait le propre de la conscience, au lieu de conduire, comme dans la *Phénoménologie de l'Esprit*, à une intégration plus haute, ne fait que creuser plus profondément et plus irrémédiablement le néant qui sépare la conscience de soi » (*ibid.*).
2. *Cahiers pour une morale*, p. 67.

LES PRÉDATEURS DU CRÉPUSCULE DIALECTIQUE
(À PROPOS DU COMMENTAIRE DE LA *SCIENCE DE LA LOGIQUE*)

« *L'essentiel, c'est la contingence* »
(Sartre, *La Nausée*)

« *Et tout d'un coup, bien plus tard, on se dit* : c'était donc cela ! »
(E. Wharton, *Le triomphe de la nuit*)

On prendra ici pour point de départ, en en étendant la portée à la *Science de la Logique* dans son ensemble, une formule par laquelle Gérard Lebrun approche le mode de déploiement du Concept hégélien : « Totalité sans doute, mais sans totalisation » [1]. On sait que le propos de cet auteur est de mettre à mal une doxa philosophique répandue dans notre modernité, et selon laquelle Hegel serait un « maître-penseur » à l'origine de bien des barbaries de notre siècle, ou la figure de proue du logocentrisme, annihilant les acquis du criticisme kantien pour ressusciter le pire d'un dogmatisme qu'on aurait pourtant pu croire décisivement éradiqué par la « révolution copernicienne ». Selon G. Lebrun, Hegel n'est, pour tant d'esprits, ce « dogmatique » impénitent, qu'en apotropaïsme d'une possibilité inquiétante, voire vertigineuse, qui sourd du discours dialectique – et que le plus souvent nous préférons ne pas voir : il se peut, nous dirait selon lui la *Science de la Logique*, que tous les concepts qui nous paraissent familiers, que tous nos chers objets-de-pensée, dont la légitimité nous semble au-dessus de tout soupçon, ne soient que l'effet d'une certaine « syntaxe » philosophique ; il se peut dès lors aussi qu'une autre syntaxe, en l'occurrence cette étrange organisation langagière qu'on nomme dialectique, ait pour effet de les dissoudre. Effrayés par ce « nihilisme » [2]

1. G. LEBRUN, *La patience du Concept*, Paris, Gallimard, 1972, p. 353.
2. *Ibid.*, p. 411.

qui ferait peut-être de nos ancrages les plus fermes de vides oripeaux et mettrait en péril notre droit à parler et à défendre nos « positions », nous aurions construit quasiment de toutes pièces, pour nous protéger, ce déplaisant «système» dit hégélien, qu'on salue parfois de loin en raison de son caractère imposant, mais en se gardant bien, et à juste titre, d'y pénétrer plus avant.

Étant donné ce propos, la formule « Totalité sans totalisation » peut surprendre. Car l'ambition de totalité ne caractérise-t-elle pas justement le dogmatisme, depuis Kant et la mise à jour de la fameuse « subreption » qui est le ressort des antinomies cosmologiques ? Et si on peut laver la dialectique hégélienne de l'accusation de dogmatisme, n'est-ce dès lors pas en plaidant qu'elle se veut non pas « totalité » (avec ce que ce terme suggère de clôture, d'achèvement définitif et sans réplique), mais plutôt « totalisation » (terme porteur de connotations de mouvance, de ductilité, de souplesse et d'ouverture) ?

Il s'agira pourtant ici de prendre cette formule au mot, et de tenter de montrer comment, à rebours de nos inclinations terminologiques spontanées, ce sont les déchiffrements de la dialectique en terme de « totalisation » qui, malgré qu'ils en aient, donnent d'elle une présentation qu'on peut éventuellement dire dogmatique.

Ils sont plus d'un à arpenter ce « royaume des ombres » qu'est la *Science de la Logique,* mais, pour divergent que soit leur mode d'approche respectif du texte, ils se retrouvent en cet inéluctable τοπος du commentaire : si, à propos de la *Science de la Logique,* il faut parler de « totalité », il est bien entendu que celle-ci devra être comprise comme « totalisation ». Soit la lecture de la *Science de la Logique* que nous proposent P.-J. Labarrière et G. Jarczyk, aimantée par l'« évidence » de la destination spirituelle réconciliée qui toujours déjà transporte chaque « moment » logique au-delà de ses insuffisances et unilatéralités [1]. Elle prend soin d'opposer un libre « principe de totalisation » dialectique, qui se confond avec le « mouvement de l'infini », à ce « statisme de la totalité » que stigmatise Levinas [2], elle s'emploie à lever le « contresens » qui souvent mène à appréhender Hegel comme l'instaurateur de « cette 'clôture' du discours si justement dénoncée de nos jours » [3] et met l'accent sur « la cohérence en devenir

1. Cf., pour le pullulement des « évidences », concernant un texte qui a pourtant réputation d'opacité, G. JARCZYK, *Système et liberté dans la Logique de Hegel*, Paris, Aubier, 1980, p. 11 et sq.

2. P.-J. LABARRIÈRE et G. JARCZYK, « Présentation », in *Science de la Logique, II*, Paris, Aubier Montaigne, 1976, p. XXI, note 47.

3. G. JARCZYK, *Système et liberté dans la logique de Hegel*, Paris, Aubier, 1980, p. 2.

et en voie d'affirmation » [1] qu'est la logique hégélienne. Soit à présent le commentaire publié sous le titre *Introduction à la lecture de la* Science de la Logique *de Hegel* [2] : cet ouvrage collectif se place sous le signe d'une attention portée à la *lettre* du texte plutôt qu'à sa destination spirituelle : « prendre l'esprit à la lettre » [3] est sa formule-programme. Les auteurs nous disent qu'« il ne faut pas trop privilégier dans la philosophie hégélienne l'aspect de la totalité », et que mieux vaut s'attacher aux procédures et articulations singulières, aux opérations discursives spécifiques à travers lesquelles cette totalité se construit, c'est-à-dire à « ce qui fait qu'il y a mouvement, procès » [4], ou à la « processualité » [5] de la logique dialectique. On le voit, dans les deux cas, qu'il soit inspiré par une vocation spirituelle ou se veuille le recensement d'opérations littérales, le commentaire assigne le vocable de « totalité » à un dogmatisme rigide qui ne conviendrait pas au discours hégélien, et insiste sur le mouvement totalisant qui en exprimerait au contraire la spécificité vivante.

Que la logique dialectique soit appréhendée comme totalisation, et comme totalisation en mouvement, il n'est pas difficile d'en repérer la raison. La spécificité du discours hégélien n'est-elle pas d'outrepasser les dualités de l'entendement ou de la « représentation habituelle », et de fluidifier leur fixité morte ? Parce qu'elle dépasse les dualités, la dialectique est unifiante ou totalisante : on sait que dès qu'on aborde les rivages hégéliens, le sujet ne fait plus face à un objet substantiel, indépendant et auto-consistant, qu'il lui faudrait penser adéquatement, mais que c'est la substance même qui est sujet ; que la forme ne s'applique pas à un contenu extérieur, mais est son propre contenu ; que le but n'est pas distinct du chemin par lequel on s'y est conduit ; qu'il n'y a plus d'intériorité idéale ou essentielle derrière la phénoménalité extérieure et contingente, mais seulement une équivalence de l'intérieur et de l'extérieur qui a nom réflexion, etc. Et parce que cette totalisation unifiante a un « moteur », à savoir le négatif, qui agit du dedans de chacun des termes pour l'avérer à lui-même comme n'étant « soi » que dans l'« autre » qu'il pensait lui être duellement opposé, elle doit être comprise comme mouvement.

1. *Ibid.*, p. 10.

2. Par J. BIARD, D. BUVAT, J.-F. KERVEGAN, J.-F. KLING, A. LACROIX, A. LÉCRIVAIN, M. SLUBICKI, Paris, Aubier, 3 tomes.

3. *Ibid.*, tome 1, p. 9.

4. *Ibid.*, p. 12.

5. *Ibid.*

Pourquoi se rebiffer contre ce lieu commun séduisant du commentaire hégélien, la totalisation mobile ou le mouvement totalisant ? Parce que fixité ou invariance se déguisent sous plus d'un masque. Qu'on déstabilise, au nom du mouvement dialectique, les termes fixes et séparés, qu'on les traverse du négatif qui les porte l'un vers l'autre et aussi vers leur au-delà, cela n'empêche pas la rigidité de ressurgir dans leur relation elle-même, dont la soi-disant mobilité peut elle aussi s'avérer pétrifiée. On tentera de montrer que c'est une telle pétrification, une telle invariance du mouvement lui-même, qui se laisse lire dans les deux modes de commentaire ci-dessus évoqués, pour autant que tous deux considèrent comme allant de soi la *nécessité* du processus dialectique. Qu'on voie le négatif moteur, « selon l'esprit », comme le *manque métaphysique* qui transit chacun des moments et l'appelle à se dépasser en s'ouvrant toujours davantage à sa vocation, ou, « selon la lettre », comme l'*opérateur formel* qui caractérise la dialectique, qu'il anime une mobilité abruptement téléologique ou une « processualité » qui se construit progressivement, dans les deux cas le mouvement dialectique *ne peut pas ne pas* aller de l'avant, soit parce qu'il est porté par le souffle de l'esprit, soit parce qu'il est l'engrangement rigoureusement cumulatif de son expérimentation discursive de soi-même. Dans les deux cas il est exclu que la dialectique aille parfois à reculons, ou en zig-zag, qu'elle rencontre l'inattendu, qu'elle soit prise à revers, se répète, perde le cap ou involue. Déterminée par son destin réconcilié à venir, ou bien par le passé des articulations discursives déjà proférées, elle est mortellement prévisible, transitant du formel au réel, de l'« encore trop abstrait » à la « concrétude auto-médiée », elle-même encore trop abstraite sous un autre rapport, et ainsi de suite. De la sorte la prétendue mobilité de la totalisation est l'alibi de son orientation inflexible, réfractaire à toute intempestivité [1]. Faut-il croire que Hegel, qui si souvent fait de « l'ennui » dégagé par telle ou telle démarche de pensée un argument décisif de la condamnation qu'il porte à son endroit – ainsi de l'ennui porté par l'intériorité abstraitement égale à soi du stoïcien [2], ou par la compulsion négatrice

1. C'est dans une perspective analogue à celle ici soutenue que S. Zizek rejette les « formules usées selon lesquelles la raison 'met en mouvement' les catégories fixes de l'entendement et y introduit le dynamisme dialectique », ou ce « lieu commun », la « 'contradiction' qui 'pousse en avant' le processus dialectique » (*Le plus sublime des hystériques, Hegel passe*, Point hors ligne, Paris, 1988, p. 17) : car penser que le mouvement est autre que la fixité, c'est encore rester prisonnier de l'entendement, et de son régime d'opposition.

2. *Phénoménologie de l'Esprit*, trad. J. Hyppolite, Paris, Aubier Montaigne, I, p. 171.

du scepticisme[1], ou encore par l'irréalisable « tu dois donc tu peux », constitutif du « mauvais infini » de la moralité kantienne[2] –, ne tente pas d'éviter que son propre discours soit ennuyeux, ennuyeux par l'implacable prévisibilité de son déroulement ?

* * *

Revenons à la formule encore énigmatique de G. Lebrun, dont nous suggérons qu'elle permettrait d'échapper à l'ennui exhalé par la nécessité : totalité peut-être, mais sans totalisation. Comment la comprendre ? Une totalité qui se produit sans totaliser ses parties, c'est, par opposition au tout extensif, une totalité *intensive.* Or, totale en ce sens intensif, toute pensée l'est, et ce avant même de se mettre à penser. C'est ce que Deleuze appelle le tracement du « plan » d'immanence ou de consistance : avant que se déploient les articulations conceptuelles, ou « pré-philosophiquement », il aura été décidé, en un parcours total du cerveau par lui-même, effectué à « vitesse infinie », de ce qui mérite d'être pensé[3]. Cet auto-survol intensif peut être aussi bien au principe d'une sélection violemment exclusive (chez Platon, seules méritent d'être pensées l'Idée et ses copies – les « simulacres », rebelles à l'action du modèle idéal, étant rejetés hors-pensée –, chez Descartes, du morceau de cire, seule vaut l'essence étendue, la multiplicité coulante de ses figures étant reléguées dans les bas-fonds de l'imagination, etc.) que de cette inclusion infinie qui est le propre de la dialectique (l'identité du « Soi » de la pensée, loin de s'ériger sur fond d'un rejet de l'altérité, l'intériorise incessamment, en même temps que corrélativement elle s'extériorise jusqu'aux confins d'elle-même). Mais, exclusive ou inclusive, toute pensée est suspendue à l'arbitraire préjudiciel de sa décision pré-philosophique totale, de son option sur ce que sera le sens du sens, autrement dit, elle n'a d'autre nécessité que celle qu'elle se donne : nécessité d'une contingence, aussi bien contingence de cette nécessité.

Si toute pensée est totalité d'elle-même en cette acception intensive, une pensée diffère d'une autre par la posture qu'elle adopte eu égard à ce *fiat* premier, à ce moment où elle s'emporte – comme on dit em-

1. *La relation du scepticisme avec la philosophie*, trad. B. Fauquet, Paris, Vrin, 1972, p. 65.

2. *Science de la Logique, I*, p. 119.

3. DELEUZE et GUATTARI, *Qu'est-ce que la philosophie ?*, Paris, Minuit, p. 197.

porter une victoire, dans toute l'autoritaire précarité d'un coup de force. Ne pas nier cette contingence décisoire, ne pas prétendre l'éteindre, la saturer, la suturer d'une chape de nécessité, c'est sans doute là le trait d'une pensée moderne. Ce n'est surtout pas pour Deleuze celui de la dialectique hégélienne, qu'il interprète comme l'apothéose du dogmatisme : son nécessitarisme serait d'autant plus captieux qu'il s'avance masqué d'une prétendue ouverture à l'altérité, son identité d'autant plus écrasante qu'elle dit s'écarteler jusqu'à l'extrême de la différence ; les pensées dites classiques, par leurs exclusions et partages, étaient sans doute moins dominatrices : car l'exclu, impensable, y était laissé en friche, libre donc de se développer selon ses propres lois ou sa propre anarchie ; tandis que rien n'échappe à la dialectique, qui entend réduire toute contingence, rendre raison des ramifications les plus différenciées du réel, son mot d'ordre étant, on le sait, « tout réel est rationnel ».

*
* *

Je dirais plutôt que le nécessitarisme dont se gaussent les adversaires de Hegel est une image induite par les commentateurs déjà mentionnés, qui sont prompts à injecter dans le texte une nécessité (spirituelle ou littérale)... Que Hegel soit « hégélien » au sens où ces commentaires veulent nous le faire croire, rien de moins sûr, et on voudrait ici parvenir à montrer comment, tout au contraire, la dialectique reste toujours au plus près de la contingence, comment elle garde vivace en elle cette totalité intensive, ce moment décisoire et infondé de son invention [1].

1. G. Lebrun ne fait pas appel à la notion d'intensité pour rendre compte du déploiement du Concept et de la formule par laquelle il l'exprime : « Totalité sans doute, mais sans totalisation » ; pour en fournir l'intelligibilité, il évoque l'energeia aristotélicienne telle que la commente Hegel dans les *Leçons sur l'histoire de la philosophie*. L'ενεργεια, insiste Hegel, revêt deux acceptions dans le *De Anima*. 1) elle est passage de la puissance à l'acte, au sens de modelage d'une matière première, amorphe et inchoative, par une forme qui lui vient du dehors : ainsi d'un enfant docilement soumis à un dressage militaire, et qui devient soldat. 2) Mais s'il faut admettre dans ce cas que le soldat *a changé* par rapport à l'enfant qu'il fut, il est un autre genre de passage de la puissance à l'acte qui n'implique pas de véritable changement : ainsi quand je n'exerce pas mon pouvoir de penser, on peut dire que j'ai la pensée en puissance ; mais que je me mette à penser, on ne peut pas dire que je me sois à proprement parler modifié – car ma pensée n'avait cessé de m'être présente jusque dans son endormissement. Pour reprendre la formule de Hegel, ici, l'acte n'apporte « aucun contenu nouveau ». C'est par cette seconde acception de l'ενεργεια qu'est concerné le Concept, qui se déploie et se différencie sans que par

Puisque c'est de la nécessité dialectique qu'il s'agit, on s'attachera à la dialectique qui, dans la *Science de la Logique,* articule les « modalités » – possibilité, réalité, nécessité –; on examinera la façon dont la commentent les deux tendances interprétatives évoquées, pour en venir enfin à l'éventualité d'une « autre » dialectique, qui n'aurait pas pour propos de sans cesse revendiquer la nécessité de la nécessité.

C'est dans la *Logique de l'essence* que Hegel traite des modalités, et plus précisément dans le chapitre intitulé « L'effectivité ». Le terme d'« effectivité » pourtant déborde les limites strictes de ce chapitre : il sert aussi d'intitulé à la section tout entière, qui comporte trois chapitres : « l'absolu », « l'effectivité », « la relation absolue ». La « relation essentielle », auparavant, aura avéré l'identité de « l'extérieur » et de « l'intérieur », marquant ainsi une scansion importante, puisque l'essence jusqu'alors s'articulait, à des degrés divers, autour de leur scission (autrement dit autour de la séparation de l'immédiateté et de la réflexion). « L'absolu », qui inaugure la section « Effectivité », est l'interprétation de cette identité en terme de suppression des déterminations de l'intérieur et de l'extérieur, c'est-à-dire en terme de leur identité indéterminée : « L'identité simple et massive de l'absolu est indéterminée, ou dans elle toute déterminité de l'*essence* et de l'*existence,* ou de l'*être* aussi bien que de la *réflexion,* s'est dissoute »[1]. Comment, au vu de cette indétermination, parler de l'absolu ? Ne nous condamne-t-elle pas à retomber dans le heurt premier de la *Logique,* selon lequel l'être indéterminé (« pur, sans aucune autre détermination » que celle d'être l'être) est tout aussi bien néant, puisqu'il n'y

là rien d'externe advienne à la pensée ; aucun contenu nouveau, seulement un réagencement de la compréhension. « Totalité sans totalisation », précisément parce qu'il n'y a pas mouvement, cheminement, gésine progressive (tous termes qui conviendraient mieux à la première acception de l'ενεργεια), mais que tout était toujours déjà-là. C'est en ce sens que G. Lebrun s'oppose de façon récurrente à l'évolutionnisme comme grille de lecture du texte hégélien. Si je suggère ici une sorte de conjonction entre l'intensité (pré-décision totale sur le sens du sens) et l'éternité du *Bei sich bleiben* de l'Esprit ou du Concept, c'est que cette dernière ne peut pas être comprise comme une quiète et théorique conformité à quelque essence, mais qu'elle est au contraire violemment pratique – autrement dit, décisoire elle aussi. Pourquoi l'âme, ou l'Esprit, ou le Concept, loin d'être proies dociles d'un moulage qui les transforme, à l'instar de la docile enfance pour l'éducateur militaire, sont-ils toujours déjà auprès d'eux-mêmes ? Parce qu'ils « ne laissent pas venir la cause à son effet » (*Science de la Logique, II*, p. 281), ni la forme à sa matière ; parce qu'ils sont, autrement dit, une liberté qui s'atteste en se « prenant » elle-même (comme on dit, justement, « prendre une décision »), en une riposte incessamment préalable à ce qui l'assaille « du dehors », et à quoi elle ne peut se rapporter qu'en l'ayant déjà compris.

1. *Science de la Logique, II*, p. 229.

a strictement *rien* à en dire ? Mais ce n'est pas à *nous* de parler de l'absolu : si celui-ci est absolu, il faut pour le moins qu'il *s'expose lui-même*, qu'il ne puisse, comme un oiseau à la glu, être pris au piège des dualités portées par les discours relatifs que nous tenons à son propos. L'absolu est ce qui de soi-même et par soi-même *s*'expose. Et ce qui lui confère la consistance dont l'être était dépourvu, c'est cette réflexivité, ce « soi » suffisamment à distance de soi pour intégrer en soi le néant (au lieu d'être pris à revers par lui, comme c'était le cas pour le premier moment de la *Logique).* L'être *était* indéterminé, l'indétermination *était* l'être pur de l'être ; mais l'absolu, lui, *vient à soi* à partir des déterminations s'indéterminant ou du « disparaître » du fini : le préfixe négatif du terme « in-détermination » ici reçoit un sens actif, productif, constituant. La philosophie a cependant coutume de restreindre la portée radicale de cette réflexivité, et de lire unilatéralement la suppression en l'absolu des déterminations de l'intérieur et de l'extériorité (finie) : elle admet que l'absolu supprime le fini, mais refuse que le fini soit inversement suppression de soi de l'absolu, en même temps que, comme *disparaissant,* il se supprime à son tour, et est ainsi l'absolu « lui-même ». Dans le but d'éviter la contamination de la supposée toute-positivité de l'absolu par le négatif, la pensée met en place tout un dispositif de segmentation : à un extrême, « l'absolument-absolu », positif, à l'autre extrême, le mode, ou le négatif comme négatif, « être-en-dehors-de-soi de l'absolu » [1], voué au disparaître, et entre les deux, moyen terme assurant le transit de ce négatif disparaissant vers l'absoluité positive inentamée, l'attribut, instance hybride, absolu-relatif, à la fois total et déterminé, mais n'ayant son « subsister véritable » que comme totalité, alors que son être-déterminé est par contre « inessentiel ». Pourtant cet acharnement séculaire à préserver l'intégrité positive du soi de l'absolu, à la placer toujours en retrait par rapport à son lien négatif au fini, ne se contredit-il pas lui-même ? Il se revendique de l'absoluité de l'absolu ; en vérité, il semble plutôt le relativiser : l'absolu est-il donc si précaire que le moindre contact interne avec la négation risque de le faire sombrer ? Il faut penser au contraire que l'absolu n'est absolu que pour autant qu'il est apte à maintenir son identité à « soi » jusqu'au plus lointain de soi, donc même transi de négation. Dans cette perspective, ce qui de l'absolu *s*'expose, c'est ceci : l'absolu, dans le mode, *se* nie ou *s*'extériorise, et le mode, en tant que disparaissant, nie cette négation, c'est-à-dire n'est rien d'autre que le soi de l'absolu lui-même. « En fait c'est seulement

1. *Ibid.*, p. 236.

dans le mode que l'absolu est posé comme identité absolue ; il n'est ce qu'il est, savoir identité à soi, que comme négativité se rapportant à soi »[1]. Autrement dit, en se niant dans le mode, c'est encore l'absolu qui se *manifeste*, et le mode, en se niant lui-même, se *manifeste* comme l'absolu. Dans la manifestation, intérieur et extérieur s'identifient : le mode n'est plus l'extériorité, l'absolu n'est plus l'intériorité ; il n'y a plus qu'un mouvement d'extériorisation/intériorisation. S'y identifient également deux termes souvent utilisés, dans leur prétendue différence, pour donner corps à la différence de l'intérieur et de l'extérieur : les termes de forme et de contenu. À la question « Qu'est-ce que montre l'absolu ? »[2], on ne peut répondre en faisant des modes la *forme* superficielle ou extérieure que revêtirait l'absolu, *contenu* intérieur à soi, positivement étant, et toujours sous-jacent à ce qui de lui se manifeste ; ni davantage en les comprenant comme les *contenus* déterminés qui limiteraient en extériorité l'intériorité préalable de l'absolu compris comme *forme* infinie. Ce que montre l'absolu, c'est qu'il se montre dans ce qu'il montre, ou qu'il n'est pas ailleurs que dans cette monstration même : « la différence entre forme et contenu, dans l'absolu, est en tout état de cause dissoute »[3].

Telle est la définition la plus *générale* du terme d'« effectivité », qui englobe « L'absolu », « L'effectivité » (les modalités), et « La relation absolue » : est effectif ce qui ne garde par-devers soi aucune mystérieuse réserve d'intériorité, ce qui se manifeste intégralement ; est effectif « ce qui n'est rien d'autre et n'a pas d'autre contenu que d'être la manifestation de soi »[4]. Mais il convient aussi d'élucider le sens plus précis que revêt le terme d'« effectivité » : celui qui lui revient lorsqu'il désigne les « modalités »... Comme modale, l'« effectivité » est la *différenciation* de l'absolu. C'est qu'il ne suffit pas de penser l'*identité*, en l'absolu, du contenu et de la forme, ou bien, ce qui revient au même, celle de l'absolu et de ses manières d'être, ou encore de la Substance et de ses modes. Car il n'y a pas d'identité pure de l'absolu – ni, plus généralement, d'identité purement identique : toute identité n'est jamais qu'une différence supprimée, laquelle, pour pouvoir l'être, a d'abord dû être posée. Soit l'identité (relative) portée par la copule d'un quelconque jugement : éprouverais-je le besoin d'affirmer « A est B », si je ne savais pas, précisément, que le sujet *ne* se confond *pas* avec son prédicat ? Sans cette distance, sans cette

1. *Ibid.*
2. *Ibid.*, p. 237.
3. *Ibid.*
4. *Ibid.*, p. 247.

inadéquation qu'il médie, sans cette différence qu'il aplanit, ce jugement ne serait-il pas dépourvu de toute teneur, pure et simple tautologie ? Et du reste, y a-t-il jamais tautologie « pure et simple » ? Soit l'identité censément absolue d'une tautologie : elle est, dit Hegel, « le contraire de soi-même » [1] ; en redoublant soi-disant le même, c'est la différence qu'elle convoque (dans « un sou est un sou » il y a plus que dans « un sou » [2]) ; sa redondance apparemment vaine est ainsi plutôt « l'absolu mouvement » ; ce qu'elle dit silencieusement, c'est qu'identité et différence à la fois sont et ne sont pas.

Le différencié de l'identité de l'absolu, en l'occurrence, est déjà donné dans le pluriel selon lequel se disent les modes ou les « manières » ; l'absolu, identité du contenu et de la forme, est aussi identité de lui-même et de ses manières ; il y a dès lors plus d'une « manière » d'identifier forme et contenu, d'équilibrer leur relation, plus d'une manière, autrement dit, d'être l'absolu. Ces manières sont les « modalités » : possibilité, réalité, nécessité [3].

*
* *

Qu'une identité purement identique soit impensable, que l'absolu se différencie, que sans cette différenciation, il ne serait qu'une abstraction intenable, les commentaires évoqués ci-dessus en tombent d'accord. Mais toute la question est celle du statut de cette différenciation. Que l'identité de l'intérieur et de l'extérieur, ou de la forme et du contenu, se dise de plus d'une « manière », ou soit multiplement

1. *Phénoménologie de l'Esprit*, trad. J. Hyppolite, Paris, Aubier-Montaigne, I, p. 130.

2. Cf. C. PERELMAN et L. OLBRECHTS-TYTECA, *Traité de l'argumentation*, Paris, P.U.F., 1958, I, p. 293.

3. Annonçons d'ores et déjà que la dialectique des modalités accentue la dimension *réflexive* de la problématique modale, qui était déjà agissante dans les « postulats de la pensée empirique kantiens» (principe *subjectivement* synthétique, par lequel, « après » avoir constitué un objet de connaissance, je me demande comment *j'ai dû* m'y rapporter pour le constituer de cette façon), au point de faire des modalités non plus, à la façon kantienne, la réflexion d'autre chose qu'elles-mêmes (des « axiomes de l'intuition » pour la possibilité, de l'« anticipation de la perception » pour l'effectivité, des « analogies de l'expérience » pour la nécessité), mais la réflexion d'elles-mêmes, chacune d'elle étant un rapport d'elle-même et des deux autres : c'est ainsi que chacune des modalités est triple, à la fois possible, effective et nécessaire. La typologie complète des modalités dans la *Science de la Logique* est alors celle-ci : 1) Contingence, ou effectivité, possibilité et nécessité formelles ; 2) Nécessité relative, ou effectivité, possibilité et nécessité réelles ; 3) Nécessité absolue (« vérité dans laquelle reviennent effectivité et possibilité en général », p. 262).

effective, qu'il y ait plusieurs modalités de manifestation, plusieurs façons d'être soi dans l'autre, cela peut s'interpréter au moins en deux sens. On peut voir, et c'est le premier sens, la pluralité en question comme la marque d'une imperfection : les modalités, dans leur multiplicité, sont à chaque fois une approximative appréhension de l'identité de l'intérieur et de l'extérieur, une vision encore incomplète ou entravée de ce qu'il en est de la manifestation ; leur itinéraire dialectique consistant en le dépassement progressif de cette approximation, ou, ce qui revient au même, en un approfondissement de la réflexion, qui permet la *position* active de ce qui, en elles, leur échappait encore, ou était encore *présupposé* ; il s'achève en une « authentique réunification spéculative »[1], riche de toute la différenciation qu'elle a résorbée. Cette réunification – en l'occurrence, la troisième modalité, à savoir la « nécessité absolue » – serait alors, enfin atteinte, une identité « sans reste »[2] de l'intérieur et de l'extérieur, ou le « mouvement qui pose tout l'intérieur comme extérieur – sans nul surplus de sens –, comme identique à lui-même en tant qu'effectivité 'libre' »[3]. Et, puisque la *Logique*, tout de même, ne s'arrête pas au terme de la dialectique des modalités, puisque tout le déploiement du « Concept » doit encore avoir lieu, il faut comprendre que cet accomplissement que constitue la « nécessité absolue » est lui-même imparfait au regard d'un achèvement ultérieur. Ainsi le discours logique serait un processus en incessante instance de perfectionnement, en marche vers une unité qui, ultimement, devrait s'avérer n'être rien d'autre que le devenir même à travers lequel elle se sera conduite à elle-même.

C'est, nous semble-t-il, cette voie qu'empruntent les deux tendances interprétatives évoquées ci-dessus ; la voie d'un optimisme téléologique, où la pluralité des modalités n'est là que pour enrichir l'unité où elle se supprime, et où le terme de l'itinéraire est forcément le meilleur. Ainsi P.-J. Labarrière et G. Jarczyk, dans une note de leur traduction, avertissent-ils d'emblée le lecteur, avant même que la dialectique des modalités soit vraiment engagée, ou dès le programme tout abstrait dans lequel Hegel, au début du chapitre, fixe sans plus les intitulés des moments qui seront parcourus : l'absolu auquel nous aboutirons avec la nécessité absolue sera enfin un *bon* absolu, un absolu délivré de l'indétermination qui jusqu'alors en faisait l'insuffisance, un absolu échappant au destin de déperdition nocturne auquel se condamnait sa compréhension spinoziste (« Ainsi l'être [de l'absolu]

1. *Introduction à la lecture de la* Science de la Logique *de Hegel*, p. 330.
2. *Système et liberté dans la logique de Hegel*, p. 221.
3. *Ibid.*, p. 222.

s'obscurcit-il toujours plus, et la nuit, le négatif, est le terme dernier de la ligne, qui ne fait pas retour dans la première lumière »[1]), un absolu à la fois déterminé et transparent, et transparent parce que déterminé : « Il est significatif que l''absolu', dont nous savons qu'il a toujours jusqu'alors signifié la totalité sous sa forme première, non encore déterminée, soit retrouvé au terme de ce chapitre [dans la nécessité *absolue*]. C'est en effet la première fois que la détermination ne mettra pas en échec, même seulement de façon potentielle, la pleine transparence... des termes en cause »[2]. Au « *terme* » d'un chapitre ne pourrait se trouver un moment abstrait, qui, comme tel, ne convient qu'aux *commencements* dialectiques, ceux-ci étant toujours déjà en voie de dépassement. Si l'« absolu » se retrouve en fin de chapitre, c'est donc « en effet » (cet « effet » découle du statut forcément dévalorisé du commencement, ou forcément valorisé du terme) qu'il est désormais entendu dans une concrétude et une transparence qui ont abandonné loin derrière elles les balbutiements de son abstraction première. Et si le commencement est abstrait, et le « terme » concret, pourquoi, du reste, ne pas d'emblée commencer par le terme ? « Il peut être de bonne méthode, comme toujours d'ailleurs chez Hegel, de considérer d'abord le terme auquel aboutissent l'un et l'autre des moments »[3]. Comme toujours... Éternité de la vérité, ou autorité normative de l'habitude ? Les transitions faussement neutres foisonnent chez nos auteurs, censément faites d'effacement respectueux, de « fidélité à ce qui fait l'essentiel de l'entreprise hégélienne »[4], portées par la volonté de n'être rien d'autre que médiation évanescente entre la *Logique* et la *Logique,* telle que, à l'instar de Dieu avant la création du monde, elle se susurre à l'oreille d'elle-même son propos éthéré et pourtant infiniment « lourd » de fécondité à venir ; mais elles masquent mal un ton péremptoire dont on s'étonne qu'il soit encore utilisé de nos jours en philosophie : « ainsi qu'il est normal »[5], « de toute évidence »[6], « il va de soi »[7], « comme il se doit »[8] « [selon] le procédé ou la démarche habituels chez Hegel »[9].

1. *Science de la Logique, II*, p. 242.
2. *Ibid.*, p. 248, note 9.
3. G. JARCZYK, *Système et liberté dans la Logique de Hegel*, p. 211.
4. P.-J. LABARRIÈRE et G. JARCZYK, « Présentation », in *Science de la Logique I*, p. XX.
5. *Système et liberté dans la Logique de Hegel*, p. 215.
6. *Ibid.*, p. 13.
7. *Ibid.*, p. 215.
8. *Science de la Logique, II*, p. 256, note 37.
9. *Système et liberté dans la Logique de Hegel*, p. 217.

C'est de façon moins directe que procède le commentaire « selon la lettre » : on ne nous promet pas explicitement des accomplissements dont la luminosité pressentie requiert qu'on se hâte vers eux en bon ordre ou « de bonne méthode ». Mais n'est-ce pas pourtant structurellement un même mode de pensée, tendu vers le « terme » du progrès dialectique, qui s'exprime dans le « pas encore » dont ce commentaire est friand pour caractériser l'étape à laquelle il s'attache présentement ? Ainsi : « L'immédiateté de l'unité du possible et de l'effectif peut être caractérisée par le fait que ses moments n'ont pas de consistance propre et n'ont pas encore tout le poids de réalité auquel ils accéderont ultérieurement avec l'émergence de la nécessité relative ou réelle... [ils] ne sont pas encore allés jusqu'à l'extrême de leur séparation et de leur opposition réelle »[1]. Et si, à présent, la bonne méthode n'est plus réglée par la claire prolifération des « évidences », elle est cependant régie par un ordre qui, pour être humain et immanent, n'en est pas moins contraignant : il s'exprime à travers une terminologie juridique ou notariale, dont la figure est l'« héritage »[2] : la processualité dialectique ne cesse d'hériter de son propre passé, et un héritage ne « saurait » se refuser, ni n'être pas géré adéquatement. En sorte qu'une étape ne « saurait » pas ne pas tirer profit de celles qui la précèdent, autrement dit ne saurait régresser. « La possibilité, en tant qu'elle hérite des dialectiques de l'intérieur et de l'extérieur, ne saurait être explicitée selon une détermination partielle de la forme »[3] : pas de régression. En même temps, selon la loi du « pas encore », on ne saurait vouloir progresser « trop » vite ou atteindre « trop » immédiatement le terme, et le patrimoine hérité, avant de jouir de son efflorescence maximale, doit subir une nécessaire maturation : « L'effectivité réelle ne saurait se présenter selon l'unité spéculative du possible et de l'effectif qu'elle est pourtant »[4] : la dialectique ne saurait brûler les étapes ou être flambeuse. Ainsi va la « totalisation » : d'évidence en évidence, vers la finalité spirituelle qui en ces évidences fragmentaires déjà laisse deviner son aurorale présence, ou bien, fruit d'opérations de gestion avisée, vers cet état final de la reproduction élargie du patrimoine du sens, l'« authentique réconciliation spéculative » – dans les deux cas elle va *nécessairement* en avant.

1. *Introduction à la lecture de la* Science de la logique *de Hegel, II*, p. 325.
2. *Ibid.*, p. 321, p. 324.
3. *Ibid.*, p. 321.
4. *Ibid.*, p. 330.

*
* *

Et certes c'est bien Hegel qui nous incite à lire la dialectique à partir de son terme, comme un « déjà là » qui serait pourtant séparé de celui-ci (ou, aussi bien, de soi-même) par de multiples « pas encore », ou « encore trop ». Ainsi, par exemple, dans la dialectique des modalités, à propos de la contingence : « La possibilité n'est, en effet, pas encore *toute* effectivité ; il n'a pas encore été question de l'effectivité réelle et de l'effectivité absolue » [1]. Mais faut-il nécessairement voir cette constellation du « déjà-là », du « pas encore » et du terme comme vouée, finalement, au recouvrement identifiant de la première et de la troisième instance – et donc à l'effacement du décalage transitoire qu'indiquait la seconde ? Dans une tout autre perspective, on pourrait au contraire faire du « pas encore » – et donc de la multiplicité des moments dialectiques – l'expression, par et pour le discours, de l'épreuve sans cesse réitérée de *l'impossibilité de faire un* ; au niveau de l'effectivité, cette impossibilité serait d'autant plus contraignante que toutes les dualités qui jusqu'alors la cristallisaient se trouvent résorbées : comme si, une fois qu'intérieur et extérieur ont disparu comme termes séparés, restait un décalage qui, désormais inassignable (puisqu'il n'a plus lieu entre quelque chose et quelque chose, entre l'intérieur et l'extérieur, ou entre la forme et le contenu), n'en est que plus décisivement irréductible : une sorte de décalage pur, une non-coïncidence intrinsèque, *qui tient au fait même que cela se produise ou s'effectue.* La portée de la dialectique des modalités serait alors non pas de porter l'identité de l'extérieur à son point d'accomplissement ultime, mais de manifester qu'un tel accomplissement est structurellement interdit. Telle est la perspective que je tenterai de développer ici.

Comment comprendre un tel décalage ? On voit bien à quoi il correspondrait dans la pensée kantienne : au temps, qui, comme forme de la *déterminabilité,* s'immisce entre l'*indétermination* de l'être et la puissance de détermination du Je pense, en sorte qu'il est désormais interdit à celui-ci de se produire dans la diamantine évidence du *Cogito,* mais qu'il lui faut interminablement dire « Je pense, donc je ne pense jamais ce que je pense, ni ne suis ce que je suis, ni ne pense ce que je suis, ni ne suis ce que je pense », séparé que je suis à jamais de moi-même par le temps que je prends à penser, et qui, aussi bien, prend ma pensée et la vole à elle-même. Dans cet écart, brûle déjà le feu obscur

1. *Science de la Logique, II,* p. 252.

d'un mal dont Rimbaud fera le diagnostic : « Je est un autre » [1]. Par contre, au « royaume des ombres », le temps, cette forme extérieure et finie de la négativité [2], n'a plus cours, et la devise dialectique, plutôt que « Je est un autre », pourrait être : « L'autre est toujours déjà le Soi ». Où est alors le décalage ? Comment voir là à l'œuvre autre chose qu'une vorace identité, qui fait de la différence, de l'altérité, de la pluralité les moyens de sa propre expansion ? Mais cette lecture courante de l'hégélianisme fait bon marché de la terrible inconsistance qui s'empare du Soi dès lors qu'il n'a plus rien à quoi « s'opposer ». Livré à lui-même, ne rencontrant partout que sa propre infranchissabilité, libéré des obstacles dualisants qui l'entravaient, mais en même temps dépouillé des rêves de réconciliation qui auréolaient leur possible surmontement, le Soi ne peut plus échapper à la question qu'il est à soi-même, et se heurte à sa faille interne [3]. Il n'y a pas d'heureuse synthèse du Soi et de l'autre. Que le Soi parvienne à n'être plus que soi, et, par devers soi, il chute hors de soi-même, et devient autre – autre non synthétisé.

Il y a effectivité, a-t-on dit, dès qu'il y a manifestation, ou aptitude à être Soi dans l'autre. Mais que peut-on encore bien manifester quand l'autre *était déjà* le Soi ? Telle est la redoutable question qui fêle le Soi-sans-autre. Il n'y aura jamais manifestation que de ce qui était *déjà là,* puisque l'autre était *déjà* rapatrié au sein de l'intériorité réflexive, puisque l'identité de l'intérieur et de l'extérieur avait *déjà* eu lieu ; dès lors la manifestation n'est qu'une sorte de surplus évanouissant. Mais ce surplus n'est pas *rien* : ce n'est que par lui que ce qui est manifesté devient l'avoir-déjà-été au regard duquel la manifestation se révèle n'être qu'un excédent. Telle est la rétroactivité brisée de la dialectique. Brisée en deux éclats : le « déjà-là » et le surplus inintégrable. On peut

1. C'est G. Deleuze qui a lié la « forme pure du temps » telle que Kant l'introduit dans la pensée, et la formule de Rimbaud. Cf. *Différence et répétition*, Paris, P.U.F., 1985, p. 116.

2. « Le fini est passager et temporel, car il n'est pas, comme le Concept, auprès de lui-même la totale négativité » (*Encyclopédie des Sciences philosophiques*, trad. M. de Gandillac, Paris, Gallimard, § 258).

3. S'il fallait rendre « concrète » (au sens banal du terme) une problématique issue du texte de la *Logique*, qui se veut concret en un tout autre sens, on pourrait évoquer la chute du Mur, qui fut allégresse, mais tout autant malaise ; malaise le plus souvent justifié par des arguments calculateurs (*pour eux*, la stabilité ne valait-elle pas mieux que cette effrayante inconnue ?), mais dont le fond était sans doute l'incalculable angoisse qui s'emparait de nos démocraties occidentales dès lors qu'*eux, devenus nous*, en nous achetant bananes, chocolat et panties, nous tendaient un miroir dans lequel nous étions obligés de nous regarder et, peut-être, de rencontrer notre propre inconsistance.

dire la même chose autrement : le sens n'est jamais que *décision* signifiante, qui ne peut se signifier lui-même comme la décision qu'il est. Le geste décisoire par lequel il y a manifestation, effectuation, identification d'un intérieur et d'un extérieur, ce geste dispose en arrière de lui ses raisons, autrement dit confère à ce sur quoi il s'exerce (le manifesté), et qui est sien en vertu de cette décision même, l'organisation totale, l'unité et la nécessité, en sorte qu'il semble que le manifesté *devait se conduire à sa propre manifestation, voire que celle-ci avait toujours déjà eu lieu* ; mais il est impuissant à faire que cette nécessité, quand elle a lieu, soit aussi nécessité de cet avoir-lieu, ou aussi bien de lui-même ; que cette totalité, dont il est l'origine, l'inclue lui-même comme un élément. Au contraire, une fois advenue, elle se tient en elle-même, et l'expulse. Autrement dit encore, on ne peut pas poser *tout* le présupposé, car la position même tombe en dehors de ce qu'elle pose – et est ainsi un nouveau présupposé.

Totalité, certes, mais inapte à inclure en elle-même le principe de sa production. Totalité en manque de sa raison propre. Totalité, mais détotalisée par cette inconsistance constitutive, par cet indissociable déchet d'elle-même. Autrement dit : « totalité, mais sans totalisation ». Totalité, mais qui n'advient pas harmonieusement à elle-même en mûrissant lentement, en s'alimentant à sa propre complexité, en tirant les leçons d'elle-même, en surmontant progressivement les occultations qui l'aveuglaient. Totalité, mais surgie d'on ne sait où, suspendue à la contingence de l'initiative de s'être « prise » elle-même, et suspecte en permanence de n'être totalité *de rien*, puisque tout avait déjà eu lieu sans elle. Totalité faite de fulgurances iconoclastes (« l'intérieur est l'extérieur », ou « l'essence est le plus superficiellement manifeste », ou « le fondement n'est rien d'autre que le fondé », ou « le Concept est la concrétude même ») qui ne prennent figure de totalité qu'à plonger dans les unilatéralités de la « représentation habituelle », et à revenir à « soi » à partir d'elles ; un « Soi » qui n'est rien d'autre que ce retour même, mais qui, tout autant, de revenir à soi, de ne plus avoir d'« autre », se perd ou devient le surplus ou superflu de la totalité qu'il est pourtant. Il revient au même de dire que la « représentation habituelle » est intarissable, que ses dualités, une fois dissoutes, ressurgissent aussitôt, légèrement déplacées (et le piétinement obsédant de la *Science de la Logique* est au moins aussi frappant que son prétendu progrès), et que le « Soi » est brisé par un contretemps constitutif (« Je » n'était rien [1], puisque c'était déjà le Soi) qui sans cesse le pousse

1. Béatrice Longuenesse a insisté sur l'étrange façon dont Hegel conjugue le Je à la troisième personne : une façon de marquer que la « subjectivité » du

à ressusciter un impossible « autre » où étayer une tout aussi impossible identité.

L'autre est le Soi. L'enjeu de cette formule est ainsi moins une omnipotence que le dialecticien se targue d'exercer, qu'un fait, voire une fatalité qu'il enregistre : pas de savoir qui n'aille de pair avec un aveuglement intérieur, pas de nécessité qui ne se noue autour d'une vertigineuse contingence centrale. Voilà le ressort du désenchantement crépusculaire de la dialectique, de son « trop-tard », auquel il n'est pas sûr qu'on puisse porter remède aussi aisément que le voulait Marx, en remettant l'impuissant idéal sur ses pieds, en le réenracinant dans la réalité. Car ce n'est pas tant la réalité (extérieure) qui fait défaut à cet idéal et doit lui être restituée que *sa propre réalité* qui lui échappe, et, à l'intérieur, le fait extérieur à soi. On ne peut pas poser tout le présupposé – tout au plus peut-on le reculer, le déplacer, choisir de l'éclairer sous certains aspects ; et il faut même sans doute faire l'hypothèse qu'à « trop » vouloir le réduire, on s'expose à y être en proie plus violemment. C'est dans cette perspective que S. Zizek remarque combien la conception hégélienne de l'acte tragique, telle qu'elle est développée dans la *Phénoménologie de l'Esprit*, peut être étendue à la pensée dialectique elle-même. L'opacité n'est jamais si menaçante que là où ne semblent régner que les « Dieux de lumière » : « Celui qui avait le pouvoir de résoudre l'énigme du Sphinx, comme celui dont la conscience était enfantine, sont envoyés à leur perte par ce que le Dieu *leur manifeste*. La prêtresse par la bouche de laquelle parle le Dieu splendide n'est pas différente des sœurs équivoques du destin, qui poussent au crime par leurs promesses » [1].

* * *

Si la multiplicité des moments – ici des modalités – n'est plus la marque d'une imperfection qui sera dépassée à terme (dans la destination spirituelle du texte, qui motive les commentateurs à faire avec enthousiasme leur dur « métier d'homme » [2], et à susciter sans coup férir le « très pauvre pouvoir » [3] de déchiffrement qui est le leur, ou bien dans la précision toujours plus resserrée de ses fonctionnements littéraux, qui requiert les recensions modestes et exhaustives des

Concept est fort différente de ce que nous appelons habituellement « sujet ». Cf. *Hegel et la critique de la métaphysique*, Paris, Vrin, 1981, p. 34.

1. *Phénoménologie de l'Esprit, II*, p. 250. C'est moi qui souligne. Il s'agit d'Oedipe et d'Oreste. Cf. S. ZIZEK, *Le plus sublime des hystériques*, p. 35.

2. P.-J. LABARRIÈRE, *Dieu aujourd'hui*, Paris, Desclée, 1977, p. 115.

3. *Science de la Logique, I*, « Présentation », p. XVIII.

notaires du sens), si elle est plutôt l'expression du manque constitutif et indépassable du terme lui-même, c'est-à-dire la marque de l'impossibilité d'être Soi, alors il n'y a pas de raison que la dernière modalité soit le point culminant vers lequel la dialectique se tend ascensionnellement ; et il faudrait en l'occurrence même dire l'inverse : certes, la « nécessité absolue » tente l'intégration maximale de l'intérieur et de l'extérieur, certes, elle tente de poser tout le présupposé, certes, elle s'emploie à ce qu'il n'y ait plus de « reste » ; *mais c'est précisément pour cela qu'elle échoue*, son utilité, toute négative, étant finalement de manifester qu'une telle intégration « sans reste » est constitutivement impossible, ou que l'effectivité est inséparable d'un hiatus impossible à combler. D'où la sentence condamnatoire qui secoue le texte hégélien : « La nécessité absolue est par conséquent *aveugle* » [1], dont les échos vibrent encore dans la suite de l'argumentation : « Cette manifestation de ce que la *déterminité* est en vérité, rapport négatif à soi-même, est la perte *aveugle* dans l'être-autre » [2].

Cet aveuglement, nos auteurs en rendent bien sûr raison : il est dû, nous disent-ils, à une « interprétation trop immédiate » de l'heureux rapport de l'absolu et de la déterminité. « La parfaite coïncidence de l'intérieur et de l'extérieur risque en effet de poser une réalité effective trop compacte dans soi » [3]. C'est bien ici la « totalisation » qui joue, dans toute sa splendeur. Ce « trop » s'engrène directement dans ce qui va le suivre, il est gros de son futur dépassement (« Ici s'amorce le passage au prochain chapitre, qui sera le dernier du Livre » [4]). Dans toute sa splendeur... mais aussi dans toute sa duplicité. Le processus totalisant, qui nous embarque dans son évidence pleine de précieuses promesses (bientôt la « liberté », qui sera « *lumière* dans le procès de son expression effective » [5]), ne sert-il pas à diluer une contradiction violente dans l'interprétation de la nécessité absolue telle qu'elle nous a été proposée – et qui est aussi, peut-être, la contradiction de la nécessité absolue en elle-même, le contrecoup qui la brise ? Que l'on cesse en effet de se laisser aspirer ou appeler par la suite du « procès », alors s'impose une question en forme de heurt : comment la dialectique de la « nécessité absolue », dont il nous a été dit d'abord, souvenons-nous en, que son advenue, heureux mariage enfin scellé de l'absolu et de la détermination, nous garantissait désormais contre toute mise en

1. *Science de la Logique, II*, p. 265.
2. *Ibid.*, p. 267.
3. *Ibid.*, p. 265, note 77.
4. *Ibid.*
5. *Ibid.*, p. 266, note 77.

« échec » même seulement « potentielle » de la « pleine transparence... des termes en cause » [1], peut-elle à présent être en proie au « risque » d'un trop-de-compacité ? Par quel sortilège ce « risque » de compacité pourrait-il n'être pas assimilé à une mise en échec au moins potentielle de « la pleine transparence des termes en cause » ?

Ce sortilège, c'est celui de la « totalisation », qui nous permet d'oublier le déjà accompli en nous happant dans le différé ou l'à venir. Son rôle, en ce sens, pourrait être considéré comme structurellement homologue à celui que joue le « déplacement » dans la moralité kantienne telle que Hegel en produit l'intelligibilité dans la *Phénoménologie de l'Esprit.*

On connaît le ressort de ces déplacements, qu'on se contentera ici de schématiser à gros traits. La morale kantienne, selon Hegel, oscille entre deux pôles : immanence et transcendance, actualité et différé, effectivité de l'action morale telle qu'elle a lieu dans le monde, et sujétion de cette action à un idéal impossible à effectuer. Ces deux pôles, pensés en eux-mêmes, seraient semblablement destructeurs de la moralité telle que l'entend Kant : si la moralité de l'acte n'était pas ailleurs que dans cet acte même en tant qu'il s'effectue, alors devoir et vertu sombreraient dans la tourbe des comportements concrets, leur idéalité propre se perdrait dans l'adaptibilité tactique des mœurs ; si, inversement, la moralité était absolument soustraite à l'emprise de l'acte effectif, si elle était à jamais différée, on ne voit pas comment la conscience morale « prendrait au sérieux » [2] un objectif qui, à force d'être en retrait, devient purement fantômatique. C'est précisément à éviter de voir les conséquences ruineuses de ces deux points de vue extrêmes, à ne pas les penser en eux-mêmes, que sert l'oscillation, ou plus précisément le déplacement : il s'agit de ne s'attarder sur aucun des termes, mais de le fuir au plus vite dans l'autre, en tant qu'à chaque fois cette fuite le déplace et se déplace – c'est-à-dire reproduit la même structure, mais sous un autre déguisement.

Il n'est pas question ici de discuter la critique hégélienne de la « vision morale du monde ». Mais simplement de marquer l'aversion de la dialectique pour le type de structure qu'elle y déchiffre. Comment dès lors lui imputer une structure similaire comme son mode de déploiement propre ? Or il semble bien que P.-J. Labarrière et G. Jarczyk ne fassent ici rien d'autre. Ici aussi, il s'agit d'esquiver les conséquences destructrices de deux pôles extrêmes : d'une part un « toujours déjà gagné » qui, engluant la dialectique dans la « monotonie

1. *Ibid.*, p. 248, note 9.
2. Cf. *Phénoménologie de l'Esprit, II*, p. 157 et sq.

d'une pré-formation» (pour reprendre une formule de G. Lebrun[1]), la vouerait à ne faire que déplier un donné originel – excès d'immanence – ; d'autre part une course en avant, un progrès constant vers un terme qui se dérobe au fur et à mesure, mais qui, à force de dérobade, devient suspect de n'être qu'un mirage, et pourrait bien rendre vain le parcours lui-même, tout comme la vacuité de la Loi fait basculer dans une intolérable futilité la longue épreuve du paysan kafkaïen assis à ses Portes – excès de transcendance. Si la nécessité est déjà toute transparence, accomplissement sans faille, que peut-il encore bien arriver ? En sorte qu'il faut bien *aussi* qu'elle soit moment encore imparfait, tendu vers la suite du procès ou du progrès dialectique. Le « déplacement » consistant justement à ne pas tenir ensemble ces deux points de vue, à croire pouvoir passer de l'un à l'autre sans avoir à résoudre leur tension[2].

* * *

Vu de cette façon, le « trop » est jalon provisoire à dépasser en direction de la réconciliation spéculative, laquelle se définit par ceci

1. *La Patience du concept*, p. 359.

2. *Mutatis mutandis*, c'est par un « déplacement » de ce type que Sartre définit la « mauvaise foi » : la « mauvaise foi », c'est la construction (non cynique, et prise à son propre jeu) de complexes comportementaux métastables, évasifs, qui ont pour fonction d'éviter à celui qui les tient d'être en proie à la tension caractéristique de la réalité-humaine : à savoir qu'elle soit à la fois et indissolublement transcendance et facticité. Soit la coquette à son premier rendez-vous, qui entend profiter des charmes fragiles de la séduction, et doit pour ce faire ignorer combien sont pressantes les intentions de son galant : elle se déplace par rapport au centre de gravité brûlant de la situation, c'est-à-dire par rapport à son corps (sa main qu'elle abandonne au soupirant), elle quitte son « enveloppe charnelle » ou sa facticité et se réfugie dans la pure transcendance, dans l'éther strictement spirituel d'une conversation théorique sur la sentimentalité (*L'Être et le Néant*, Paris, Gallimard, collection Tel, p. 91 et sq.). Soit aussi bien cet homme désireux d'arrêter de fumer, et qui pour ce faire détache la saveur de sa pipe du *sens* dont l'avait pénétrée la transcendance de sa liberté (qui l'avait liée au plaisir du travail, ou à la couleur de certaine heure de la soirée) pour considérer froidement le tabac dans sa pure facticité comme « une herbe qui grille » (*Ibid.*, p. 634). Dans le premier cas, c'est la transcendance qui permet l'évasion ; dans le second, la facticité ; mais en tout état de cause la synthèse est rompue. Et, de même que, chez Hegel, le monde effectif et la moralité sont indissociables, de même la liberté authentique sartrienne consiste à remonter la pente de ces attitudes duplicement dualisantes, à tenir ensemble les deux dimensions de la réalité-humaine, et à établir entre elles une « coordination valable ». K. Hartmann a discuté le rapport de la mauvaise foi et des « déplacements » : cf. *Grundzüge der Ontologie Sartres in ihrem Verhältnis zu Hegels Logik*, ed. Walter De Gruyter & Co., Berlin, 1963, p. 55.

qu'elle ne saurait plus comporter « nul surplus de sens » [1], ou qu'elle est « sans excès ni défaut de sens » [2]. Mais si les « trop », ces petits cailloux blancs de la totalisation, qui guident le lecteur au fil du « long périple » [3] qu'il lui est requis d'accomplir, ne traçaient leur chemin que pour effacer une autre trace, et autrement éprouvante : celle de l'impossibilité de la totalité, celle de son « en-trop » intrinsèque et irréductible ? S'il fallait surtout ne pas faire du « trop » l'instrument d'une dilution du heurt de la transparence et de l'aveuglement de la nécessité absolue, si c'était au contraire *en tant qu'elle est transparente* que la nécessité absolue est aveugle, c'est-à-dire en tant qu'elle tente la synthèse qui serait affranchie de tout « surplus de sens », ou encore de tout « reste » ? Que devient dans cette perspective la dialectique des modalités ? Plutôt qu'un itinéraire ascensionnel, elle est un éventail de variations – variations quant à la manière de comprendre la relation de l'intérieur et de l'extérieur. Les deux premières modalités se développent comme une compréhension de cette relation « avec reste », la dernière la comprend « sans reste ».

1. *« Contingence ou effectivité, possibilité et nécessité formelles »* [4]

L'effectivité, c'est l'absolu en tant qu'il n'est rien d'autre que sa manifestation dans les modes. Dès lors, aussi bien, l'effectivité, c'est le mode lui-même. Ce qui revient à dire que la moindre des existences particulières est investie de cette aptitude de l'Absolu à être-soi-dans-l'autre. Ce soi-dans-l'autre, c'est, en chaque être déterminé, en chaque mode, le rapport de son effectivité actuelle à sa possibilité. Ce qui est effectif n'*est* pas purement et simplement *être*, mais *manifeste* une possibilité : « *Ce qui est effectif est possible* » [5]. Cette présence du possible à l'effectif est à entendre comme intime précarité : ce qui est effectif ne l'est que d'*avoir eu à s'effectuer, c'est-à-dire de n'avoir pas été effectif de toute éternité* – d'être séparé de soi par un néant d'être et de n'avoir de Soi que dans cette séparation. Le possible est ce creux de néant au cœur de tout être. On le voit, pas plus que l'effectivité dont on part n'est simplement un être, pas davantage la possibilité en laquelle elle a dû se précéder, ou qui a dû être son déjà-là, n'est une essence au sens banal de ce terme : une positivité idéale, un être éthéré clos sur lui-même, une intériorité auto-suffisante. La positivité ou la quasi-

1. *Système et liberté dans la Logique de Hegel*, p. 221.
2. *Introduction à la lecture de la* Science de la Logique *de Hegel, I*, p. 7.
3. *Ibid.*, *II*, p. 7.
4. *Science de la Logique, II*, p. 248.
5. *Ibid.*, p. 249.

étance qu'on accorde trop facilement à la possibilité se dénonce d'elle-même : l'autre nom du principe d'identité qui la régit [1] est *négatif*, et se dit principe de *non*-contradiction. Ce négatif agissant au cœur même de l'identité du A=A nous déporte vers sa conséquence radicale : « La possibilité est en elle-même aussi la contradiction, ou elle est l'*impossibilité* » [2]. Ou, pour le dire de façon moins ramassée : puisqu'on ne peut penser la possibilité sans l'assortir d'un « devoir-être » [3] ou d'un « ne-pas-être-soi » – car elle ne se définit comme possible que parce qu'elle est en manque d'effectivité –, si en même temps on maintient la définition traditionnelle du possible comme identité à soi, on se trouve pris dans la contradiction d'un possible impossible.

Un terme résume ce rapport du possible et de l'effectif, où chacun des deux est l'instabilité intérieure de l'autre : celui de « contingence ». Le contingent, c'est l'être qui aurait pu aussi bien ne pas être, c'est-à-dire qui, dans son être, est un possible ; un possible qui ne rachète pas du prestige légitimant de l'Idéal la précarité de cet être, un possible lui-même déficient, lui-même hanté d'un « ne pas être soi », lui-même voué à l'effectivité – comme celle-ci l'était au possible : « Le possible a seulement autant de valeur que l'effectivité contingente ; il est lui-même quelque chose de contingent » [4]. Le mouvement de la contingence est ainsi un renvoi perpétuel, la conversion de l'effectivité en possibilité, et vice-versa : « Le contingent est le *se convertir posé*... de l'intérieur et de l'extérieur... » [5]. On peut dire aussi que le contingent n'est pas, comme on le croit usuellement, le pur et simple éparpillement anarchique de l'effectif tel qu'il se situe en dehors ou en-deçà de la zone d'influence du fondement, mais qu'il est le fondement lui-même (la possibilité), *dans sa vertigineuse équivalence avec l'infondé* (l'effectivité) : « Le contingent n'a aucun fondement pour la raison qu'il est contingent ; et tout aussi bien il a un fondement pour la raison qu'il est contingent » [6]. Autrement dit : ce n'est qu'un être contingent ou infondé qui peut être transi par la question du fondement ; un être véritablement fondé, dépourvu de toute inquiétude, se mirerait à sa propre nécessité et reposerait simplement en lui-même ; mais c'est aussi parce que sa contingence est indépassable que le possible ou le fondement que se donne l'être infondé est destiné à

1. « A est possible veut dire que A est A » (*Ibid.*, p. 250).
2. *Ibid.*, p. 251.
3. *Ibid.*
4. *Ibid.*, p. 253.
5. *Ibid.*
6. *Ibid.*

retomber dans la contingence. Si la « nécessité » se définit comme unité de possibilité et de l'effectivité, *la seule unité ici présente tient dans l'évanescence de leur conversion l'un dans l'autre*. Et la seule nécessité est donc nécessité de la contingence : non dépassement de cette contingence, mais plutôt « condamnation » à elle ; en un sens très proche de la condamnation à la liberté qui fait la spécificité de la pensée sartrienne (je suis une liberté qui choisit, mais je n'ai pas choisi ma liberté ; je suis libre de donner un sens au monde, mais ce précisément parce qu'il n'en a pas) [1].

Que quelque chose soit contingent, cela signifie donc qu'il peut indifféremment être dit sous la forme du possible ou sous celle de l'effectif. L'impensé ou le « reste » de la contingence, c'est précisément ce « quelque chose », ou le *contenu,* inentamé, inabordé par l'instable pellicule de convertibilité formelle qui se joue à sa surface. Qu'en est-il de ce contenu ? C'est à cette question qu'on ne répond pas en disant qu'il est indifféremment possible et effectif.

2. *« Nécessité relative ou effectivité, possibilité et nécessité réelles »* [2]

Est-ce à dire qu'il *faille* en venir à une interrogation dialectique du contenu, que celui-ci soit la destination obligée de la suite du « procès » dialectique ? Nos auteurs, tous tant qu'ils sont, le pensent ainsi : « Le chemin *à* prendre, *pour* en venir là [pour en venir à une nécessité véritable], est celui d'une mise en lumière de la *réalité concrète,* au niveau du contenu, de l'effectivité et de la possibilité » [3]. Ou bien « [La logique de l'effectivité réelle] *doit* s'inscrire sur le terrain d'une réelle détermination et par suite d'une véritable altérité des termes en jeu » [4]. S'il s'agit dans les modalités moins d'un itinéraire que d'un éventail, disons plutôt que l'attention philosophique *peut* se déplacer, et envisager pour lui-même ce contenu qui n'était jusqu'alors envisagé que négativement – comme *n'*étant *pas* concerné par la différence du possible et de l'effectif.

Autrement dit, le formalisme ontologique selon lequel un être ne peut pas être sans être transi de son « ne-pas-toujours-avoir-été », n'est

1. Du reste le battement entre possible et effectif, que la *Science de la Logique* met en évidence à propos de la contingence, est aussi caractéristique de *La nausée* : Roquentin oscille entre les envahissements du réel (le galet, la racine, la banquette du tramway, les bretelles d'Adolphe) et la décompression du néant ou du possible pur de la liberté : « Mardi. Rien. Existé ».

2. *Science de la Logique, II*, p. 255.

3. *Ibid.*, p. 255, note 34. C'est moi qui souligne.

4. *Introduction à la lecture de la* Science de la Logique *de Hegel*, p. 329. C'est moi qui souligne.

pas la seule façon de penser la précarité de l'effectif. On peut aussi penser cette précarité comme l'obligation où chaque être se trouve, eu égard à d'autres êtres, de faire valoir sans cesse son contenu au moyen de stratégies concrètes d'action. Diriger son attention vers le contenu plutôt que vers la forme, ce n'est nullement plonger dans la noire indistinction de l'immédiat. Le contenu est un régime d'auto-organisation, de formation de soi, ou de manifestation ; il est, comme la forme, mais autrement, une certaine distribution du rapport de l'effectif et du possible. Le principe de cette distribution n'est plus la « conversion », mais « l'action » : « Ce qui est effectif *peut agir* » [1]. Les contenus sont *effectifs* en tant qu'ils agissent les uns sur les autres. Par là, aussitôt, l'effectivité du contenu s'avère également *possible* : car l'action suppose des « conditions » – qui sont la version matérialisée de la possibilité. N'importe quoi ne peut pas s'insérer n'importe comment dans le réseau des contenus et y imposer sa propre effectivité ; il faut que les « conditions » soient réunies. Ces « conditions » ne diffèrent pas en nature des effectivités qu'elles conditionnent : elles sont elles-mêmes des existants variés, des contenus effectifs. La pluie, la composition minérale du sol, etc. sont des corps matériels au même titre que telle végétation dont elles sont les conditions. En sorte qu'il faut dire que, à titre de condition, le contenu est à la fois effectif et possible. *Reste qu'il n'est pas la possibilité de l'effectivité qu'il est* (la pluie), *mais possibilité d'un effectif autre* (en l'occurrence tel végétal). C'est par cette altérité de la possibilité (elle-même effective) et de l'effectivité dont elle est la possibilité ou la condition que semble se caractériser la logique du contenu – par opposition au formalisme ontologique, tel que l'être y était *son propre néant d'être ou sa propre possibilité.*

Mais est-ce bien d'un « autre » que la condition est condition ? Ou bien, ce qui revient au même : les conditions sont-elles bien autres que la « Chose » dont elles sont les conditions ? Hegel à cette question répond de façon négative, et étaye cette réponse en faisant appel à une dialectique antérieure de la *Logique de l'Essence* : diversité / opposition / contradiction. On peut montrer, des termes prétendûment disparates ou « divers » d'une multiplicité, qu'ils n'existent que dans la relation qui les noue, et par laquelle c'est en *s'opposant* les uns aux autres que chacun fait valoir sa propre identité. Plus radicalement, on peut réfléchir combien la fonction exclusive du négatif, telle que la met en œuvre l'« opposition », est seconde, projection apotropaïque, sur un

1. *Science de la Logique, II*, p. 256.

extérieur, de la fragilité intérieure qui mine tout être : c'est alors la « contradiction », où s'effondre toute stabilité identitaire [1]. Que signifie cette dialectique, rapportée à la problématique des « conditions » ? Que la diversité ou la « variété » [2] des conditions entendues comme facteurs juxtaposés dont la combinatoire enclencherait la Chose est une vision seconde ; qu'en vérité les conditions, loin d'être des êtres autosuffisants qui par la suite entreraient en relation et produiraient la Chose, ne sont jamais envisagées qu'à partir de cette dernière, surgissant du sens rétrospectif que celle-ci leur confère. Conditions et Chose, loin d'être des êtres-les-uns-à-côté-des autres, *sont* le lien qui les unit, le lien à la fois le plus interne et le plus divergent, la contradiction : les conditions ne sont que quand elles ne sont déjà plus, quand leur alchimie a déjà donné lieu à la Chose, laquelle pourtant seule donne lieu à son propre avoir lieu à partir d'elles (ou de son propre non-être). C'est ainsi qu'il faut entendre que « l'existence variée [des conditions] est *en soi-même* le fait de se dépasser et d'aller au gouffre » [3]. La Chose, bien plus que résultat d'un couplage d'« ingrédients », est le moment d'anéantissement et d'apothéose où il se manifeste que ces « ingrédients » n'avaient pas l'existence séparée à laquelle ils prétendaient. La « vérité » du cercle des conditions, c'est non pas leur altérité par rapport à la Chose, mais le Soi auquel elles adviennent en s'y abîmant – un Soi contradictoire.

Du moins la « réalité » aura-t-elle dû surmonter une apparence d'altérité ; c'est sur fond de forces de divergence apparemment plus intenses, ou d'une autonomie plus affirmée des moments, qu'elle aura conquis son Soi. Elle en gagnerait une profondeur ou une cohésion qui faisaient défaut à la « contingence » telle qu'elle se mirait trop narcissiquement à sa propre évanescence. Mais, fait aussitôt remarquer Hegel, tout comme dans la contingence, la relation ici instaurée est en proie à son « reste ». La cohérence du réel, sa « nécessité », s'est peut-être resserrée, mais en même temps (et sans doute justement à proportion de ce resserrement même), elle est un frêle esquif tanguant sur les houles de l'impensé. La cohérence inexorable du « si… alors » repose tout entière sur un irrationnel, « elle a son *point de départ* dans le *contingent* » [4] : pour que les conditions puissent aller-au-gouffre dans la Chose, encore faut-il qu'elles se soient, d'abord, imposées comme une multiplicité d'existences immédiates ; tel est le défaut que

1. *Science de la Logique, II*, p. 38 et sq.
2. *Ibid.*, p. 258.
3. *Ibid.*
4. *Ibid.*, p. 260.

Hegel, plus tard, décèlera dans le syllogisme hypothétique : sa conclusion dépend de la position de la mineure (or A est), qui reste un « pur jugement d'existence »[1]. Et voilà pourquoi la nécessité réelle est nécessité seulement « relative », relative à sa « présupposition », c'est-à-dire à la contingence.

3. « *Nécessité absolue* »[2]

Ce défaut n'est pas constitutif, cet impensé n'est pas un impensable, ce présupposé peut et doit être posé : tel est le pari qui anime la nécessité absolue. Non, la contingence ne nous condamne pas à l'alternative dessinée par les deux premières modalités : soit s'y abandonner, à l'instar d'une feuille d'automne emportée par l'indifférente versatilité des bourrasques ; soit lutter contre elle pied à pied, en la jalonnant de bastions de nécessité hypothétique, sans s'aviser combien ils sont ponctuels et dérisoires. Il faut changer de perspective : si la nécessité réelle n'était que relative, c'est au fond parce qu'elle se donnait pour mission de dépasser l'extériorité – tâche impossible, ou plus exactement qui ne se pouvait accomplir que dans un périmètre limité, à l'intérieur du « cercle des conditions », se relativisant par là même. Il s'agit de comprendre, au contraire, qu'extériorité ou contingence ne sont pas à réduire, à dépasser – mais plutôt à redéployer *à l'intérieur d'une nécessité.* Bref, il s'agit d'*assumer*. De poser la présupposition même – c'est-à-dire non pas de la dépasser, mais de la « confesser » (vocable cher à P.-J. Labarrière et G. Jarczyk), de revendiquer la dépossession ou la déprise qui affecte notre pensée comme son lot indépassable. Autrement dit encore de passer de la « finité » (c'est-à-dire d'une puissance déterminante simultanément « en-prise-sur » et « en-proie-à », dans la répartition mobile et imprévisible de ces deux dimensions) à la « finitude », c'est-à-dire à la condition destinale de l'humain. Ou encore, selon un vocabulaire auquel P.-J. Labarrière fait appel dans un contexte non strictement hégélien, mais apparenté à la présente problématique, c'est passer de la « contingence phénoménale » à la « contingence métaphysique »[3]. Contingence phénoménale : celle, sans doute, qui assiège le savoir positif (la nécessité réelle), mais aussi celle à laquelle se complaisent « les 'existentialismes' très immédiats qui dogmatisent sur le non-sens de la vie »[4] (et qui, au niveau du texte hégélien, pourrait correspondre à la nécessité

1. G. JARCZYK, *Système et liberté dans la Logique de Hegel*, p. 127.
2. *Ibid.*, p. 262.
3. P.-J. LABARRIÈRE, *Dieu aujourd'hui*, p. 114.
4. *Ibid.*

formelle). Contingence métaphysique : celle qui pose le fait même qu'elle doive avoir une présupposition, c'est-à-dire qui s'appréhende « comme advenir, comme pro-venance radicale »[1]. Pour en revenir à la terminologie de la *Science de la Logique*, cette contingence est à la fois et entièrement immédiateté et réflexion, être et essence. À une telle contingence il ne peut plus rien *arriver*, aucun aléa ne menace de la prendre à revers : ayant fait sien son advenir, elle a anticipé en même temps son disparaître – ce sont les deux extrémités de l'intervalle de finitude qu'elle assume être. Reposant dans la certitude doloriste de son destin assumé, cette parfaite réciprocité d'être et d'essence gagne une sorte d'étanchéité autonome qui n'est pas sans paradoxalement rappeler la compacité première de l'être. Et quand la nécessité s'exerce sur elle – la fait disparaître –, c'est dès lors apparemment du dehors, sans troubler intérieurement son repos sur soi, avec toute la violence du « passage » tel qu'il régissait la dialectique du premier livre de la *Logique*. Nécessité dès lors « *aveugle* »[2], opacification de la structure caractéristique de l'essence, à savoir le « paraître » des termes l'un à l'intérieur de l'autre : « Cette essence est *ce-qui-craint-la-lumière,* parce qu'en ces effectivités il n'y a aucun paraître, aucun reflet, parce qu'elles sont seulement fondées dans soi, formées pour soi... parce qu'elles sont seulement *être* »[3].

Pourtant cet aveuglement s'ébrèche, cette opacité se brise d'un insaisissable « reflet », le « négatif fait irruption »[4], et la fausse apparence d'être se défait au profit du paraître réinstauré de l'essence. L'extériorité de la contingence et de la nécessité n'est pas tenable. C'est que nulle nécessité n'est si entière qu'elle ne doive s'appliquer toujours *à quelque chose de déterminé,* ni donc si aveugle qu'elle ne puisse discerner ce sur quoi elle a à s'exercer, à savoir les « contenus déterminés » ; c'est dans cette perspective qu'elle fait appel, pour se justifier (« comme au témoin de son droit »), à la « marque » qu'elle apposa aux déterminations contingentes en les originant – à leur tatouage de finitude –, au nom duquel, maintenant, elle les fait disparaître ; mais un pouvoir qui se justifie n'est plus pur arbitraire, coups d'un destin

1. *Ibid.*
2. *Science de la Logique, II*, p. 264.
3. *Ibid.*, p. 266. Un symptôme de la compacité sans reflet ou sans reste de la « nécessité absolue » est l'unité simple de son intitulé : « Nécessité absolue », sans plus ; alors que, rappelons-le, les deux temps précédents étaient détriplés dans leur intitulé même, indiquant par là vers leur jeu relationnel inextinguible : « Contingence, ou effectivité, possibilité et nécessité formelles » ; « Nécessité relative, ou effectivité, possibilité et nécessité réelles ».
4. *Ibid.*

frappant à l'aveuglette ; il est déterminé par les déterminations sur lesquelles il s'exerce, et finalement *il n'est pas autre qu'elles*. Elles qui, comme toute détermination, nient et se nient [1], partialisent et totalisent, sont de l'être et se réfléchissent, l'un par l'autre mais sans que ces deux aspects jamais ne puissent faire un ; elles qui, à tenter une telle unité, à vouloir relever tout reste, éteindre tout reflet, supprimer jusqu'à leur tache aveugle, n'auront réussi qu'à projeter en un faux dehors d'elles-mêmes une négativité « aveugle ».

* * *

En termes moins contournés : il n'y a pas de tribunal transcendant, pas de point de vue de survol. L'extériorité n'est jamais qu'extériorisation de soi d'une intériorité. Et nous nous retrouvons au point de départ de ce chapitre : à l'obligation, pour l'absolu, de n'avoir de Soi que dans son « exposition », et d'exposition que *dans* ses modes, ici *dans* les êtres contingents : la nécessité est la contingence, et son « acte-de-passer aveugle... est bien plutôt *l'exposition propre de l'absolu* » [2].

Ici s'ouvrent deux chemins. L'un est optimiste, et je le nommerai « réalisant ». C'est celui qui lit la rétroactivité dialectique à partir d'une synthèse considérée comme réellement porteuse d'unité, celle-ci, une fois atteinte, dévoilant un « déjà-là » également réel. C'est ainsi que la « retombée » dans l'être qui caractérise la nécessité absolue, à la fin de la logique de l'essence, plutôt que de marquer quelque piétinement de la *Science de la Logique*, est lue par P.-J. Labarrière et G. Jarczyk, à l'inverse, comme l'indication de ce que l'être, en réalité, était déjà l'essence et toutes ses médiations : « Ainsi le passage initial de l'être dans le néant était-il déjà gros de tout le détour médiateur par la négation de l'essence » [3]. Dans cette perspective, le dernier mot de la dialectique des modalités – que la nécessité soit la contingence –, par quoi se dissipe l'« aveuglement », désigne une complétude ou un achèvement. Ce chemin s'origine en une foi en la réalité de la réalité. Cette foi peut être religieuse : en ce sens, ce qui permet de relativiser le sauvage aveuglément de la nécessité absolue, de savoir toujours-déjà

1. *Omnis determinatio negatio* : cette formule de Spinoza, Hegel la fait sienne, à condition qu'on la radicalise réflexivement, et qu'on comprenne que le mode n'est négation (de la Substance) qu'à simultanément nier la négation qu'il est, et donc, par là même, à faire être la Substance elle-même. Cf. D. JANICAUD, « Dialectique et substantialité. Sur la réfutation hégélienne du spinozisme », in *Hegel et la pensée moderne*, Paris, P.U.F., 1970, p. 170.

2. *Science de la Logique, II*, p. 267.

3. *Ibid.*, note 83.

qu'elle est un moment surmonté, c'est une lumière préjudicielle – celle qui nous garantit que là où croît ce qui perd croît également ce qui sauve, la « clarté nocturne » des oxymorons mystiques, « ou, pour parler comme Jean de la Croix, cette expérience extatique qui se vit 'à l'obscur et en assurance' » [1]. Mais elle peut aussi être laïque, et consiste alors à modestement se fier à la réalité du texte lui-même, à la « lettre », c'est-à-dire à « la matérialité de l'organisation discursive » [2], à la réalité de l'avancement de l'argumentation dans ses enchaînements processuels.

L'autre chemin, que je fais mien, pourrait être dit au contraire « irréalisant ». Il fait du « déjà » non pas le germe d'une totalisation, mais l'indice de la dispersion interne de toute totalité. Certes, l'acte de penser pose derrière lui des raisons, une nécessité qui devait conduire à lui ; et c'est ainsi qu'il se veut déchiffrement d'un déjà-là, ou, ce qui revient au même, dissection d'une longue fiction, démystification de tout ce qui le déguisait – la *Logique* est ainsi l'histoire de la fiction-être, de l'occultation de la médiation, et de la fiction-essence, de toutes les dualités indues où cette médiation s'emprisonne. Mais, parce qu'il n'arrive pas à s'inclure lui-même dans ces raisons, du fait qu'il n'y ait pas, justement, de réalité fondatrice, le « déjà » ainsi entendu voisine dangereusement avec un autre de ses sens, et autrement vertigineux : et si la pensée ne consistait en rien d'autre qu'en la fiction qu'elle construit, et si elle était elle-même fictive, et si le « déjà » signifiait dès lors moins une promesse d'avènement qu'il n'indiquait vers l'« être-en-surplus » de l'acte de penser par rapport à l'expérience, vers son « trop tard » ? La nécessité même que se donne cet acte – que tout ait déjà eu lieu, que la pensée toujours précède la pensée –, l'exile de soi et le dépossède, fait de lui un « en trop » évanouissant, et lance le soupçon : penser, n'est-ce pas seulement enregistrer l'incapacité du penser à avoir été, en acte, « à point nommé », l'éclairement de l'expérience par elle-même ? Alors, même la réalité du texte se dissout ; *scripta manent,* certes, mais la solidité matérielle du graphème est tout entière animée par un autre « reste » inassignable : la non-coïncidence à soi du Soi logique, qu'il ne cesse de redire (ô le retour obsédant des mêmes motifs, légèrement déplacés, autrement déguisés, combien de fois ainsi le fondement et le fondé, combien de fois l'infini, combien de fois les choses et leur « changement »). Dans cette perspective, le dernier mot de la nécessité absolue – la nécessité est contingence –, ne marque pas un achèvement, mais consacre un échec : l'échec de la

1. *Dieu aujourd'hui*, p. 115.
2. *Introduction à la lecture de la* Science de la Logique *de Hegel, I*, p. 13.

nécessité absolue, où la contingence tentait sans reste de se nécessiter comme contingence, ou, ce qui revient au même, d'assigner une fois pour toutes son propre reste.

De ces deux chemins, lequel emprunter ? Peut-être n'y a-t-il pas de réponse une à cette question. Du moins espère-t-on avoir ici suscité une interrogation : Hegel est-il si univoquement « hégélien » qu'on veut nous le faire croire ? Et avoir donné à voir que le « royaume des ombres » est susceptible de multiples interprétations, ou peut être tendu par de multiples forces – toutes sans doute prédatrices, sans autre droit que celui de leur propre force ; ou, pour paraphraser une formule de Deleuze commentant Nietzsche, avoir montré qu'il y a autant de Hegel que de « forces qui s'en emparent »[1].

Juliette SIMONT
Chercheur qualifié F.N.R.S., Bruxelles

1. *Nietzsche et la philosophie*, Paris, P.U.F., 1967, p. 4.

HEGEL ET «L'ÉTAT DE NATURE»

Hegel, dans la Remarque du paragraphe 502 de l'*Encyclopédie des Sciences philosophiques* [1], mais aussi dans certains passages de la *Raison dans l'Histoire* et de l'*Introduction à la Philosophie de l'Histoire*, dénonce l'ambiguïté de la notion d'*état de Nature* en tant qu'elle a été jointe à celle de *Droit naturel*. En effet, dans les usages qui ont été faits de l'expression antérieurement, deux connotations ont été confondues, et cette confusion repose sur une fausse conception de la liberté, ainsi que de la temporalité historique. Il faut en effet distinguer :

a) ou bien *état de Nature* désigne un état dans lequel « le droit [est] présent sur un *mode naturel immédiat* » [2], « la façon d'être de l'homme dans son existence seulement naturelle immédiate » [3]. Cet état, loin d'être celui auquel il faut se référer pour concevoir l'essence du droit naturel, dans son plein exercice, dans la totale jouissance de la liberté, est celui qui ne connaît que l'être-là de la « force », la prévalence de la « violence » et du « non-droit » ou de « l'injustice », sur lequel on ne

1. Il existe trois traductions de ce texte : G.W.F. HEGEL, *Précis de l'Encyclopédie des sciences philosophiques*, trad. J. Gibelin, Paris, Vrin, 1952, p. 271-272. G.W.F. HEGEL, *Encyclopédie des sciences philosophiques en abrégé*, trad. M. de Gandillac, Paris, Gallimard, 1970, p. 436. G.W.F. HEGEL, *Encyclopédie des sciences philosophiques*, I – La Science de la logique, texte intégral, trad. Bernard Bourgeois, Paris, Vrin, 1970 ; III – Philosophie de l'Esprit, texte intégral, Paris, Vrin, 1988, p. 292. Nous nous réfèrerons à l'excellente traduction de Bernard Bourgeois, Paris, Vrin, 1988.

2. HEGEL, § 502 Rem., *op. cit.*, Paris, Vrin, p. 292 ; G.W.F. HEGEL, *Enzyclopädie der Philosophischen Wissenschaften*, III, Frankfurt am Main, Suhrkamp Verlag, 1970 ; G.W.F. HEGEL, *Enzyklopädie der Philosophischen Wissenschaften 1830*, Hamburg, Felix Meiner, 1969, p. 396. C'est à l'édition Meiner que nous nous réfèrerons.

3. HEGEL, *La Raison dans l'Histoire*, p. 141, *Die Vernunft in der Geschichte*, p. 116.

saurait dire mieux que « *il faut en sortir* » [1]. Ou encore, l'état de liberté est l'opposé de « l'état d'arbitraire », de « libre arbitre ». « L'état de nature » est l'état de « l'instinct naturel déchaîné, des actions et des sentiments inhumains » [2] ; autrement dit, c'est celui où la pensée « ne se distingue pas » de « l'emprise des sens » [3], où la pensée ne se développe pas encore à l'encontre de la sensibilité.

Il est à remarquer que Hegel identifie état de nature ou état naturel et état de « l'intuition sensible » [4], ou de la « volonté sensible » [5]. « Les instincts, les désirs, les passions, l'arbitraire et le bon plaisir des individus particuliers », aussi bien, d'ailleurs, que les « sentiments obtus », les « instincts grossiers », que, plus tard, les « caprices réfléchis », les « besoins », les « passions... qui naissent de la culture » [6], dans ce premier sens de l'état de nature, sont pris abusivement pour la liberté, dont le concept doit être au contraire pensé corrélativement à ceux de raison et de volonté universelle.

b) ou bien *état de Nature* indique la nature, c'est-à-dire l'essence ou le concept d'une réalité dans la perfection de son être. Il est exact de parler de la liberté naturelle de l'homme si l'on entend par là que le concept de l'homme est la liberté, sa détermination essentielle en soi et pour soi. Le « droit naturel » désigne alors ce qui convient à l'humanité par essence.

Ainsi, Hegel écrit dans l'*Encyclopédie* :

> « (Le droit) [est] tel qu'il se détermine par la nature de la Chose, c'est-à-dire par le *concept* » [7].

Il écrit de même dans *La Raison dans l'Histoire :*

> « Si le mot nature désigne l'essence ou le concept d'une Chose, alors l'état de nature est l'état du droit naturel, c'est-à-dire le droit

1. HEGEL, *Encyclopédie*, § 502, Paris, Vrin ; *Enzyklopädie*, Meiner, p. 397. Dans *La Raison dans l'Histoire*, Hegel attribue le « exeundum est e statu naturae » à Spinoza, *op. cit.*, p. 142 ; *Vernunft*, p. 116.

2. HEGEL, *La Raison dans l'Histoire*, p. 142 ; *Vernunft*, p. 117.

3. HEGEL, *op. cit.*, p. 143 ; *op. cit.*, p. 118. Le terme allemand est « Sinnlichkeit ».

4. HEGEL, *op. cit.*, p. 142 ; *op. cit.*, p. 117.

5. HEGEL, *op. cit.*, p. 143 ; *op. cit.*, p. 118.

6. HEGEL, *op. cit.*, p. 142, 143 ; *op. cit.*, p. 117, 118. Rappelons à ce propos que Hegel écrit dans *Les Principes de la Philosophie du Droit* que la société civile « cette sphère de la particularité qui s'imagine être l'universel conserve en elle, dans cette identité seulement relative avec celui-ci, aussi bien la particularité naturelle que celle qui relève du libre arbitre, donc le reste de l'état de nature », *op. cit.*, § 200, trad. Derathé modifiée, Paris, Vrin, 1975, p. 225.

7. HEGEL, *Encyclopédie*, Paris, Vrin, p. 292 ; *Enzyklopädie*, p. 397.

qui échoit en partage à l'homme tel qu'il est selon son concept, selon le concept de l'Esprit »[1].

En ce sens, il ne faut pas chercher au commencement de l'histoire l'état où l'homme est adéquat à son concept, dans un passé antérieur à celui de la société et de l'État ; l'état où la détermination de l'homme comme libre ne serait plus abstraite doit être pensé comme l'état social par excellence, l'état politique.

C'est parce que cette distinction entre les deux sens possibles de l'état de nature, immédiateté naturelle d'une part, essence d'autre part, n'a pas été faite, que la notion a joué dans le passé le rôle qu'elle a joué, son rôle de référence. Les auteurs ont dans tous les cas considéré la société civile comme une limitation, comme un sacrifice de la liberté naturelle, c'est-à-dire du droit naturel, alors que, d'un point de vue hégélien, la société civile ou plutôt l'État est la condition de la formation de cette liberté et que l'État ne limite que le sensible et le particulier, non le rationnel et l'universel. En ce sens d'ailleurs, le texte de Hegel entretient une singulière résonance, (quoi que Hegel ait écrit sur la problématique rousseauiste, et quelle qu'ait été sa volonté de s'en différencier), avec un passage du texte du chapitre VIII du livre I du *Contrat social* de Rousseau, bien loin d'en être l'examen critique.

> « Ce passage de l'état de nature à l'état civil produit dans l'homme un changement très remarquable, en substituant dans sa conduite la justice à l'instinct, et donnant à ses actions la moralité qui leur manquait auparavant. C'est alors seulement que la voix du devoir succédant à l'impulsion physique et le droit à l'appétit, l'homme, qui jusque-là n'avait regardé que lui-même, se voit forcé d'agir sur d'autres principes et de consulter sa raison avant d'écouter ses penchants. Quoiqu'il se prive dans cet état de plusieurs avantages qu'il tient de la nature, il en regagne de si grands, ses facultés s'exercent et se développent, ses idées s'étendent, ses sentiments s'ennoblissent, son âme toute entière s'élève à tel point, que si les abus de cette nouvelle condition ne le dégradaient souvent au-dessous de celle dont il est sorti, il devrait bénir sans cesse l'instant heureux qui l'en arracha pour jamais, et qui, d'un animal stupide et borné, fit un être intelligent et un homme... On pourrait sur ce qui précède ajouter à l'acquis de l'état civil la liberté morale, qui seule rend l'homme vraiment maître de lui ; car l'impulsion du seul

1. HEGEL, *La Raison dans l'Histoire*, p. 142 (trad. modifiée) ; *Vernunft*, p. 117.

appétit est esclavage, et l'obéissance à la loi qu'on s'est prescrite est liberté »[1].

Il n'existe pas, à l'origine, d'état où l'humanité soit « plus » conforme à son essence qu'elle ne le sera dans la société civile ou plus précisément dans l'État. Hegel le dit déjà dans son article de 1802-1803, intitulé « Des manières de traiter scientifiquement du droit naturel » : si l'état de nature est éthiquement antérieur et primordial, pourquoi devrait-il être abandonné pour une société civile qui se caractériserait par un moindre degré d'éthicité ? Il ne peut donc pas en vérité bénéficier de cet exorbitant privilège d'une éthicité originaire, et « l'Idée absolue de la vie éthique » consiste bien plutôt à comprendre « l'état de nature et la Majesté [ou effectivité de l'État] comme absolument identiques, en tant que cette dernière n'est elle-même rien d'autre que la nature éthique absolue, et que l'on ne peut penser à aucune perte de la liberté absolue que l'on devrait comprendre sous la liberté naturelle... »[2].

La science spéculative est celle qui pour penser le droit naturel en termes adéquats, part de l'idée que la vie éthique absolue est la vie d'un peuple :

« ... La totalité éthique absolue n'est rien d'autre qu'un peuple »[3].

Le concept de départ pour toute étude de la vie éthique ne peut donc être que celui de peuple[4]. C'est là où il y a une masse d'hommes

1. J.-J. ROUSSEAU, *Du Contrat Social*, Introduction de M. Halbwachs, Paris, Aubier Montaigne, 1943, p. 114, 115.

2. G.W.F. HEGEL, *Des manières de traiter scientifiquement du droit naturel*, trad. Bernard Bourgeois, Paris, Vrin, 1972, p. 25. « Über die wissenschaftlichen Behandlungsarten des Naturrechts, seine Stelle in der praktischen Philosophie und sein Verhältnis zu den positiven Rechtswissenschaften », in *Frühe politische Systeme*, Frankfurt, Verlag Ullstein GmbH, 1974, p. 114. Malgré l'intérêt majeur qu'il y a à savoir lire cet article pour saisir la position qui est celle de Hegel vis-à-vis des philosophies politiques modernes qui font de l'état de nature le présupposé de la société civile, vis-à-vis de l'usage que font celles-ci de la détermination de la constitution humaine primitive, de son état originel, de l'homme naturel, du droit naturel, nous ne pouvons inclure dans cette étude notre analyse de la critique hégélienne de « l'empirisme scientifique » telle qu'elle est menée dans la première section de l'article de 1802.

3. HEGEL, *Droit naturel*, p. 54 ; *Behandlungsarten des Naturrechts*, p. 150.

4. Il convient de faire remarquer ici ce que la critique marxienne des Robinsonnades doit à la critique hégélienne de la notion d'état de nature comme existence d'individus antérieure à toute organisation politique et sociale, à la critique hégélienne du droit naturel et à la thèse hégélienne de la primauté théorique de l'idée de peuple même si Marx, dans sa conception de l'histoire, part du concept de rapports

sans qu'il y ait pourtant « peuple », que la notion « d'état de nature » au premier sens ci-dessus défini (« la façon d'être de l'homme dans son existence seulement naturelle immédiate ») a une pertinence ou un champ empirique d'exercice. Dans l'*Introduction aux leçons sur la philosophie de l'Histoire,* Hegel fait de l'Afrique *stricto sensu* le lieu par excellence du déploiement d'une masse sans peuple, sans histoire et sans éthique.

Ce texte, à première lecture, paraît de nos jours assez étonnant par ses affirmations qui tiennent très certainement pour une part aux sources des connaissances de Hegel sur l'Afrique (il en mentionne une : *La Géographie* de Ritter) et au contenu d'ouvrages d'historiens de l'époque sur l'Afrique [1]. Mais il est intéressant en tout état de cause de ne pas passer sous silence l'image qu'un homme du XIXe siecle, un philosophe, s'est faite de l'Afrique. Et de se demander dans quelle mesure l'idéologie d'une part, la science historique de l'autre, ont inconsciemment accepté ou implicitement rejeté depuis lors la thèse hégélienne, et en quel sens les Africains eux-mêmes ont intériorisé une telle image. En un mot, qu'a-t-il été repris jusqu'à nos jours du propos hégélien ?

Le texte vaut d'être relu de près, pour autant qu'en dépit d'une cohérence générale, on peut, semble-t-il, y déceler quelques hésitations et obscurités.

Hegel prétend dégager le *principe* de l'Africanité et non rapporter des « détails épouvantables ». Il précise qu'il ne s'agit ni de l'Afrique septentrionale ou européenne, ni de l'Égypte, mais de l'Afrique proprement dite, « le haut pays qui nous est presque totalement *inconnu* ». Comment alors est-il possible d'envisager, d'expliciter le principe de l'Africanité ? Sans doute est-ce parce que l'Afrique est juste assez connue pour que nous sachions qu'elle est la terre de l'état de nature...

sociaux de production et d'échanges, et non de celle de peuple, sans éliminer cette dernière.

1. Jacques D'Hondt dans son ouvrage *Hegel, Philosophe de l'Histoire Vivante*, Paris, P.U.F., 1966, indique que Hegel a puisé un grand nombre de données dans le livre de Robert NORRIS : *Memoirs of the reign of Bossa Ahadée, King of Dahomy*, London, 1789, traduction allemande *Reise nach dem Hoflager des Königs von Dahomey, Bossa Ahadi im Jahre 1772*, Berlin, 1791, traduction française *Mémoires du règne de Bossa Ahadée, roi du Dahomé*, Paris, 1790. « Le livre de Norris a bénéficié de deux comptes rendus successifs, tous deux favorables, parus dans la *Gazette littéraire d'Iéna, Allgemeine Literatur-Zeitung*, Iéna et Leipzig, du 11 janvier et du 15 juin 1792. Les comptes rendus attribuent l'édition du texte de Norris à Sprengel et sa traduction à Georges Forster ». G. Forster avait lui-même donné un compte rendu du livre de Norris dans la *Gazette érudite de Göttingen*, 1789, n° 121, p. 1211. (Cf. *op. cit.*, p. 111).

à moins que le fait qu'elle ne soit pas connue ne soit la meilleure preuve de sa sauvagerie, de sa barbarie. Quoi qu'il en soit, car pour être honnête Hegel s'appuie sur le fait que les « peuples », les hordes qui sont de temps en temps sortis de l'intérieur se sont montrés d'une sauvagerie si barbare qu'aucun lien des Européens avec eux n'a pu être noué, l'Afrique, celle du Sud du désert du Sahara, est sans Histoire, elle est le continent où nous voyons l'homme ne disposer encore d'aucun « ingrédient qui l'intègre à la culture, à la civilisation » [1].

> « ... C'est le pays de l'or, ramassé en lui-même, le pays de l'enfance qui, de l'autre côté du jour de l'histoire consciente, est enveloppé dans la couleur noire de la nuit » [2].

Hegel n'attribue pas du tout cette condition pré-historique ou plutôt hors de l'histoire des noirs directement à la race, ni à des causes à proprement parler biologiques, mais essentiellement à la « constitution géographique » [3]. Il semble que ce soit le haut-pays qui soit à l'origine de l'« indocilité » des noirs, de leur force musculaire, des caractéristiques « primaires » de leur mentalité. Mais doit-on aussi imputer à la géographie, et à la « nature tropicale » [4], l'impossibilité absolue, catégoriquement affirmée par Hegel, qui est celle de l'homme africain à se développer, c'est-à-dire à se sortir de l'état qui est celui de la conscience sensible ? [5]. Hegel se contente d'affirmer l'inexistence nécessaire en Afrique de tout développement dialectique de la conscience de soi, donc de toute histoire.

Quelle est donc cette constitution géographique ? Elle est faite de hautes montagnes, de ceintures et bandes marécageuses difficilement pénétrables, dont « la végétation luxuriante... abrite toutes sortes d'animaux féroces et... dégage une atmosphère pestilentielle presque empoisonnée » [6]. Elle est aussi faite de déserts de sable, de fleuves coupés de chutes, navigables seulement sur de courtes portions et qui ne constituent donc pas des voies de communication. Ce ne sont, redisons-le, que par les excursions que les Africains font hors de l'intérieur vers les côtes que les Européens les connaissent. Hegel reconnaît d'ailleurs que lorsque « la rage » de ces abominables hordes a pris fin, lorsqu'elles se sont installées sur les pentes et sur la région

1. HEGEL, *op. cit.*, p. 247 (trad. modifiée) ; *op. cit.*, p. 214.
2. HEGEL, *op. cit.*, p. 247 ; *op. cit.*, p. 214.
3. HEGEL, *op. cit.*, p. 247 ; *op. cit.*, p. 214.
4. *Idem.*
5. HEGEL, *op. cit* , p. 245 ; *op. cit.*, p. 212.
6. HEGEL, *op. cit.*, p. 248 ; *op. cit.*, p. 215.

côtière, elles se sont montrées « douces et industrieuses » [1] et que « rien, à première vue, ne semblait indiquer une quelconque inaptitude à la culture, à la civilisation » [2].

Hegel ne pose pas directement la question de la cause de ce contraste, de la versatilité de ces hordes qui dans leurs expéditions guerrières manifestaient « l'inhumanité la plus irréfléchie et la brutalité la plus répugnante » et « se montraient, dans le temps calme de paix, douces et bonnes pour les Européens avec lesquels elles avaient fait connaissance » [3]. Faut-il comprendre cette modification d'attitude par le changement de région géographique qui a pour effet d'humaniser les nègres, de les éloigner de l'état de nature, c'est-à-dire du règne des sens, ou faut-il penser que la brutalité se renverse en douceur sans que ce renversement implique un progrès, un changement qualitatif, puisque la douceur peut sans raison redevenir brutalité ? Hegel ne prend pas explicitement parti. Il nous paraît pourtant d'après le contexte pencher pour l'inconstance irrationnelle, sans que nous puissions l'affirmer avec certitude.

Ce dont nous ne pouvons pas douter, en revanche, c'est du fait que Hegel tient son discours sur l'Afrique pour un discours philosophique. Ce qu'il analyse, en analysant « l'esprit universel », « la forme universelle du caractère » de l'Africain, c'est bien et paradoxalement un « mode de la conscience de soi dans lequel apparaît l'Esprit» à la « particularité (duquel) on n'a guère, jusqu'à présent, prêté attention » [4].

Or pour saisir ce mode particulier de la conscience de soi qui est celui de l'homme africain, il faut faire table rase de tout ce que nous sommes, européens, il faut mettre entre parenthèses le principe même de notre culture, de la Culture ou de la Civilisation.

Hegel écrit :

> « Ce caractère est difficile à saisir, parce qu'il s'écarte si complètement de notre culture ; il a quelque chose d'entièrement éloigné, d'étranger au mode de notre conscience. Il nous faut oublier toutes les catégories qui sont à la base de notre vie spirituelle et [cesser] de subsumer [les choses] sous ces formes. La difficulté consiste dans le fait que ce que nous avons dans nos représentations continue à agir de façon sous-jacente » [5].

1. HEGEL, *op. cit.*, p. 249 ; *op. cit.*, p. 216.
2. *Idem* (trad. modifiée).
3. *Idem*.
4. HEGEL, *op. cit.*, p. 249 ; *op. cit.*, p. 217.
5. HEGEL, *op. cit.*, p. 250 ; *op. cit.*, p. 217.

Ce texte ne peut manquer de nous rappeler celui de Rousseau dans le *Discours sur l'origine et les fondements de l'inégalité parmi les hommes* :

> « Enfin tous (les philosophes) parlant sans cesse de besoin, d'avidité, d'oppression, de désirs et d'orgueil, ont transporté à l'état de nature des idées qu'ils avaient prises dans la société ; ils parlaient de l'Homme Sauvage et ils peignaient l'homme civil »[1].

Cependant l'intention des deux textes est fort différente, si ce n'est divergente. Dans le texte du *Second Discours*, ce qu'il faut mettre entre parenthèses pour penser le sauvage, ce sont essentiellement les passions inhérentes à la société civile, passions qui vont jusqu'à nous faire oublier la force de la pitié naturelle. Ce qu'il faut abandonner au contraire, selon Hegel, ce sont « toutes nos représentations européennes », c'est l'idée de « Dieu spirituel », de « loi éthique », « d'État », de « crainte respectueuse », tout ce qui est « reconnaissance de l'Universel »[2], mais aussi tout ce que le « sentiment »[3] signifie, tout le rationnel de la *vie éthique*, de la *Sittlichkeit*. Nous ne pouvons donc en aucune façon nous identifier au nègre. Il nous est impossible de sympathiser avec lui, de ressentir ce qu'il sent, nous ne pouvons que « penser » sa nature[4].

L'hétérogénéité est-elle radicale entre « nous » et l'Africain ? Certes l'homme en Afrique, c'est donc l'homme dans son immédiateté, c'est un homme à l'état brut. Cependant, le texte hégélien présente, semble-t-il, un léger flou, quant à ce qui distingue l'homme naturel de l'animal ou ne le distingue pas (Hegel parle du paradis comme d'un zoo où l'homme a vécu dans un état animal), quant à l'état premier d'unité de l'homme naturel et de la nature comme caractéristique de l'Afrique ou quant à l'opposition initiale entre l'un et l'autre comme caractéristique de l'Africain. « En Afrique », écrit en effet d'abord Hegel, se trouve « *l'état d'innocence* », c'est-à-dire « l'unité de l'homme avec Dieu et avec la nature... », « l'état d'inconscience de soi-même »[5]. Or,

1. ROUSSEAU, *Discours sur l'origine de l'inégalité*, in J.-J. ROUSSEAU, *Œuvres complètes*, t. III, La Pléiade, Paris, Gallimard, 1966, p. 132.

2. HEGEL, *op. cit.*, p. 250, 251 ; *op. cit.*, p. 217, 218.

3. HEGEL, *op. cit.*, p. 251 ; *op. cit.*, p. 218.

4. HEGEL, *op. cit.*, p. 251. Il nous faut faire mention pour ne pas trahir la vérité du texte hégélien que celui-ci ajoute tout aussitôt que nous ne pouvons pas davantage nous identifier à un grec s'agenouillant devant l'image de Zeus. Cependant, dans l'esprit même de Hegel, l'analogie est-elle pertinente ? La raison de notre impossibilité de nous identifier à l'autre homme est-elle la même dans les deux cas ?

5. HEGEL, *op. cit.*, p. 251 ; *op. cit.*, p. 218.

c'est en tant que l'homme *s'oppose* à la nature qu'il devient homme et, poursuit Hegel en se contredisant apparemment, le caractère de l'Africain montre la première opposition de l'homme à la nature en tant que l'homme, être spirituel, « s'arroge un pouvoir sur la nature »[1], un pouvoir magique. Mais l'homme ne devient véritablement conscient de soi qu'en se divisant, en séparant sa singularité de son universalité, distinction à laquelle l'Africain est incapable d'accéder.

Pourtant, plus haut, Hegel avait reconnu à certaines théories qui affirment l'existence au début de l'histoire d'un peuple primitif de haute culture qui aurait eu une pure connaissance de Dieu et de la nature, théories qu'il critique sévèrement comme sans fondement historique, le mérite d'avoir dit que l'homme :

> « n'a pas pu commencer par un état de torpeur animale. Cela est vrai : l'homme ne pourrait se développer à partir d'un état de torpeur animale. Mais il a pu se développer à partir d'un état de torpeur humaine. Une humanité animale, c'est tout autre chose que l'animalité. L'Esprit fait le commencement, bien que l'Esprit soit d'abord en soi ; il est Esprit naturel auquel cependant le caractère de l'humanité est entièrement empreint. L'enfant n'a aucune rationalité ; mais il a la possibilité réelle d'être rationnel »[2].

Cette affirmation est-elle valable pour le nègre ? Le nègre est-il un enfant ? Certes, il n'est pas un animal mais l'enfant est dit pouvoir être rationnel tandis que Hegel semble refuser à l'Africain toute possibilité d'accès à la rationalité et donc à l'historicité. Il est dit tout à la fois que l'Africain est un homme qui ne s'est pas dissocié de la nature, et qu'il est un homme qui a commencé à s'en distinguer, mais s'est arrêté dès le premier pas.

En tout état de cause, Hegel appuie l'affirmation selon laquelle le nègre manque de la conscience d'une ferme objectivité, ou même de l'intuition de l'objectivité tout court, ne reconnaît pas l'Universel, par une analyse de la « *religion* africaine » – religion si l'on peut dire, car la magie des Africains est le contraire du concept de religion – par une analyse des « États africains », bien que le terme d'État désigne en ce cas, dérisoirement, le contraire de l'idée d'État, puisqu'il n'existe pas en ceux-là de but, pensé comme étant en soi et pour soi.

1. HEGEL, *op. cit.*, p. 253 ; *op. cit.*, p. 220.

2. HEGEL, *op. cit.*, p. 190 (trad. modifiée) ; *op. cit.*, p. 161 (trad. modifiée). Pour répondre à la question de savoir comment Hegel distingue l'homme de l'animal, l'on peut se référer dans *La Raison dans l'Histoire* aux premières pages de la « détermination de l'esprit », *op. cit.*, p. 77, 78 ; *op. cit.*, p. 56, 57. Le texte de l'*Encyclopédie* (paragraphes et additifs) est plus explicite.

En effet, l'Africain n'a pas la conscience d'un Être suprême, d'une puissance supérieure à la sienne propre. C'est parce qu'il n'a pas cette conscience de quelque chose de supérieur à l'homme qu'il ne se respecte pas. Il se considère lui comme supérieur aux forces de la nature, mais cette supériorité est celle de sa *singularité,* de son être sensible. « Bref, l'homme se tient pour être Suprême qui peut ici commander » [1].

Parce qu'il ne connaît rien de supérieur à sa singularité individuelle, l'Africain se méprise, ne respecte ni lui, ni autrui, ni la vie. Aussi cette mésestime de la vie n'est-elle pas le point de départ de l'affirmation de l'esprit comme esprit ou plutôt de la conscience de soi en tant que telle ; le danger de mort n'est en effet pas encouru pour affirmer une valeur saisie comme supérieure à la vie. Le courage des noirs n'est pas le risque absolu, fondateur de la conscience de soi libre, mais une simple méconnaissance de la dignité de la vie [2].

L'idée selon laquelle c'est l'incapacité des Africains à former le concept véritable de *religion* qui est le premier signe de leur inaptitude à se savoir comme libres peut nous paraître surprenante si nous ne la rapportons pas à la philosophie hégélienne de la religion mais si nous avons à l'esprit la critique feuerbachienne reprise par Marx dans la *Contribution à la critique de la Philosophie du Droit de Hegel*, selon laquelle « la religion n'est que le soleil illusoire qui gravite autour de l'homme tant que l'homme ne gravite pas autour de lui-même » [3]. Mais il est aussi certain que Marx n'est pas sans reprendre dans l'*Idéologie Allemande,* en la réajustant, l'idée hégélienne selon laquelle les

1. HEGEL, *op. cit.*, p. 255 (trad. modifiée) ; *op. cit.*, p. 221.

2. Ce raisonnement est exactement inverse de celui que tient Hegel, par rapport au Judaïsme, dans l'*Esprit du Christianisme et son destin* (1798-1799) : au fondement de la servitude du peuple Juif, il n'y a pas l'enfoncement dans la singularité sensible, mais au contraire l'arrachement radical à cette dernière au profit d'une transcendance abstraite et sans visage. Que Hegel ait pensé, même si c'est à des moments différents de sa vie, Juifs et Africains, comme pris dans des rapports de sujétion tels qu'ils ne peuvent se développer dialectiquement, mérite attention. Dans un cas comme dans l'autre le rapport de domination à servitude ne se présente pas comme faisant suite à une lutte pour la reconnaissance et comme ayant son issue dans la formation d'une conscience universelle de soi, mais comme un rapport immédiat et définitif. Cependant, à y réfléchir, n'est-il pas tout à fait paradoxal que Hegel attribue au fait que le peuple Juif ait formé l'idée de transcendance et l'ait posée comme véritable réalité, l'origine de son inaptitude à accéder au droit et à la liberté politiques, alors qu'inversement il explique par la totale impuissance des Africains à poser quelque chose d'objectif comme inconditionnellement supérieur à leur libre arbitre, le maintien de leur état comme se situant en deçà de l'histoire ?

3. MARX, *Critique du Droit politique hégélien*, trad. A. Baraquin, Paris, Editions sociales, 1975, p. 198.

hommes ne peuvent faire, à un certain stade de leur développement, de leur rapport à la nature, l'économie de la religion.

Hegel voit, en tout cas, dans le *fétiche* africain, le premier objet venu, ni consistant, ni permanent, ni autonome, incapable donc d'opérer le dédoublement de l'homme entre son être singulier et son essence. Le fétiche ne fait pas véritablement la scission par laquelle l'homme s'humanise en extériorisant sa volonté de domination : il n'est rien d'autre que l'arbitraire individuel qui se procure l'intuition de soi. En effet, si le fétiche s'avère inefficace, l'Africain le détruit et en fabrique un autre : « leur dieu reste en leur pouvoir » [1]. De même, le culte des morts n'institue pas, puisqu'ils donnent des ordres à leurs morts et ne respectent pas leur puissance, de véritable réalité transcendante par rapport à la réalité sensible. C'est cette inaptitude à constituer l'idée d'une transcendance qui condamne l'Africain à demeurer un sous-homme.

Si les nègres ne posent pas une volonté divine supérieure à la nature, une volonté objective supérieure à leur désir, ils ne réduisent pas non plus véritablement la nature à l'état de moyen que l'on traite selon sa manière d'être. Sans intelligence technique, ils se contentent d'ordonner aux forces naturelles sans reconnaître véritablement de rationalité à la nature. « Le pouvoir du nègre sur la nature est seulement un pouvoir de l'imagination », une « domination imaginaire » [2].

Nous pouvons retenir de l'analyse hégélienne de la « religion » africaine l'idée que l'aliénation religieuse est nécessaire pour que l'homme se reconnaisse comme Homme, comme un universel. Cette dimension du système hégélien prend pour une grande part sa source dans l'analyse éthique kantienne qui distingue en l'homme la sensibilité phénoménale et l'essence, la liberté nouménale. Le nègre ne serait qu'un homme phénoménal.

> « Abstraitement, on peut dire : la viande, c'est de la viande, tout est une question de goût. Mais on se représente que cette viande est de la chair humaine, la même que celle du corps qui a une telle représentation... Le fait de dévorer des hommes se rapporte d'une façon générale au principe africain. Pour le nègre rivé aux sens, la chair humaine est seulement du sensible, de la viande et rien d'autre » [3].

1. HEGEL, *op. cit.*, p. 256 ; *op. cit.*, p. 222.
2. HEGEL, *op. cit.*, p. 258 (trad. modifiée) ; *op. cit.*, p. 224.
3. HEGEL, *op. cit.*, p. 259 ; *op. cit.*, p. 225.

Hegel décrit les rapports sociaux des Africains comme des rapports essentiellement violents ; cette violence est violence de l'état de nature, mais sa vision de la guerre de tous contre tous s'explique par la prédominance de la sensibilité qui ne connaît pas de frein. Cette conception de la destruction réciproque n'a rien d'hobbesien. En effet, si, selon Hobbes, c'est parce que chaque homme est immédiatement sujet (si c'est parce que chacun se pense comme ayant un droit absolu sur tout), qu'il y a état de guerre permanent, pour Hegel, les Africains ignorent toute idée de Droit et ne se battent pas pour affirmer leur dignité de sujets. Leur mépris de l'homme et de la vie a pour corollaire le fait que l'esclavage est la seule relation sociale existante. Une autre relation est inimaginable et impossible à instaurer dans les sociétés africaines. L'esclavage que les Européens instituent en vendant les nègres en Amérique est un progrès par rapport à l'esclavage interne qui est « absolu » et même, dirions-nous en forçant quelque peu la pensée du philosophe, la condition de la perfectibilité des Africains. En effet sur la terre africaine la distinction entre maîtres et esclaves fondée sur l'arbitraire s'inverse sans donner naissance à de véritables États. Les « États nègres » sont despotiques et n'ont aucune chance de devenir rationnels. L'autorité du roi n'est pas véritablement absolue et n'est donc qu'un arbitraire qui doit tenir compte des autres arbitraires sans jamais pouvoir promouvoir une quelconque universalité. L'autorité politique n'est que la force qui maintient de l'extérieur une vie commune pour des volontés qui restent arbitraires. L'esclavage et la tyrannie ne *disciplinent* pas les nègres, ne transforment pas leur existence isolée et sensible en une vie éthique et en une culture. Non seulement les nègres ne se savent pas libres en tant qu'hommes, mais ils ne se reconnaissent pas même de valeur, sous quelque relation particulière que ce soit, relation de parenté ou de voisinage. « Les sentiments éthiques, entre eux, sont d'une extrême faiblesse, ou, pour mieux dire, n'existent pas du tout »[1].

Hegel affirme ce propos : « ... pour arriver à la liberté, l'homme doit acquérir d'abord la maturité nécessaire. La suppression graduelle de l'esclavage est, pour cette raison, plus appropriée et plus judicieuse que son abolition brutale »[2].

La position hégélienne peut ainsi paraître régressive par rapport à celle exprimée par Kant dans *La Religion dans les limites de la Simple Raison* :

1. HEGEL, *op. cit.*, p. 261 ; *op. cit.*, p. 226, 227.
2. HEGEL, *op. cit.*, p. 260 ; *op. cit.*, p. 226.

> « On ne peut mûrir pour la liberté, si l'on n'a pas été mis au préalable en liberté (il faut être libre pour pouvoir se servir utilement de ses forces dans la liberté) ... Cependant jamais on ne mûrit pour la raison autrement que grâce à ses tentatives personnelles (qu'il faut être libre de pouvoir effectuer) » [1].

Pourtant cette position est au centre du système, et il nous faudra montrer à son propos, encore, la reprise et le réajustement qu'en font Marx et Engels.

Notons encore ceci : « Le nègre se suicide souvent, quand il est blessé dans son honneur ou quand le roi l'a puni. S'il ne se tuait pas, on le tiendrait pour lâche » [2]. Mais ce n'est pas véritablement d'honneur qu'il s'agit ; le courage des Africains n'est qu'une « énorme force physique ». Ils ne visent pas de « fins qui ont de la dignité ». Ils passent de l'orgueil à la servilité suivant le rapport des forces. « L'empire de l'esprit est si pauvre chez eux, et si intense pourtant l'esprit en lui-même, qu'une seule représentation qui s'impose à eux est suffisante pour les pousser à ne rien respecter et à tout détruire » [3]. L'emprise sur eux de l'idée ne peut que prendre la forme du fanatisme et d'un fanatisme plus physique que spirituel.

En conclusion de cet exposé de la thèse hégélienne, nous dirons que Hegel a appliqué la notion d'état de nature à l'Afrique, ou encore que ce qu'il a subsumé sous la catégorie Afrique (mais il se trouve que cette catégorie vise des hommes bien réels, des sociétés existantes), c'est « un monde anhistorique non developpé entièrement, prisonnier de l'Esprit naturel, et dont la place se trouve encore au seuil de l'Histoire universelle », et y restera, car il n'est susceptible d'aucune formation, d'aucune éducation.

Que penser d'un tel usage de la notion d'état de nature ? Il nous paraît incontestable que, loin de produire un effet de distanciation critique, l'usage empirique qu'en fait Hegel en situant l'Afrique aux antipodes de l'Europe ne peut qu'aller dans le sens d'une confirmation du monde des « nations germaniques » dans sa rationalité exclusive, sa capacité spécifique de concilier liberté et universalité.

Aussi, sans vouloir réduire le discours de Hegel à sa signification idéologique, il faut avouer qu'il peut être lu non seulement comme la représentation qu'a l'Européen de lui-même – celui-ci se penserait

1. I. KANT, *La Religion dans les limites de la Simple Raison*, trad. J. Gibelin, quatrième partie, deuxième section, paragraphe IV, Paris, Vrin, 1952, p. 245.
2. HEGEL, *op. cit.*, p. 262 ; *op. cit.*, p. 227.
3. HEGEL, *op. cit.*, p. 266 ; *op. cit.*, p. 231.

donc comme ayant le monopole de la rationalité – mais aussi en tant qu'il peut préfigurer la représentation qu'a le colonisateur de lui-même et du colonisé. L'indigène n'est pas un homme au même titre que le colonisateur, mais il n'est qu'un homme naturel, qui fait partie de la nature, loin de s'opposer à elle, homme qui, né d'une terre, n'est pas celui qui fait l'histoire de celle-ci, et dont la grossièreté sensible, insurmontable par un mouvement dialectique intrinsèque, ne peut être maîtrisée que par une force extérieure.

Il faut mentionner qu'il y a dans le *Contrat social* des affirmations qui, bien que ne s'appliquant pas précisément à l'Afrique, annoncent certains aspects de l'analyse hégélienne. Ainsi lorsque Rousseau écrit au chapitre VIII du livre III :

> « La Liberté, n'étant pas un fruit de tous les climats, n'est pas à la portée de tous les peuples. Plus on médite ce principe établi par Montesquieu [1], plus on en sent la vérité. Plus on le conteste, plus on donne occasion de l'établir par de nouvelles preuves... Quand tout le midi serait couvert de Républiques et tout le nord d'états despotiques, il n'en serait pas moins vrai que par l'effet du climat le despotisme convient aux pays chauds, la barbarie aux pays froids, et la bonne politique aux régions intermédiaires » [2].

Cependant, l'affirmation rousseauiste de l'inégalité d'aptitude des peuples à la liberté peut apparaître moins arbitraire que le jugement hégélien sur l'incapacité historique fondamentale de l'esprit africain, dans la mesure où Rousseau considère la forme de gouvernement dans sa connexion avec le climat en tant que celui-ci conditionne la quantité d'excédent produit, le nombre de la population, et par là même les conditions de prélèvement ou d'utilisation de l'impôt ; « (...) les lieux où l'excès du produit sur le travail est médiocre conviennent aux peuples libres » [3].

1. MONTESQUIEU, *Esprit des Lois*, XVII, chap. 2.

2. ROUSSEAU, *Contrat social*, Paris, Aubier, p. 308, 311 ; La Pléiade, t. III, p. 414, 416.

3. ROUSSEAU, *Contrat social*, Paris, Aubier, p. 310 ; La Pléiade, p. 416. Il est vrai aussi que Rousseau affirme que certains peuples (il s'agit des Russes) ne seront jamais policés. Il appuie cette assertion sur une simple analogie entre la différence d'aptitude de l'individu à l'éducation selon son âge et la différence d'aptitude à la légalité des divers peuples. « La jeunesse n'est pas l'enfance. Il est pour les Nations comme pour les hommes un temps de jeunesse ou, si l'on veut, de maturité, qu'il faut attendre avant de les soumettre à des lois : mais la maturité d'un peuple n'est pas toujours facile à connaître, et si on la prévient, l'ouvrage est manqué. Tel peuple est disciplinable en naissant, tel autre ne l'est pas au bout de dix siècles. Les Russes ne seront jamais vraiment policés, parce qu'ils l'ont été trop

Reste qu'il est indéniable que l'on trouve déjà dans le chapitre VII du Livre II du *Contrat social* toute une problématique qui semble être celle-là même qui est à l'œuvre dans les pages de Hegel sur l'africanité comme image négative ou face obscure du « peuple », Individu historique déterminé et vivant, porteur, dès l'article sur le droit naturel, de l'Idée éthique absolue.

> « Celui qui ose entreprendre d'instituer un peuple doit se sentir en état de changer, pour ainsi dire, la nature humaine ; de transformer chaque individu, qui par lui-même est un tout parfait et solitaire, en partie d'un plus grand tout dont cet individu reçoive en quelque sorte sa vie et son être ; d'altérer la constitution de l'homme pour la renforcer ; de substituer une existence partielle et morale à l'existence physique et indépendante que nous avons tous reçue de la nature »[1].

En effet, Hegel interprète l'existence indépendante que l'individu a reçue de la nature comme « pure existence isolée sensible »[2] de l'homme dont le désir singulier et le libre arbitre particulier sont à l'opposé de la liberté subjective du citoyen de l'État rationnel moderne.

L'analyse hégélienne de l'Afrique n'est pas dissociable de la conception que propose Hegel de *l'objet* de l'histoire. Nous ne pouvons que nous interroger sur la recevabilité d'une philosophie de l'histoire qui, quelle que soit sa majesté architectonique, donne de l'histoire universelle une définition telle qu'elle implique que le continent noir est jusqu'à ce jour au seuil de celle-là, et ne peut qu'y rester sans jamais le franchir.

Hegel écrit :

> « Il sied à la considération philosophique et il est digne d'elle de ne commencer l'étude de l'histoire que là où la Raison commence à pénétrer dans le monde ; non là où elle n'est qu'une possibilité en soi, mais là où elle apparaît dans la conscience, dans la volonté et l'action »[3].

Et encore :

tôt » (*Contrat social*, chap. VIII, livre II, Paris, Aubier, p. 199, La Pléiade, p. 386).

1. ROUSSEAU, *Contrat social*, chap. VIII, livre II, Paris, Aubier, p. 180, La Pléiade, p. 381.

2. HEGEL, *La Raison dans l'Histoire*, p. 260 ; *op. cit.*, p. 226.

3. HEGEL, *La Raison dans l'Histoire*, p. 191 ; *op. cit.*, p. 162. Nous aurions pu citer le même texte dans *L'Introduction à la Philosophie de l'Histoire* dans les *Leçons sur la Philosophie de l'Histoire*, trad. J. Gibelin, Paris, Vrin, 1945, p. 61, 62.

« L'existence inorganique de l'Esprit», c'est-à-dire «l'état où il est inconscient de la liberté» « n'est pas objet de l'histoire» [1].

En effet, tous les rapports sociaux des Africains noirs sont identifiés comme des rapports d'esclavage *absolu*, qui n'ont donc rien d'éthique et ne sont pas même au niveau des rapports familiaux ou tribaux. Ils sont donc plus radicalement encore exclus du devenir historique que la famille qui, bien qu'éthique à son degré, n'est elle-même ni objet d'histoire ni même objet de mémoire. L'esclavage nègre est sans négation dialectique possible, il ne peut que se perpétuer en inversant seulement ses termes, le maître devenant l'esclave et réciproquement, puisque « la distinction entre maîtres et esclaves se fait seulement à partir de l'arbitraire » [2]. L'assujettissement qui n'est pas le second moment de la lutte pour la reconnaissance, la domination qui n'a pas à son fondement le risque de la vie, est violence pure et stérile, « état de l'injustice absolue et générale» [3]. C'est pourquoi l'Afrique noire est à l'état de nature, au degré zero de l'histoire.

1. HEGEL, *op. cit.*, p. 191 ; *op. cit.*, p. 162.
2. HEGEL, *op. cit* , p. 260 ; *op. cit.*, p. 226.
3. HEGEL, *op. cit.*, p. 260 ; *op. cit.*, p. 226. Disons encore que dans *L'Esprit du christianisme et son destin*, Hegel caractérise la relation de domination à servitude spécifique au judaïsme, laquelle est incontestablement un en deça du droit sans pourtant être identifiée à l'état de nature qu'est l'esclavage de l'Afrique noire, comme l'une des réactions au déluge qui a opéré une scission entre l'homme et le monde.

Au lieu de promouvoir un retour à une insertion de l'homme dans le monde, le judaïsme a produit l'idée d'un principe qui, transcendant la nature dans sa totalité, la domine, parce qu'il la pense. Le pensé est en effet le dominé, le dominé est le pensé. Certes ce principe unique qui domine le monde n'est qu'un Être pensé, un Être idéel, mais il est posé comme le seul être vraiment réel, le seul qui véritablement est.

Le judaïsme est donc défini comme la manière par laquelle certains hommes se sont assujettis indirectement la nature, écartant toute tentative de réconciliation avec elle, et n'osant pas pourtant faire l'effort de se l'assujettir directement. Cette attitude est celle qui consiste à penser la nature hostile comme assujettie à un maître, à se soumettre à ce maître, à recevoir comme prix de l'assujettissement à ce maître la garantie de conserver sa vie, à n'avoir ainsi de rapport au monde que par la médiation du rapport à Dieu qui domine le monde. Ce rapport au monde qui ne peut être qu'un rapport d'opposition, de haine se réduit donc paradoxalement au seul besoin animal de satisfaction des besoins physiques.

Servitude contre sécurité, ce pacte distingue d'une certaine façon les Hébreux, seuls serviteurs de Dieu « sujet vivant absolu », du reste de la nature et du genre humain qui n'existent plus que comme de purs objets sans vie. Leur égalité est une égalité d'esclaves, égalité d'hommes sans propriété, donc sans droit, sans citoyenneté et n'a aucune mesure avec celle qui devait être défendue dans la république grecque.

Les allusions concrètes que fait Hegel pour étayer son propos nous paraissent bien succinctes pour être convaincantes. Mais ce n'est pas tant l'absence d'études précises et détaillées qui rend pour nous le discours hégélien sur l'Afrique discutable, que le fait que celui-ci ne *rend pas raison* de ce que certains peuples sont aptes à la liberté et à la rationalité alors que d'autres y sont essentiellement inaptes.

À moins que l'on ne considère que dans la perspective hégélienne de l'histoire philosophique, la géographie est la détermination en dernière instance, ce qui serait tout à fait paradoxal [1], il nous paraît qu'Hegel n'explique pas pourquoi c'est en Afrique précisément qu'il n'existe pas et qu'il ne peut pas exister d'état de droit, de religion, d'État, et pourquoi ce n'est pas ailleurs, et surtout pas en Europe, qu'un tel état de Nature peut être observé. Est-ce à dire qu'il faut admettre que du fait des terres et des climats dont ils sont les fils, certains peuples sont plus doués que d'autres pour la liberté et pour l'histoire ?

La science spéculative se contente d'établir empiriquement et rétrospectivement la série successive des peuples historiques. La métaphore du soleil qui se lève à l'Orient et se couche à l'Occident permet-elle véritablement d'approcher le sens dans lequel s'est fait « le cours entier de l'histoire » ? Avons-nous acquis à la lecture de *La Philosophie de l'Histoire* de Hegel un savoir spéculatif de la chronologie de la « grande journée de l'Esprit » [2] ? Certes, l'Esprit n'est pas totalement absent de la terre d'Afrique, puisqu'il y existe sous forme de l'Esprit naturel. Les nègres sont tout de même des hommes. Mais Hegel semble admettre comme une donnée n'ayant pas besoin de réelle

Il n'y a donc pas pour le peuple Juif de dialectique de la domination et de la servitude mais une alternance entre périodes où leur soumission inconditionnelle à Dieu leur assure la force nécessaire pour dominer et d'autres périodes où ils perdent leur indépendance et sont dominés, opprimés parce que leur esprit « de haine et de dévastation » s'est affaibli et que tentés par des sentiments plus humains, ils n'ont plus aucun principe au fondement de leur lien social. « La cohésion de leur État se trouve complètement dissoute ». Leur trahison n'est qu'une trahison de valets qui dans leur désobéissance à leur Seigneur et Maître restent des valets.

1. Dans l'article de 1802 Hegel écrivait en effet : « Pas plus que l'élément de l'eau, à même lequel une partie du monde animal s'organise, et l'élément de l'air, à même lequel une autre partie de ce monde s'organise, ne sont, celui-là pour le poisson, celui-ci pour l'oiseau, pour cette raison qu'ils sont des éléments singuliers, quelque chose de positif ou de mort, pas davantage cette forme-ci de la vie éthique, dans laquelle elle s'organise dans ce climat-ci et dans cette période-ci d'une culture particulière et de la culture universelle, n'est quelque chose de positif en elle ». *Droit naturel*, p. 95. Faut-il en conclure que l'Africain ne fait pas des déterminations géographiques des « puissances », mais qu'il est bien déterminé, limité par elles, qu'elles constituent pour lui quelque chose de positif, de mort ?

2. HEGEL, *op. cit.*, p. 280 ; *op. cit.*, p. 242.

explication le fait que certains peuples sont hors l'histoire, ou que c'est en certains peuples, plutôt qu'en d'autres, que l'Esprit se sait plus adéquatement libre.

La conciliation de l'Esprit avec son concept, celle de l'Esprit objectif et de l'Esprit subjectif, est « l'*a priori* de l'histoire auquel l'expérience doit correspondre » [1]. Et l'expérience montre indéniablement à Hegel que c'est à l'ère germanique, dans le « *monde chrétien* », que « l'Esprit est sorti de l'état de nature » [2] et s'est constitué une nouvelle nature, une « seconde nature » [3] adéquate à son concept. Si c'est à l'Amérique que revient, à l'avenir, la prérogative d'être le centre de gravité de l'histoire universelle [4], la philosophie, ne s'occupant pas de « prophéties », n'a pas à s'y intéresser.

* * *

La définition que Marx donne de l'objet de l'histoire dans *L'Idéologie Allemande*, elle, a le mérite, si l'on s'y tient, de n'exclure *a priori* aucune société humaine de l'histoire, de ne pas impliquer non plus de définition de l'état de nature susceptible de servir d'auxiliaire ou de confirmation idéologique à la domination de certains peuples par d'autres.

> « On peut distinguer les hommes des animaux par la conscience, par la religion et par tout ce que l'on voudra. Eux-mêmes commencent à se distinguer des animaux dès qu'ils commencent à produire leurs moyens d'existence (*Lebensmittel*), pas en avant qui est la conséquence même de leur organisation corporelle. En produisant leurs moyens d'existence, les hommes produisent indirectement leur vie matérielle elle-même» [5].

Par cette définition de ce qui fait la spécificité des hommes, la production de leurs moyens d'existence, Marx en finit avec l'idée de peuple dont l'esprit ne peut pas être touché par la grâce de la Raison, et auquel il est refusé de participer à l'histoire de l'Esprit. Toute société humaine produit ses moyens d'existence, à quelque niveau que ce soit, et est en ce sens historique, ou tout au moins possède la condition fondamentale de toute histoire, même si le fait de produire ses moyens

1. HEGEL, *op. cit.*, p. 186 ; *op. cit.*, p. 157.
2. *Idem.*
3. HEGEL, *op. cit.*, p. 296 ; *op. cit.*, p. 254.
4. HEGEL, *op. cit.*, p. 242 ; *op. cit.*, p. 209.
5. MARX, ENGELS, *L'Idéologie Allemande*, présentée par G. Badia, Paris, Editions sociales, 1968, p. 45 ; *Die deutsche Ideologie, Berlin*, M.E.W., t. 3, Berlin, Dietz Verlag, 1973, p. 21.

d'existence et donc indirectement sa vie matérielle elle-même ne constitue pas le tout de la conception « matérialiste » marxienne de l'histoire, mais n'est que le premier fait historique.

> « Le premier fait historique est donc la production des moyens permettant de satisfaire ces besoins 'vivre, boire, manger, se loger, s'habiller et quelques autres choses encore', la production de la vie matérielle elle-même, et c'est même là un fait historique, une condition fondamentale de toute histoire que l'on doit aujourd'hui encore comme il y a des milliers d'années, remplir jour par jour, heure par heure, simplement pour maintenir les hommes en vie »[1].

Le premier fait historique est, tout aussi bien que la production des moyens d'existence, la production de nouveaux besoins suscitée par la satisfaction des besoins élémentaires et par l'existence des instruments produits pour les satisfaire. Mais si la production des besoins nouveaux est un premier fait historique, elle ne se fait pas sans avoir pour corollaire la reproduction d'autres hommes. Aucune société humaine, par le fait du nécessaire accroissement des besoins et de la population, n'est *a priori* évincée du développement historique et condamnée à en rester aux rapports familiaux, car ces rapports si élémentaires soient-ils passeront à d'autres types de rapports sociaux. Les rapports sociaux se modifient en fonction de la modification de la production des moyens d'existence.

Dans *L'Idéologie Allemande*, Marx emploie bien l'expression de « société naturelle », mais il désigne par là une toute autre réalité que celle que Hegel pense reconnaître en Afrique. Ce n'est pas la société où règnent des rapports de violence et d'esclavage, entre une pluralité d'arbitraires sensibles, mais celle où la division « naturelle » du travail sépare et oppose intérêt particulier et intérêt commun.

La société naturelle est en effet celle où les hommes ne maîtrisent pas les modalités de leur coopération. L'activité sociale des hommes acquiert par le processus qui la divise une existence indépendante de cette activité, une objectivité transcendant celle-ci, une puissance incontrôlée.

> « Aussi longtemps que les hommes se trouvent dans la société naturelle, donc aussi longtemps qu'il y a scission entre l'intérêt particulier et l'intérêt commun, aussi longtemps donc que l'activité n'est pas divisée volontairement, mais du fait de la nature, l'action

1. MARX, ENGELS, *op. cit.*, p. 57 ; *op. cit.*, p. 28.

propre de l'homme se transforme pour lui en puissance étrangère qui s'oppose à lui et l'asservit, au lieu qu'il la domine »[1].

Ce que Hegel prend pour la Raison dans l'Histoire « l'Esprit du monde », ce qu'il oppose à l'état de nature et qu'il donne comme le procès par lequel la volonté existe en tant que telle dans sa liberté et sa rationalité, n'est selon Marx que la puissance de la force productive résultant de la coopération « naturelle » et « non-volontaire » des individus à « l'échelle de l'histoire mondiale »[2] et qui impose sa pseudo-finalité, la nécessité de son processus et les phases de celui-ci à la volonté humaine.

> « Elle [la puissance sociale] leur [aux individus] apparaît au contraire comme une puissance étrangère, située en dehors d'eux, dont ils ne savent ni d'où elle vient ni où elle va, qu'ils ne peuvent donc plus dominer et qui, à l'inverse, parcourt maintenant toute une série particulière de phases et de degrés de développement si indépendante de la volonté et de la marche de l'humanité qu'elle dirige en vérité cette volonté et cette marche de l'humanité »[3].

La révolution communiste a pour essence la réappropriation par les hommes de la souveraineté de leur vouloir. Marx oppose donc dans *l'Idéologie* la société naturelle, qui n'est faite que d'un rapport d'universelle dépendance, à la société que promeut la révolution communiste et qui est une société volontaire, rationnelle, consciente de ses fins.

> « L'union (*Vereinigung*) connue jusqu'ici n'était nullement l'*union volontaire*[4] (que l'on nous représente par exemple dans le *Contrat social*) mais une union nécessaire, sur la base des conditions à l'intérieur desquelles les individus jouissaient de la contingence »[5].

« Contingence » s'oppose ici à « liberté ».

Il faut remarquer que Marx déplace donc l'opposition hégélienne entre l'état de nature, qui est celui de la nécessité, et l'État rationnel moderne, qui est le lieu de la liberté, en opposant le développement historique qui a eu lieu jusqu'à ce jour au communisme. En ce sens, il reprend, traduit et rectifie l'Idée hégélienne du mouvement qui mène

1. MARX, ENGELS, *op. cit.*, p. 62 ; *op. cit.*, p. 33.
2. MARX, ENGELS, *op. cit.*, p. 67 ; *op. cit.*, p. 37.
3. MARX, ENGELS, *op. cit.*, p. 63 ; *op. cit.*, p. 34.
4. Nous soulignons.
5. MARX, ENGELS, *op. cit.*, p. 96 ; *op. cit.*, p. 75.

de l'état d'injustice ou de non droit à celui où devient effective l'universalité concrète.

> « Le communisme se distingue de tous les mouvements qui l'ont précédé jusqu'ici en ce qu'il bouleverse la base de tous les rapports de production et d'échanges antérieurs et que, pour la première fois, *il traite consciemment tous les présupposés naturels (naturwüchsigen) préalables* comme des créations des hommes qui nous ont précédés jusqu'ici, *qu'il dépouille ceux-ci de leur caractère naturel* [1] et les soumet à la puissance des individus unis » [2].

Nous oserons encore un rapprochement qui n'est peut-être pas seulement rhétorique entre la définition que Hegel donne de l'état de nature comme « l'état de l'injustice absolue et complète » [3] et la définition que Marx donne du prolétariat dans l'Introduction à sa *Contribution à la Critique de la philosophie du Droit de Hegel* comme classe à qui l'on ne fait pas subir seulement une « injustice particulière », mais « l'injustice tout court ». Le prolétariat est un état social particulier qui n'est pas un état de la société civile-bourgeoise, mais un état dont la formation vient de la dissolution de tous les états sociaux. Si nous admettons l'équivalence entre injustice par excellence et état de nature, tout se passe comme si la société civile dans son processus de dissolution condamnait une de ses sphères à vivre dans un « état de nature » tel qu'il ne puisse en sortir que par une socialisation qui soit une émancipation humaine totale [4].

Nous ne pouvons en terminer, même provisoirement, avec la question de l'écart entre les conceptions hégélienne et marxienne de ce qui est ou non historique, de la nature du pré-historique ou du hors de l'histoire, sans faire allusion à la manière dont la question est traitée en 1871 par Engels dans *L'Origine de la famille, de la propriété et de l'État*. À la problématique d'un état de nature dont il s'agit de déterminer quel est le rapport à l'idée de droit ou de liberté, Engels

1. Nous soulignons.
2. MARX, ENGELS, *op. cit.*, p. 97 ; *op. cit.*, p. 70.
3. HEGEL, *La Raison dans l'Histoire*, p. 260 ; *op. cit.*, p. 226.
4. Karl MARX, *Zur Kritik der Hegelschen Rechtsphilosophie*, 1843, 1844 in G.W.F. HEGEL, *Grundlinien der Philosophie des Rechts*, ein Ullstein Buch, 1972, p. 453.

Si l'on accepte l'analogie entre état d'injustice absolue et état de nature, Marx définirait l'état de nature produit ainsi artificiellement comme état de la négation de la propriété privée dans une société civile fondée sur le droit à la propriété privée. Hegel ne met pas explicitement en relation la notion d'état de nature et la question de la propriété privée. Mais ce rapport est au cœur de toutes les philosophies politiques de Hobbes, à Rousseau et à Kant.

substitue la thèse que la « production et la reproduction de la vie immédiate » est le facteur déterminant en « dernière instance » [1] dans « l'histoire », que cette production inclut d'une part « la production des moyens d'existence », d'autre part « la production des hommes mêmes » [2], thèse qui lui permet de distinguer trois époques principales, l'état sauvage, la barbarie, la civilisation, et d'affirmer cependant que la civilisation constitue un complet bouleversement [3] par rapport aux deux premiers stades. L'état sauvage et la barbarie se caractérisent par une phase peu développée de forces productives et une « influence prédominante des liens du sang » sur « l'ordre social » [4]. Si donc la distinction entre pré-histoire (état sauvage et barbarie avec leurs différents stades, inférieurs, moyens, supérieurs) et histoire est maintenue par Engels, si l'histoire *stricto sensu* ne commence pour lui comme pour Hegel qu'avec « l'histoire *écrite* » [5], son commencement n'est pas la pénétration de la raison dans le monde, mais une nouvelle division du travail, celle qui sépare la classe qui s'occupe de la production et celle qui s'occupe de l'échange des produits, la classe marchande, et son développement est le libre développement des oppositions et des luttes de classes, l'élévation de « l'*État*[6] sur les ruines de l'organisation gentilice » [7] .

La question n'est plus posée dans les termes d'une opposition ou d'une synthèse entre un état de nature et un état de societé civile et politique, elle n'est plus celle de savoir si la société civile constitue une limitation de la liberté naturelle ou si elle permet au contraire d'échapper à l'injustice absolue, mais elle est celle de l'étude du niveau de développement des forces productives dans son rapport avec le type

1. F. ENGELS, *L'Origine de la famille, de la propriété privée et de l'État*, Préface de la première édition (1884), Paris, Éditions sociales, 1954, p. 15 ; F. ENGELS, *Der Ursprung der Familie, des Privateigentums und des Staats*, zur Ersten Auflage 1884, « ...nach der materialistischen Auffassung ist das in letzter Instanz bestimmende Moment in der Geschichte... ». K. MARX, F. ENGELS, M.E.W., Band 21, Berlin, Dietz Verlag, 1979, p. 27.

2. F. ENGELS, *op. cit.*, p. 15 ; *op. cit.*, p. 27.

3. F. ENGELS, *op. cit.*, p. 16 ; *op. cit.*, p. 28.

4. *Idem.*

5. F. ENGELS, *op. cit.*, p. 16 ; *op. cit.*, p. 28 : « ... an ihre Stelle tritt eine neue Gesellschaft, zusammengefaßt im Statt, dessen Untereinheiten nicht mehr Geschlechtsverbände, sondern Ortsverbände sind, eine Gesellschaft, in der die Familienordnung ganz von der Eigentumsordnung beherrscht wird und in der sich nun jene Klassengegensätze und Klassenkämpfe frei entfalten, aus denen der Inhalt aller bisherigen *geschrieben Geschichte* besteht ».

6. Nous soulignons

7. F. ENGELS, *op. cit.*, p. 155 ; *op. cit.*, p. 164.

d'organisation des rapports sociaux, qui conclut à la substitution des groupements territoriaux aux associations fondées sur le lien du sang. Il semble donc que la spéculation sur la notion d'état de nature disparaisse de l'analyse engelsienne. Cependant, à y regarder de plus près, la solution de continuité n'apparaît pas si radicale entre l'analyse de Hegel et celle de Engels, dans la mesure où le second ne désavoue pas l'affirmation du premier selon laquelle « la famille en soi est hors de ce développement à partir duquel seulement l'histoire prend naissance » [1] puisque l'État s'élève « des ruines de l'organisation gentilice » [2], dans la mesure où l'un et l'autre, chacun dans sa perspective, dénotent une certaine opposition entre famille et peuple [3], on pourrait ajouter entre famille et société civile, dans la mesure où pour Engels, comme pour Hegel, l'histoire à strictement parler, la civilisation, ne commence qu'avec la fondation des États, et ce malgré la différence de leur analyse du statut et de la nature de l'État. Certes, Engels transforme profondément, à la suite des lectures qu'il a faites de Bachofen, de Mac Lennan, et surtout de Morgan, la conception que Hegel se faisait de la famille, en montrant qu'il y a différents systèmes de parenté et différentes formes de familles et qu'est discutable le jugement qui valorise immédiatement la famille monogamique. Il faut

1. HEGEL, *La Raison dans l'Histoire*, p. 191 (trad. modifiée) ; *op. cit.*, p. 162.

2. F. ENGELS, *op. cit.*, p. 155 ; *op. cit.*, p. 164.

3. F. ENGELS, *op. cit.*, p. 37 : « Chez les animaux supérieurs, la horde et la famille ne sont pas complémentaires l'une de l'autre, mais opposées (*nicht gegenseitige Ergänzungen sondern Gegensätze*). Espinas montre très joliment comment la jalousie des mâles, à l'époque du rut, relâche ou dissout temporairement tout lien d'association dans la horde : « là où la famille est étroitement unie, nous ne voyons pas de peuplades se former, sauf de rares exceptions. Au contraire, les peuplades s'établissent en quelque sorte naturellement où règne soit la promiscuité, soit la polygamie... Il faut, pour que la horde prenne naissance, que les liens domestiques se soient détendus en quelque sorte et que l'individu ait repris sa liberté » (ESPINAS, *loc. cit.* par Giraud-Teulon, *Origines du mariage et de la famille*, 1884, p. 519, 520) ; *op. cit.*, p. 40, 41.

HEGEL, *op. cit.*, p. 191, 192 : « La vie éthique à la fois naturelle et religieuse est la piété familiale. Dans une telle société l'éthicité consiste justement en ceci que ses membres ne se comportent pas, les uns à l'égard des autres, comme des individus doués de volonté libre, comme des personnes ; c'est pourquoi cette famille en soi est exclue du développement à partir duquel l'histoire seulement prend naissance. Mais si l'unité spirituelle s'élève au-dessus de cette sphère du sentiment et de l'amour naturel et parvient à la conscience de la personnalité, alors se crée ce centre obscur et aride (le moi) dans lequel ni la nature ni l'Esprit ne sont ouverts et transparents et pour lequel ils ne pourront le devenir que par le long travail de culture qu'accomplira, bien du temps après, cette même volonté devenue consciente de soi », *op. cit.*, p. 162.

cependant remarquer le jugement positif qu'Engels porte, en un sens, sur l'organisation gentilice qui, par opposition à l'État, est immanente à la société.

> « Le plus vil policier de l'État civilisé a plus 'd'autorité' que tous les organismes réunis de la société gentilice ; mais le prince le plus puissant, le plus grand homme d'État ou le plus grand chef militaire de la civilisation peuvent envier au moindre chef gentilice l'estime spontanée et incontestée dont il jouissait. C'est que l'un est au sein même de la société, tandis que l'autre est obligé de vouloir représenter quelque chose en dehors et au-dessus d'elle » [1].

Mais s'il y a continuité de Hegel à Engels, tout aussi bien il y a discontinuité : ainsi il faut faire observer que, pour Engels, loin que la relation de maîtrise à servitude sans développement dialectique soit caractéristique, comme le pense Hegel, d'un état d'injustice très antérieur à l'avènement de l'État, elle ne naît qu'au stade supérieur de la barbarie et ne se développe au contraire qu'avec la division de la société en classes et la formation de l'État.

> « La grandeur, mais aussi le caractère borné de l'organisation gentilice (*Gentilverfassung*), c'est qu'elle n'a point de place pour la domination et la servitude » [2].

Enfin, il faut remarquer que le nombre d'allusions à l'Afrique est dans *L'Origine de la famille, de la propriété privée et de l'État* minime. Cependant, l'allusion que fait Engels à la bravoure des Zoulous et des Nubiens ne retient rien au contraire de l'interprétation hégélienne qui attribue « le grand courage » des nègres à l'absence de valeur accordée à une vie dont les fins visées sont sans dignité [3].

> « Quant à cette bravoure, l'Afrique nous en a fourni des exemples tout récents. Les Zoulous, il y a quelques années, tout comme les Nubiens, il y a quelques mois, – deux tribus chez lesquelles les institutions gentilices (*Gentileinrichtungen*) ne sont pas encore mortes – ont fait, ce que ne peut faire aucune armée européenne.

1. F. ENGELS, *op. cit.*, p. 157 ; *op. cit.*, p. 166.

2. F. ENGELS, *op. cit.*, p. 145 ; *op. cit.*, p. 152. Engels écrit : « *Herrschaft und Knechtung* », et aussi : « avec l'esclavage, qui prit sous la civilisation son développement le plus ample, s'opéra la première grande scission de la société entre une classe exploitante et une classe exploitée. Cette scission se maintint pendant toute la période civilisée », F. ENGELS, *op. cit.*, p. 161 ; *op. cit.*, p. 170.

3. F. ENGELS, *op. cit.*, p. 92 ; *op. cit.*, p. 96. Allusion à la résistance que les Zoulous opposèrent en 1879 et les Nubiens (sous la direction de Mahdi Mohammed Ahmed) en 1881-1883 aux armées de l'Empire britannique.

Armés seulement de lances et de javelots, sans armes à feu, sous la pluie de balles des fusils à tir rapide de l'infanterie britannique – reconnue la première du monde dans la bataille rangée –, ils se sont avancés jusqu'à ses baïonnettes et l'ont plus d'une fois bousculée et même repoussée, malgré l'énorme disproportion des armes, et bien qu'ils ignorent le service militaire et ne sachent pas ce que c'est que faire l'exercice ».

* * *

I. Cette étude a son origine dans l'attention que nous avons portée à l'agir du « *combat de (pour) la reconnaissance* » [1] et de la « soumission à un maître » que Hegel substitue, dès Iéna, au langage du « *contrat social* » [2] comme transition de l'« état de nature » à la « société civile ». Avec cette substitution Hegel subvertit le schéma qui se retrouve dans toute philosophie politique moderne, de Hobbes à Rousseau et à Kant : *état de nature – contrat social – société civile ou État*, tant par la critique sans appel de l'identification entre « état de nature » et « droit naturel », que par la critique de l'usage illégitime du concept de contrat, concept du droit privé, par le droit politique, et que par la critique majeure de la confusion faite entre « société civile » et « État ». La *violence* qu'implique le combat de (pour) la reconnaissance est pour Hegel au commencement des États sans pour autant être le fondement du droit, de l'État [3]. La violence qu'implique le combat de (pour) la reconnaissance est aussi au commencement de l'histoire effective [4], puisqu'il ne peut s'agir dans l'histoire du monde que de

1. Nous soulignons.
2. Nous soulignons.
3. « Le combat de la reconnaissance et la soumission à un maître sont le *phénomène* au sein duquel a surgi la vie en commun des hommes, comme un commencement des États. La *violence* qui, dans ce phénomène, est [le] fondement, n'est pas pour autant [le] fondement du *droit*, bien que ce soit le moment *nécessaire* et *justifié* dans le passage de l'*état* de la conscience de soi enfoncée dans le désir et la singularité à l'état de la conscience de soi universelle. C'est là le commencement extérieur, ou le *commencement dans le phénomène*, des États, non leur principe substantiel ». G.W.F. HEGEL, *Encyclopédie*, III – La Philosophie de l'Esprit (1827-1830), trad. B. Bourgeois, § 456, Rem., Paris, Vrin, 1988, p. 125, 126.
4. « Avant le commencement de l'histoire effective, il n'y a, d'une part, que le morne (*dumpfe*) état d'innocence, dépourvu d'intérêt, et, d'autre part, le courage du combat formel pour la reconnaissance et la vengeance. (Cf. § 57, Rem.) ». G.W.F. HEGEL, *Principes de la Philosophie du Droit*, trad. R. Derathé, § 349, Rem., Paris, Vrin, 1975, p. 337. Nous nous permettons de renvoyer pour plus ample analyse de cette question à notre article : « Combat pour la reconnaissance et

peuples qui ont formé un État, sans être pour autant le fondement de l'histoire, lequel est la Raison. L'esclavage ou l'obéissance servile est le commencement de la liberté en tant qu'il a pour effet de *discipliner*[1] en usant par le travail au service du maître « la volonté comme volonté singulière »[2] naturelle, immédiate : « faute d'avoir fait l'expérience de cette discipline qui brise le vouloir capricieux, personne ne devient libre, raisonnable et apte à commander. Aussi, pour devenir libres, pour acquérir la capacité de se gouverner, tous les peuples ont-ils dû préalablement passer par la sévère discipline de la soumission à un maître »[3] .

II. La violence présente en Afrique noire, l'état d'esclavage qui existe chez les nègres doivent être radicalement distingués du combat de (pour) la reconnaissance, de la soumission à un maître en tant que « moment nécessaire et justifié » du passage à la conscience de soi universelle, à la soumission à la loi de la volonté étant-en-et-pour-soi. En Afrique même, le nègre est indisciplinable. Aucun État ne peut se former. Le despotisme africain s'avère lui-même quasiment incapable, en domptant l'arbitraire particulier, de rendre possible la vie en commun. Hegel, en refusant de voir dans le risque de la vie que prend le nègre le mouvement d'abstraction absolue par lequel la conscience de soi se pose dans sa réflexivité comme autre que l'être-là sensible, autre que la vie, comme libre, Hegel, en réduisant ce risque à un non-respect de la vie, à une méconnaissance de sa valeur, affirme que l'Africain ignore la crainte du Maître absolu. Il en conclut que l'Afrique est la preuve par l'empirie de l'état de nature comme état d'absolue et générale in-justice, état an-historique sans sursomption possible.

III. Marx, dans l'*Introduction à la Critique de l'Économie Politique*[4] rompt avec le schéma : état de nature – contrat social – société civile en montrant que l'« état de nature » de la philosophie politique moderne et de l'économie politique, loin d'être le point de départ de l'histoire, n'est qu'une anticipation de la société civile-bourgeoise, des rapports de libre concurrence de cette société. Mais déjà la conception marx-engelsienne de l'histoire telle qu'elle est exposée dans *L'Idéologie Allemande* nous paraît permettre d'une part

criminalité », in *Hegels Philosophie des Rechts*, Stuttgart, Klett-Cotta, 1982, p. 75-93.

1. Nous soulignons.
2. HEGEL, *op. cit.*, § 358, p. 126.
3. HEGEL, *op. cit.*, § 358, Add., p. 535.
4. Karl MARX, *Contribution à la Critique de l'Économie Politique*, Paris, Editions sociales, 1957, p. 149.

par la redéfinition de ce qui est à entendre par société naturelle, d'autre part par l'affirmation de la possibilité historique d'une coopération rationnelle, volontaire et consciente, de penser en d'autres termes que les termes hégéliens le rapport de tout peuple et de tout continent, sans exclusive, à l'histoire mondiale.

« À vrai dire, dans l'histoire qui a eu lieu jusqu'à présent, c'est en effet aussi un fait empirique qu'avec l'extension de l'activité au plan de l'histoire mondiale les individus singuliers ont été toujours plus asservis à une puissance qui leur est étrangère, – oppression qu'ils se représentaient comme une chicane de ce qu'on appelle l'Esprit du monde, – une puissance qui est devenue de plus en plus massive et se révèle en dernière instance être le *marché mondial* » [1].

Cependant, Marx et Engels ne dissocient pas plus que Hegel Histoire et Raison, Histoire et Liberté. Si être hégélien c'est penser que :

> ce qui est rationnel est effectif
> et 'que' ce qui est effectif est rationnel [2],

nous dirons que Marx et Engels restent hégéliens.

Le jeune Engels n'écrivait-il pas, d'ailleurs, en 1842 :

> « ce qui est rationnel, cela est donc aussi bien sûr nécessaire,
> ce qui est nécessaire doit être effectif ou du moins le devenir » [3].

IV. Les luttes de libération des peuples colonisés, y compris ceux de l'Afrique noire, après la Seconde Guerre Mondiale ne sont-elles pas des combats pour se faire reconnaître comme des peuples historiques par les États historiques par excellence, les États européens ? En tant, cependant, que cette entrée dans l'histoire mondiale a supposé et suppose que ces peuples forment des États et que ces États soient reconnus, la définition hégélienne de l'histoire ne reste-t-elle pas valide ? La stricte contemporanéité n'a-t-elle pas fait émerger d'autres formes de lutte d'affirmation de soi des peuples dominés ? L'histoire à venir continuera-t-elle à associer histoire, peuples et États ?

Solange MERCIER-JOSA

1. MARX, ENGELS, *L'Idéologie Allemande*, Paris, Éditions sociales, 1968, p. 66, 67, *op. cit.*, p. 37.
2. HEGEL, *P.P.D.*, préface, *op.cit.*, p. 55 (traduction modifiée).
3. « Was vernünftig ist, das ist nun freilich auch notwendig, Was notwendig ist, muß wirklich sein oder doch werden », F. ENGELS, *Schelling und die Offenbarung*, M.E.W. Ergänzungsband, zweiter Teil, Berlin, Dietz Verlag, 1967, p. 180.

L'AVENIR DE HEGEL OU DE LA PLASTICITÉ TEMPORELLE EN DIALECTIQUE

L'intitulé du présent texte reprend exactement le titre de la thèse de doctorat que j'ai soutenue le 15 décembre dernier à Paris. Cette thèse a été entreprise sous la direction de Jacques Derrida [1]*. Le jury, présidé par Bernard Bourgeois, était composé de Denise Souche–Dagues, Jean-François Courtine, Jacques Derrida et Jean-Luc Marion. J'ai pensé que la meilleure façon de répondre à l'invitation de Pierre Verstraeten : « Hegel aujourd'hui », consistait à lui soumettre le texte tout récent de mon discours de soutenance qui expose ma démarche en son ensemble.*

Avant de délivrer ce texte, il me semble que quelques explications s'imposent. Mon travail s'ordonne à deux fins : premièrement, relire la totalité du corpus hégélien à travers le concept de « plasticité », ce qui a pour effet de réinterpréter de manière neuve un auteur classique à partir d'un de ses concepts jusqu'alors tenu pour marginal mais qui, en fait, se révèle bientôt central ; deuxièmement et en conséquence, répondre à l'objection formulée par Heidegger dans le § 82 de Sein und Zeit, *et qui ne cesse de peser comme une menace sur la pensée hégélienne, à savoir que le temps y demeure celui du « concept vulgaire » dominant la tradition métaphysique, et que l'histoire est assujettie au concept. L'élaboration du concept de plasticité permet de mettre au jour une pensée de l'avenir* dans *la philosophie de Hegel décisive pour l'avenir* de *la philosophie de Hegel, ce qui pourrait bien modifier le son d'un certain* Glas.

Les diverses occurrences du concept de plasticité – Phénoménologie de l'Esprit, *Préface de la* Science de la logique *de 1831, différents lieux des* Vorlesungen *– sont rassemblées d'entrée de jeu dans mon travail autour de la question de « l'avenir ». Traité à partir de la plasticité, l'avenir ne doit pas s'entendre simplement comme moment du temps, comme un maintenant qui n'est pas encore présent, mais comme*

1. Une version remaniée de cette thèse est à paraître aux éditions Vrin.

le nom donné à la structure d'anticipation immanente à la subjectivité telle qu'elle se déploie dans le système. Afin de différencier ces deux acceptions d'avenir, je nomme cette structure d'anticipation le « voir venir », « voir venir » signifiant à la fois en français s'attendre à quelque chose et, à l'inverse, ne pas savoir ce qui va arriver. La possibilité de penser l'avenir en ces termes permet, tout au long du travail, d'engager un dialogue avec la philosophie contemporaine, en particulier celle de Heidegger, qui envisage le système hégélien comme clôture sur soi d'un présent intemporel, annulant par avance toute transcendance et toute survenue de l'évènement.

C'est en exposant le problème de la « proposition spéculative » que Hegel, dans la Préface à la Phénoménologie de l'esprit, *a recours au concept de plasticité. « La philosophie obtiendra une valeur plastique », dit-il, « lorsqu'elle exclura rigoureusement la relation ordinaire entre les parties d'une proposition ». Cette « relation ordinaire », inhérente à la pensée philosophique traditionnelle de la proposition comme « prédication », doit se comprendre comme ordre linéaire, ou simple juxtaposition des termes : sujet, copule, prédicat. Ainsi conçus, ces trois termes sont séparés les uns des autres et n'entretiennent entre eux aucune relation de nécessité. Ainsi, le prédicat, ou accident, semble survenir du dehors au sujet, pensé comme « base fixe et solide » qui reçoit ses déterminations sans les produire lui-même. La « manière spéculative » de concevoir la proposition implique au contraire que soit produite au jour l'identité dialectique des termes de la proposition. La plasticité caractérise précisément une telle identité. Forte de ce constat, je m'autorise à nommer dès lors « plasticité »* le rapport que la subjectivité entretient avec l'accident. *Accident se dit en grec* συμβεβηκός, *du verbe* συμβά-νειν, *qui signifie à la fois « suivre logiquement » et « arriver ». La proposition est le lieu où le sujet se promet l'avenir, et la plasticité permet d'envisager le jeu conjugué de la* nécessité *et de la* surprise *dans la philosophie spéculative.*

Si le concept de plasticité s'emploie en premier lieu dans le domaine de l'art (cf. les « arts plastiques »), il désigne généralement la capacité à évoluer, à se laisser former, et signifie à la fois « susceptible de recevoir la forme » et « susceptible de donner la forme ». Penser la plasticité comme immanente à la subjectivité telle que Hegel la conçoit permet d'envisager le sujet comme instance originaire de réception et de donation de sa propre forme, possibilité de son auto-détermination. Le concept de plasticité rend ainsi possible l'interprétation à nouveaux frais du déploiement de la « substance-sujet ». S'il est vrai que le sujet est originairement synthèse des opposés – synthèse de ce qu'il est et de son autre –, s'il forme spontanément l'horizon de sa propre détermination et de son propre vis-à-vis, il est possible de prouver que Hegel ne restreint pas l'entente du temps à la simple succession des maintenant, mais qu'il fait droit à la définition kantienne du temps comme possibilité de la synthèse originaire et hypotypose, ou traduction sensible, du concept (schématisation) en la réélaborant dialectiquement.

La triple articulation du concept de temps : moments, synthèse, hypotypose, est inhérente au « voir venir » hégélien, et la plasticité est précisément l'énergie différentielle qui assure la dynamique de cette articulation. La substance-sujet se voit venir en outre en deux temps : *le* temps grec *et le* temps moderne. *La différenciation hégélienne du concept de temps est donc à la fois logique et chronologique.*

*J'envisage cette différenciation, dans le corps de la thèse, en une lecture de trois moments de la Philosophie de l'esprit de l'*Encyclopédie des sciences philosophiques *en sa dernière édition : l'Anthropologie, la Religion révélée et la Philosophie, dégageant une interprétation de la pensée hégélienne de l'homme, de Dieu et du philosophe qui ne relèverait pas exclusivement de « l'onto-théologie » telle que la définit Heidegger.*

Au terme du travail, je propose une interprétation du « savoir absolu » qui ne le réduit pas à une clôture du déploiement spirituel dans la stase d'un éternel présent, mais le fait correspondre à l'ouverture d'un nouveau temps. Dès lors, j'envisage la manière dont le « savoir absolu » permet de penser notre époque et ce qui s'annonce avec elle, en affirmant que l'avenir de *et* dans *la philosophie hégélienne a partie liée avec ce que nous sommes susceptibles,* aujourd'hui, *de « voir venir ».*

DISCOURS DE SOUTENANCE

Permettez-moi, Monsieur le Président, Madame et Messieurs les Professeurs, de retarder un instant l'entrée dans la discussion philosophique proprement dite pour exprimer tout d'abord le bonheur que m'a donné l'accomplissement du travail que je vous soumets aujourd'hui. Je ne crois pas être emphatique en déclarant que la philosophie de Hegel, que j'ai découverte lors de mon année de khâgne – j'avais vingt ans alors – et qui n'a cessé de m'accompagner depuis, a éclairé mon existence. La force de vérité incomparable de cette pensée a non seulement décidé de mon orientation intellectuelle, mais a en outre – s'il est possible de séparer ainsi les domaines – guidé ma compréhension du monde effectif. Il n'est rien, dans ma pratique de professeur, de chercheur, dans mon interprétation des événements politiques et sociaux, mais aussi dans la conduite de ma vie, qui ne doive quelque chose d'essentiel à ma lecture de la philosophie spéculative.

Tous ceux qui connaissent cette philosophie savent ce qu'elle exige de ses interprètes ; mais cette exigence est selon moi l'exacte traduction de l'exigence de la vie elle-même, laquelle, en toutes ses formes, est épreuve de la négativité. Traverser cette épreuve, se laisser sculpter par elle est donc avant tout une manière de se faire à la vie. J'ai lu tant et tant de remarques contraires à cette affirmation que, bien souvent, j'ai été près de me décourager. Mais aujourd'hui, après des années de travail et de résistance, je dirai à tous ceux qui voient dans la philosophie de Hegel un système mortifère, figé, une technique d'embaumement ou le fruit d'une ambition intellectuelle déraisonnable en sa prétention encyclopédique, à tous ceux qui croient en avoir fini avec elle, je dirai donc, et tout simplement, qu'ils n'ont pas de chance, au sens que j'ai donné à ce mot dans ma thèse, et qu'ils sont, d'une certaine manière, en retard.

Il ne me fut pas, et il ne m'est toujours pas possible de répondre aussi simplement, toutefois, au très grand lecteur de Hegel qu'est Heidegger ; force m'a été de faire droit à la nécessité incontournable, incontestable de ce qu'il faut bien nommer, avec toute la prudence qui s'impose, son accusation : la pensée hégélienne serait gouvernée en son ensemble, du fait même qu'elle la conduit à son accomplissement, par l'entente vulgaire du temps ; pour cette raison, elle manquerait l'avenir ; pour cette raison, elle n'aurait pas d'avenir. Je sais fort bien que le sens de « vulgaire » dans l'expression *das vulgäre Zeit Verständnis* est davantage celui de « courant », ou « ordinaire », conforme au latin, que celui, péjoratif, que nous employons communément. Il n'en est pas moins vrai que le choix de cet adjectif, qui, précisément, est ambigu, n'est pas tout à fait innocent. J'ai tenté de comprendre pourquoi Heidegger faisait usage de ce mot, et il m'est apparu que la vulgarité avait en effet partie liée avec le présent. Est vulgaire tout ce qui s'exhibe, c'est-à-dire ce qui arrête et fige le regard, le capte ; est vulgaire tout excès de présence. Il est aisé de comprendre les raisons pour lesquelles la philosophie de Hegel peut apparaître comme vulgaire en ce sens : tous les présents que délivre le procès du développement spirituel peuvent, il est vrai, permettre de conclure à une choquante nudité de l'étant *exposé* dans la lumière absolue. J'ai pris, même si elle n'a jamais été la mienne, cette conclusion très au sérieux ;

et c'est à partir d'elle, en l'habitant aussi intimement qu'il est possible que j'ai tenté de la mettre en question en opposant, à la vulgarité, la plasticité. La plasticité n'est pas un étant ; à ce titre, son mode d'être ne se laisse pas enfermer dans les limites de la métaphysique du présent.

Ce que je défends dans mon travail est, premièrement, que la plasticité est un concept fondamental de la philosophie hégélienne – c'est en elle et en elle seule en effet que j'en ai puisé l'inspiration – concept fondamental qui n'y est pas traité *comme les autres* dans la mesure où il commande la temporalisation immanente au procès de la subjectivité ; parce qu'elle est au principe de la momentanéisation de ce procès, la plasticité ne peut elle-même être exposée comme un moment. Elle ne peut non plus, pour des raisons que j'ai expliquées dans mon Introduction, bénéficier d'un statut transcendantal. Travaillant au corps du contenu spéculatif, la plasticité est la tension qui rythme le mouvement de l'auto-détermination et avère l'identité dialectique de la substance et du sujet. Orienter ainsi la lecture de Hegel me permet d'affirmer que sa philosophie se soutient d'une conception du temps qui le détermine radicalement comme ouverture originaire à l'avenir et à la possibilité de l'événement. Je défends d'autre part, et en conséquence, que le mode d'être de la subjectivité telle que Hegel la conçoit n'est pas l'étantité – je le répète, la plasticité n'est pas un étant – et qu'il n'est pas légitime, à ce titre, de l'arrimer comme on le fait couramment aux formes fixes de la triade onto-théologique que j'ai nommée dans mon travail : homme, Dieu, philosophe. Déjouant toute forme de rapt, de capture et de fixation, la plasticité est la réserve d'avenir de la philosophie hégélienne, au double sens où elle permet de penser l'avenir dans cette philosophie, et où la pensée contemporaine doit et devra désormais compter avec elle.

De quel droit accorder un statut si éminent à la plasticité ? Comment est-il possible d'affirmer que ce concept, si plurivoque, aux domaines d'application si différents a la force de soutenir ce que je prétends qu'il soutient ? Je répondrai premièrement que la plurivocité du concept de plasticité s'ordonne néanmoins à une signification directrice : la réception et la donation de forme, signification contradictoire autorisant le classement de la plasticité au nombre des « mots » que Hegel dénomme « spéculatifs » ; deuxièmement, que la mobilité et l'ubiquité de ce concept – il concerne en effet des champs aussi divers que ceux du fonctionnement de la pensée, de l'esthétique, de la nature, de la vie et touche à la fois à l'esprit et au corps – loin de constituer un obstacle à sa rigueur, en font un mode de saisie privilégié de la processualité dialectique. C'est ainsi que ce concept étonnant allie la précision à la diaprure sémantique.

Comment ai-je été amenée à le découvrir ? Je crois pouvoir avancer que j'étais dès l'année de khâgne en chemin vers lui. Le premier ouvrage de Hegel que j'ai lu n'a pas été la *Phénoménologie de l'Esprit*, comme c'est le plus souvent le cas, mais les *Principes de la Philosophie du droit* ; le droit était en effet au programme du concours d'entrée à Fontenay.

La force de foudroiement de ce texte m'a orientée radicalement, pour ne pas dire définitivement, vers Hegel en me permettant de comprendre que le rassemblement originaire – qui prend, dans le cadre de la philosophie juridique, le nom de « société civile » – ne procédait pas du contrat. L'agrégat est certes, pour Hegel, un commencement, mais il n'est pas une origine car, à l'origine, le peuple est déjà constitué. Or, avant cette lecture, il ne m'était pas venu à l'esprit que la forme contractuelle pût être remise en question, l'origine ne pouvant selon moi que prendre, d'une manière ou d'une autre, la forme du pacte. Penser la totalité substantielle comme absolument première me fut une découverte : comment se pouvait-il que tout commençât par la complication ? Et, puisque la question de la genèse du corps social n'en était plus une, quel était le sens du déploiement dialectique ? D'où partait-il et vers quel avenir tendait-il ?

De là cette question : comment la forme prend-elle forme, dès lors qu'on s'interdit de penser sa pré-formation ? Je tentai de répondre dans un mémoire de maîtrise intitulé *Le concept de forme dans les philosophies juridiques de Kant et de Hegel*, mémoire dans lequel je me proposai de mettre en perspective la pensée du contrat comme idée régulatrice et la pensée de la totalité éthique.

En interrogeant l'émergence de la forme chez Hegel, j'étais déjà sur la voie d'une pensée de la plasticité. Je poursuivis mon travail en étendant mon interrogation à la question fondamentale du rapport de l'individu au genre tel que Hegel le conçoit, rapport dont la tension instruit la vie du corps social, une tension que Hegel, à l'époque du *Droit naturel*, définit comme « la tragédie que l'absolu joue éternellement avec lui–même ». Il me devenait nécessaire d'étudier la pensée hégélienne de la proposition, en d'autres termes de la relation que la substance, ou égalité à soi du genre, entretient avec les individus que sont ses prédicats ou accidents. C'est à ce moment qu'intervient ma lecture de la *Phénoménologie de l'esprit* et en particulier de sa Préface où Hegel expose la constitution et le mouvement de la proposition spéculative. Ce passage contient la première occurrence que j'aie découverte relativement à la plasticité : celle du mot *plastisch*. Cette découverte m'inspira la rédaction d'un article intitulé « La plastique spéculative » dans lequel j'explorais ce que j'allais appeler dans ma thèse le devenir essentiel de l'accident et le devenir accidentel de l'essence. J'avais d'autre part, dans mon DEA, étudié, à propos de la pensée hégélienne du langage, le passage de l'ante-spéculatif au spéculatif dans une philosophie qui s'interdit l'usage de termes techniques et compte sur les seules ressources de la langue naturelle avec son jeu de motivation et d'arbitraire pour rendre compte du lien qui unit l'essentiel à l'accidentel. Parvenue en ce point, j'ai dû chercher longtemps en quoi ces acquis pouvaient me permettre d'élaborer une réponse à la lecture critique de Heidegger et, substantiellement, me fournir le chaînon manquant entre plasticité et temporalité. C'est alors qu'un secours me vint du verbe grec συμβά–νειν, d'où provient συμβεηβεκόχ, l'accident, car ce verbe signifie à la fois suivre logiquement et arriver, rassemblant ainsi en lui le logique et le chronologique. Dès lors, il me devenait possible d'envisager le mouvement de la proposition spéculative, et plus généralement celui de l'auto-détermination comme procès de temporalisation.

L'étude de l'auto-détermination, dont la négativité constitue le moteur, m'introduisait au cœur de la logique dialectique, déterminant par là même le second élément fondamental pour la construction de mon sujet. La mise en valeur que j'opère du concept de plasticité est en effet solidaire d'une interprétation de la dialectique. Il convient, pour le comprendre, de revenir à la plurivocité de ce concept. Si la plasticité est justiciable de plusieurs acceptions, cela signifie qu'à tous moments, elle cesse d'être ce qu'elle est. La plasticité est donc ce qu'elle est de n'être pas ce qu'elle est. J'ai décidé le geste qui consiste à interpréter d'une certaine façon le « n'être pas ce qu'on est », mouvement même du renversement dialectique pour le retourner à la négativité elle-même. Dès ce moment, le redoublement de la négation devenait à son tour susceptible de n'être pas ce qu'il est, ce qui revient à dire que la négation ne nie pas deux fois de la même façon. Cette opération se révélait à double articulation : dirigée vers le temps d'une part, vers l'*Aufhebung* de l'autre. Le temps n'est pas toujours ce qu'il est. La logique de l'*Aufhebung* ne s'applique pas seulement à son dehors, mais à elle-même. J'appelle plasticité temporelle non seulement le rapport que la subjectivité entretient avec l'accident, mais encore la dynamique fomentée par le « n'être pas ce qu'on est » qui structure ce rapport.

Forte de cette élaboration, j'ai développé, tout au long de ma thèse, ce que j'appellerai la double structure, logique et chronologique, de la venue de l'événement dans la philosophie hégélienne, en tentant de me situer à la pointe, en quelque sorte, de la rencontre entre l'essence et l'accident, la nécessité et la contingence. La double structure logique de l'événement est la suivante : lorsqu'un événement survient, tout se passe comme si la possibilité pure, soudain, s'incarnait, s'individualisait. Mais on peut tout aussi bien dire que c'est l'individu qui arrive à l'événement. La prise de forme est en même temps un anéantissement de cette forme. L'événement se retourne contre lui-même, Hegel le montre sans cesse ; ce qui explique que les lecteurs ne le perçoivent pas dans sa philosophie et estiment qu'il n'y a pas d'événement chez Hegel.

La double structure chronologique consiste en ce que Hegel montre l'historicité de la double structure logique en convoquant une double temporalité, successive, la grecque et la moderne. Par voie de conséquence, j'ai tenté de montrer comment le geste de Hegel rassemble les deux pensées de l'imminence que sont d'une part chez Aristote le jeu de la puissance avec l'εξις, d'autre part, chez Kant, la mise au jour de l'imagination transcendantale.

Quel avenir a pour nous la plasticité ? S'il est vrai que Hegel a pensé la clôture, le travail que je vous propose a pour objet de montrer qu'il a aussi pensé l'avenir dans la clôture. La période de mondialisation dans laquelle nous sommes aujourd'hui avec sa réduction des distances, son abolition des frontières, la simplification engendrée par la technique, exige des individus une flexibilité pour seul horizon. Dans cette perspective, la plasticité ne serait-elle pas le mode de donation de la différence ontologique aujourd'hui ? Si tel était le cas, cela signifierait, comme j'espère le montrer dans un prochain travail, que la différence ontologique n'est pas toujours ce qu'elle est, qu'il est possible qu'une tension dialectique l'habite et que, de ce fait, Hegel pourrait bien travailler à l'avenir de Heidegger.

Catherine MALABOU
Université de Paris X-Nanterre

TABLE DES MATIÈRES

ACHEVÉ D'IMPRIMER
EN NOVEMBRE 1995
PAR L'IMPRIMERIE
DE LA MANUTENTION
A MAYENNE
N° 395-95